Isabella Santo Domingo nació en Barranquilla, Colombia. Estudió diseño de modas en Estados Unidos, así como locución de radio y televisión. A su regreso a Colombia inició su carrera como columnista, colaborando en los diarios *El Caribe*, *El Heraldo*, *El Espectador* y *El Tiempo*, y en las revistas *Nueva*, *Viernes Cultural*, *SoHo*, *Cromos*, *Diners*, *Aló* y *Ocean Drive*. En 1995 creó y dirigió durante seis años la revista *Shock*. Posteriormente creó la revista de entretenimiento Control T.V.

Para la televisión de su país ha escrito dos miniseries: *Cara o Sello* y *Victoria*, esta última ganadora de un premio Simón Bolívar como Mejor Miniserie Nacional. En radio ha trabajado como locutora de las dos cadenas radiales más importantes del país: Caracol y RCN. En televisión comenzó como presentadora de *Panorama*, un magazín periodístico, más tarde de *La Tele*, y desde hace años presenta para el noticiario del canal Caracol un espacio dedicado al Reinado de Belleza. Como actriz ha actuado en telenovelas como *Perro amor*, por la cual ganó varios premios como Mejor Actriz Antagónica. También, entre muchas otras, actuó en *La Saga* y, más recientemente, en *Por amor a Gloria*. Es autora también de *Los caballeros las prefieren brutas* (2004), convertida en serie de televisión por la autora para Sony Entertainment, *Sexorcismo* (2010), *Chantillología* (2011) y *De la ruptura a la sutura*, publicada por Ediciones B en 2012.

1.ª edición: septiembre, 2013

© Isabella Santo Domingo, 2006
© Ediciones B, S. A., 2013
   para el sello B de Bolsillo
   Consell de Cent, 425-427 - 08009 Barcelona (España)
   www.edicionesb.com

Printed in Spain
ISBN: 978-84-9872-787-6
Depósito legal: B. 16.449-2013

Impreso por NOVOPRINT
            Energía, 53
            08740 Sant Andreu de la Barca - Barcelona

AM/FM
¿Felizmente Mantenida o Asalariada de Mierda?

ISABELLA SANTO DOMINGO

Otra vez para ti, mi hermosa hija Daniela.
El amor, el respeto y la inspiración
para ser cada vez más humana.
Menos perfecta y más feliz

Prólogo

Siempre he pensado que Isabella Santo Domingo es nuestra Mae West: explosiva, lengua larga, inquietante, bella, peligrosa, divertida.

Las coincidencias van mucho más allá: ambas son actrices y guionistas, mordaces e iconoclastas. Las dos pueden derribar un muro con un buen chiste, pero también son capaces de usar contra sí mismas la dinamita que utilizan para demoler al prójimo. A menudo se reconocen frágiles, defectuosas, y lo hacen de una manera burlona, lo cual es un rasgo superior de la inteligencia. Ambas son dueñas de un feminismo que no está basado en la furia sino en el humor. No lo expresan con paranoia sino con cinismo. No andan por el mundo blandiendo un garrote histérico, convencidas de que cada hombre es un verdugo al que hay que castigar. Cuando están frente a un depredador, la única arma que esgrimen es su ironía feroz. Y su independencia. Las dos, aunque tienen un claro sentido de pertenencia a su género, se atreven a cuestionar con desparpajo a las mujeres.

En su época, Mae West confesaba que solo le gustaban dos clases de hombres: los nacionales y los importados. Mal que bien, explicaba, los tipos representan una posibilidad de compañía. Sin embargo, cuando comparaba el sexo con el *bridge*, concluía que si no hay una buena pareja, «es mejor tener una buena mano». Isabella, como la West, cree que una mujer debe hacerse acompañar «así sea de un bastón, de un perro o de un novio virtual en Chechenia». Pero —también como la West— prefiere estar sola a soportar un marido roncador que le llena de pelos el jabón de manos. Todo esto se resume diciendo que ambas pueden despacharse a placer si ven que la floresta es jugosa, o salir corriendo si descubren que es estéril. No sin antes, claro, meterle candela al bosque con la chispa despiadada de su humor. ¿Para qué exponerse a la ira de la serpiente cuando el fruto prohibido no es la manzana sino el tomate de árbol? En cualquier caso, las dos van a querer siempre el control. Y defenderán a muerte la posibilidad de romper los platos sin temor a las consecuencias, porque, como dijo una de ellas, «equivocarse es humano, pero parece divino».

Isabella Santo Domingo y Mae West son la uña y la carne, la caja y la tapa, hermanas de los mismos vientos aunque hayan nacido en tiempos y lugares diferentes. Isabella, por ejemplo, da un consejo que Mae habría aceptado encantada: si por casualidad una noche te topas con uno de esos hombres que son como peces ornamentales —pequeños en la forma y en el fondo, animalitos de pecera— úsalo como «edecán momentáneo o anzuelo temporal, mientras se te acerca algo que sí que valga la pena». Y Mae, por su parte, retribuye el pequeño favor con una sentencia inolvidable que a Isabella le viene como anillo al dedo: «Cuando soy buena, soy muy buena; cuando soy mala, soy mejor».

AM/FM: ¿Felizmente Mantenida o Asalariada de Mierda? es el segundo libro de Isabella Santo Domingo. Del primero —*Los caballeros las prefieren brutas*— se han vendido más de cien mil ejemplares en menos de dos años.

Supongo que parte de su éxito, más allá de su capacidad de ironía, tiene que ver con su sinceridad. Isabella arremete contra todo, pero siempre reserva un dardo para dispararlo contra sí misma. Se mofa de las solteras cuando considera que quizá la razón por la que no se casan es que nadie quiere encartarse con ellas. Se mofa de las casadas cuando advierte que a ratos no elogian a sus maridos porque los amen, sino para provocar la envidia de las otras mujeres. En los dos casos deja claro que ella, Isabella, no es mejor que ninguna de esas congéneres a las cuales critica.

Sé que algunas mujeres leen sus textos con el fervor que se le profesa a un oráculo. Pero Isabella, astuta y risueña, se niega a dejarse convertir en pastora del rebaño: prefiere el divertimento, la discusión abierta, la duda, y por eso aclara de entrada que «no existe una forma correcta de meter la pata».

Isabella divide el mundo en dos clases de mujeres: las asalariadas solitarias a las que no les gusta ver en sus cuartos de baño cuchillas de afeitar que no son suyas, y las casadas que no se aferran a sus esposos por amor sino para impedir que se lo lleven las otras. El primer grupo, el de las solteras precavidas, en el fondo piensa, como Dorothy Parker, que los hombres son deliciosamente diferentes pero los maridos son estúpidamente iguales. Al segundo grupo, el de las felizmente mantenidas, pertenecen aquellas mujeres que creen, como Zsa Zsa Gabor, que nunca un hombre es tan ofensivo como para tener que devolverle sus diamantes.

Con inteligencia, con gracia, Isabella Santo Domingo plantea un debate que va muchísimo más allá del sexismo, porque en realidad tiene que ver con la condición humana. Al leerla nos damos cuenta de que todos estamos mal hechos y por eso mismo nos merecemos su burla y su compasión.

ALBERTO SALCEDO RAMOS

Introducción

Supongamos que llegaste a este libro por casualidad, por impulso o por despiste. Por ignorancia, gracias al mal gusto de alguien que dice ser tu amiga (yo de ti lo dudaría seriamente) o por culpa de un amigo bromista del cual, según acabas de descubrir, has sido nuevamente víctima. Si es tu caso, supongo también que sin estar enterada previamente de la existencia de mi primer libro (pasquín, folleto o *brochure*, como prefieras llamarlo), *Los caballeros las prefieren brutas*, que nadie tuvo la decencia de advertirte lo que adentrarse en este tipo de lectura atrevida y vanguardista podría ocasionarte. Entonces, gracias a que la desfachatada honestidad de la que gozo me ha permitido esquivar alguna que otra demanda en mi contra, permíteme advertirte a ti también, de primera mano, antes de leer las nefastas páginas que siguen a continuación. ¡Corres peligro! Y mucho. Aparte de perder tu tiempo y, por supuesto tus ahorritos, también podrías perder repentinamente tu inocencia en cuanto a las relaciones de pareja. De repente podrías incluso cambiar tu visión de la vida, tu orientación política, tus amistades, algunas creencias religiosas, socioeconómicas, tus actitudes y hasta ese novio o marido fantoche e inútil junto al que ya casi te habías condenado a pasar el resto de tu vida. Este nuevo libro, lamentablemente también, te invitará a pensar, a reflexionar y, ojalá, a actuar. Que conste y advierto que, una vez dentro, no existe la más remota posibilidad de que te devuelvan tu dinero. Para ese entonces ya habrá desaparecido, gracias a las hábiles gestiones de mi asesor financiero en las islas Cayman.

Supongamos que, por el contrario, el anterior no es tu caso y tú sí que sabes perfectamente lo que acabas de hacer y en lo que estás metiéndote. Deduzco entonces que, aparte de mis dos tías solteronas en Juan de Acosta, mi mamá que lo utilizó como prueba reina ante el juez para intentar desheredarme y de un primo que vive en Somalia, posiblemente fuiste tú esa «otra» persona que adquirió mi primer libro. No sé bien si agradecerte u ofrecerte disculpas. Vámonos más al extremo y supongamos que no solo leíste mi primer libro, lo disfrutaste, te atreviste a recomendarlo y, lo más importante, que además entendiste mi propuesta. Supongamos también que ahora quieres hacer algo al respecto y poner en práctica las malas mañas recién adquiridas. Entonces, estarás lista para dejarte recargar de toda la aparente brutalidad que propuse anteriormente y que yo prefiero llamar «astucia femenina», con una sola y, para qué negarlo, poco noble intención: ¡dominarlos! Digamos entonces que este manuscrito es algo así como un: «Los caballeros las prefieren brutas II: ¡Más brutas recargado!»

En este manual de autoayuda o de autodestrucción (la interpretación es libre) encontrarás un sinnúmero de consejos prácticos, trucos y estrategias para seguir descubriendo las posibles raíces de nuestros traumas femeninos y las soluciones a tanta frustración. También está contemplado y es muy posible, para qué negarlo, que encuentres recomendaciones inútiles que solo te sirvan para reírte un rato. Y allí, en ese preciso instante, por fin sentirás que no has perdido tu tiempo después de todo. Pues esto, aunque suene absurdo, es parte de la terapia en la que te acabas de embarcar. Una que bien podría llamarse «humor terapia» que consiste en sanar las heridas del alma, del corazón, los complejos en los que caemos presas a diario y superar nuestros múltiples traumas femeninos a través de la risa. Sí, así como lo estás leyendo. Según lo que he descubierto y que comparto con vosotras, mis lectoras, a través de este nuevo libro, es posible curarse a través del humor. Para ello tenemos que aprender primero a reírnos de nosotras mismas para concluir con una premisa fundamental: para ser verdaderamente felices no hay que tomarse a sí misma tan en serio. De esa manera tan sencilla y aprendiendo a ver las cosas de una forma positiva, así mismo lograrás entender que no todo lo que deseamos supone un sufrimiento. Que el dolor por intenso que parezca, jamás dura para siempre. Y que no todas las batallas merecen librarse. Que precisamente en saber escoger qué batallas librar y en cuáles rendirse radica el secreto de una vida en paz y armonía. Suena ideal, ¿no? Lo es. Solo que, para lograrlo, deberás embarcarte en una ardua misión cuyo resultado en todos los casos no será el mismo. Es decir, en algunos casos toca invertir un poco más de tiempo en ganarles la partida. Y si al final no ganas lo que querías, igual tienes licencia para sentirte ganadora: ganaste experiencia o ganaste más tiempo para preparar tu próxima jugada.

Tal vez después de finalizada la lectura de este libro, por voluntad propia, decidas que la vida en pareja definitivamente toma demasiado esfuerzo y no te llama mucho la atención. También podría darse el caso que después de hacerlo definas que bien vale la pena intentarlo. Lo bueno es que ya sabrás lo que tienes que hacer y a lo que deberás someterte (o fingir) para lograr el éxito en el ámbito personal: solas o acompañadas. Este libro te permitirá la posibilidad de escoger aquello que solo te hace feliz a ti al liberarte de una vez de todos los complejos de culpa a los que nos hemos acostumbrado. Palabras más, palabras menos, no conviertas por voluntad propia tu vida en un valle de lágrimas o en un campo de batalla, aprende más bien a reírte más y a sufrir menos. ¿Acaso este nuevo libro es una guía? Decididamente, no. Además te pido el favor y te advierto que no sigas mis pasos. Créeme. Yo estoy más perdida que tú. Espero que te diviertas y que lo disfrutes tanto como yo disfruté escribiéndolo. Ahora sí, te invito a entrar, por fin, en materia.

ADVERTENCIA: Si por casualidad encontraste este libro exhibido en la sección de «autosuperación», denuncia el hecho ante las autoridades competentes. O hazle un servicio social a la humanidad y corre a pedirle al gerente de la misma que lo ponga en la sección de «autodestrucción». Como guerra avisada, supuestamente, no mata soldados, te advierto que la única guerra que aquí sugiero es una contra tus propios traumas y demonios para que luego sí que nos partamos, pero ojalá de la risa. Y no vayas a pensar que este nuevo libro contendrá temas trascendentales que sí que te servirán para algo. Solo podrás decir que no perdiste tu dinero si: (a) te ríes un rato, (b) te sirvió de portavasos o (c) no te provocó tirarlo por la ventana.

PRIMERA PARTE

NADIE SABE LO QUE PIERDE HASTA QUE LO TIENE

1

¿AM o FM?

¿En qué frecuencia tienes sintonizada tu vida?
¿FM, Felizmente Mantenida,
o AM, Asalariada de Mierda?

Al fin qué: ¿nos conviene más convencernos de que la vida solas es tal vez una buena opción o insistir en encartarnos por el resto de nuestras vidas con un hombre al que toca atrapar, domesticar y posiblemente terminar de criar? Aunque insisto en que ninguna de las dos opciones es realmente el ideal de ninguna mujer en el planeta, te invito a que hagamos un esfuerzo. A que no seamos tan pesimistas y más bien analicemos las posibilidades desde la óptica que, por supuesto, más nos convenga. Pero antes de adentrarnos en el fango de la desilusión en el que tantas veces nos hemos revolcado todas, será necesario resolver una de las grandes inquietudes que atormentan a las mujeres del mundo entero: ¿son más felices las solteras o las casadas? Es decir, ¿cuál de los dos grupos de féminas, suponemos, tiene más y mejores oportunidades de vivir realmente satisfechas? ¿Y si yo, sin el menor asomo de vergüenza te asegurara que tal vez ninguno de los dos bandos? Para poder escoger entre cualquiera de las dos opciones, la clave está en saber de antemano ¿en qué demonios nos estamos metiendo?

Me interesa explorar en este capítulo nuestro miedo al fracaso en el aspecto personal. Os recuerdo a todas que no existe una forma correcta de meter la pata. Así mismo, que nadie está exento de equivocarse. En el tema de las relaciones sentimentales, por ejemplo, lo único que hace falta para que algo que va bien termine mal, es tiempo. Y que en el camino, cualquier solución que se nos pudiera ocurrir para salvar a la pareja de un problema, automáticamente desatará otros que antes no tenía. Y si alguien tratara de convencerte de lo contrario, seguramente es porque quiere venderte un seguro, un auto o un electrodoméstico que no necesitas.

Sigo sin entender ¿cuál es ese afán por demostrar que somos felices cuando realmente no lo somos ni lo seremos nunca, a menos que aceptemos y hasta disfrutemos de las elecciones que hacemos? Por eso, directamente y sin anestesia te pregunto: ¿en qué categoría te encuentras actualmente o, mejor aún, en qué frecuencia te gustaría tener sintonizada tu vida: AM o FM? Olvídate por un momento de lo que crees que los demás esperan de ti y atrévete a hacerte esta simple pregunta: ¿qué quieres?

Por un instante, deja de considerar como una perfecta inútil a tu hermana menor. La que por descuidada se casó a los quince porque metió la pata con su primer novio. El mismo y único que ha tenido desde la primaria. Con el que ya va por cuatro hijos y, por ello, su idea de vacaciones exóticas no es un safari en África, como la tuya, sino en Disneyworld o en el zoológico más cercano.

Estudia, por un segundo, la posibilidad de que tu hermana no es la «perdedora», «conformista» y «sin aspiraciones» de la que tanto te mofas. Sino, por el contrario y, para la mayor de tus sorpresas, que tu hermana bien podría ser muy feliz con la opción de vida que eligió, que le tocó o que eligieron por ella (que, para el efecto, es lo mismo). Entonces, para qué arriesgarte a que te tilden de envidiosa y gastas tantos litros de saliva criticándola tan abiertamente?

Así mismo, invito a todas esas mujeres casadas y con hijos que dejen de pensar que su hermana, a la que llaman la «cerebrito», la que se graduó de Harvard, con honores, pero que ya pasa los 35 y aún no tiene pareja, ni niños propios o siquiera un loro que le ponga conversación por las noches, es una solterona desubicada con serios defectos de fábrica porque, al parecer, nadie quiere cargar con ella. O que esa mujer, sangre de tu sangre, quien seguramente gana más que tu marido, la que, de hecho, es la «jefe» de tu marido, que tiene miles de amigos pero que pasa sus fines de semana y fechas especiales más sola que una almeja, es una resentida, una amargada, una fracasada o, peor aún, una rechazada social.

Pero, ¿qué pasaría si por un instante consideraras la idea de que tu hermana, sin tu permanente cantaleta, sin tener que criar ni a uno solo de tus ruidosos hijos y sin tener que atender un solo día al desconsiderado de tu marido, podría vivir mucho, muchísimo mejor y más tranquila que tú? Por qué vivimos tan inconformes, por qué amargarnos la vida comparándonos con las demás? ¿Cómo pretender que el sexo opuesto nos considere y nos respete realmente cuando ni siquiera hemos aprendido a respetarnos entre nosotras mismas?

¿Qué pasaría si por un segundo, en efecto aprendiéramos a apreciarnos las unas a las otras? Si de repente, en vez de desprestigiarnos mutuamente especulando, además, sobre la felicidad o la infelicidad ajena, qué tal si aprendiéramos más bien a concentrarnos en nuestras propias existencias y dejáramos en paz a las demás? ¿Acaso llovería hacia arriba? No descarto la posibilidad.

Estoy segura de que una vez que lográsemos eliminar la presión social de la que somos víctimas, ni la casada se querría divorciar para fugarse con el mensajero de la empresa en la que trabaja su marido porque le parecería emocionante, ni la soltera se dejaría acomplejar por su amiga casada que la ha estado incitando a que deje a su novio, con el que lleva ya seis años, porque aún no se ha decidido a proponerle matrimonio y por eso a ella le parece que está perdiendo su tiempo. Así en el fondo la considere afortunada y envidie una relación como la de ella y no como la que lamentablemente tiene con su poco agraciado marido al que para rematar siente que le tiene que dedicar todo su tiempo, aunque no tenga ganas. Porque si lo hicieran, tal vez, ambas entenderían por fin que la felicidad no es una verdad rotunda y absoluta. Que no puede imitarse ni debe regirse bajo ningún parámetro, salvo el propio. Y que la interpretación de la misma en todos los casos es libre y distinta. Es decir, lo que a una la hace feliz, jamás será lo que la otra piensa que la haría feliz a ella.

Pero, ¿para qué amargarnos el rato y especular sobre cómo viven los demás? ¿Por qué es como si quisiéramos medirlo todo con la misma vara con la que somos medidos, o con la que creemos que permanentemente nos miden? ¿Delirio de persecución? ¿Inseguridad? ¿Complejo de inferioridad? ¿Inconformismo? ¿Envidia? Lo más triste es que, si no lo advertimos a tiempo, en algunos casos se vuelve una costumbre, que, incluso, nos lleva a rechazar uno que otro buen prospecto que se nos llegara a acercar con intenciones de conquista. Porque, para aquellas quienes viven comparando sus vidas con las de quienes creen que la tienen más fácil o mejor, están condenadas a no disfrutar de lo propio y a buscar por siempre una especie de aprobación.

Qué equivocadas están las que asumen que todas estamos cortadas con la misma tijera. ¿Que entre una mujer y otra la diferencia está en el precio de la ropa, cómo le queda y quién se la compra? Porque ¿quién dijo que la vida de una debe ser imitada por otra? Que nuestros gustos deben ser iguales y además medidos según los mismos parámetros. Es muy parecido a lo que siempre he pensado en el caso de algunas parejas, demasiado «parejas» para mi gusto, al menos. Esas en las que ambos hablan igual, piensan igual y actúan igual. Cuando eso sucede y se siente como que son «la misma persona»: frase cursi favorita de los recién enamorados. Pero, cuando esto pasa, lo único cierto es que alguno de los dos está sobrando en esa relación. Para andar con un siamés, ¡mejor te compras un gato!

Por eso, en vez de gastar más oxígeno y energía tratando de homogeneizar a la pareja, y la vida en general, supuestamente para que esté sintonizada con las de las otras, lo que cada una de nosotras debería hacer primero es definir cuáles son esas cosas que nos hacen felices? Pero no a todas, sino solo a nosotras. A cada una por aparte. Es decir, no como género, gremio, ni como ninguna agrupación, sino como los seres humanos individuales, con criterio y gustos propios, que realmente somos. Y así los demás no estén de acuerdo o que nuestro gusto no concuerde con el de ellos, cada una de nosotras debe y está además casi que en la obligación de luchar, con todas las fuerzas si es necesario, solo por nuestra felicidad. Exactamente. Así nos tilden de egoístas a veces. Partamos del punto, al que me he referido en varias oportunidades, de que uno nace solo y muere solo. Aunque la vida se vive mejor acompañados así sea de un bastón, de un perro o de un novio virtual en Chechenia, lo cierto es que así como nacemos el día que nos toca, también en la mayoría de los casos morimos el día que nos toca y nadie nos ayudará a caminar hacia el otro lado. Nadie puede vivir la vida por nosotros, nadie puede ser feliz o infeliz por nosotros. De eso nos encargamos nosotros mismos. Por eso cuando mi amiga Claudia anunció que se divorciaba de Raúl porque «no me hace feliz», en vez de felicitarla como lo hacían las demás, lo único que atiné fue a aclararle que el error más grande que puede cometer un ser humano es llenarse de expectativas y pretender que otra persona nos haga la vida. El ideal, para mí, sigue siendo, concentrarnos en nuestra propia felicidad primero para ahí sí compartir la vida con alguien que también haya sabido disfrutar su vida y así ninguno de los dos tendría que presionar al otro por un puñado de alegría. ¿Para qué?, te estarás preguntando. Para que aprendas a filtrar y a apartar de tu camino a aquellos que te roben tu energía. O para liberarte y que entiendas, de una vez por todas, que el tema no es estar acompañado. Es estar «bien» acompañado. Porque cuando una está bien sola, sabe reconocer a leguas una relación tóxica y es más fácil evitarla. Solo recuerda, si estás bien sola, la única pareja que querrás tener es una que te haga sentir mejor de lo que de hecho ya estabas. Porque, si ya lo tienes claro, ni para estar igual a como estabas antes, te sirve. Entonces, ¿cuál es ese afán de vivir la vida para los demás, si alguien allá arriba nos regaló nuestra propia vida que no deja de ser una experiencia, una aventura personal e intransferible?

Recuerdo que recién llegada de vivir en Estados Unidos, de regreso a Barranquilla, la ciudad donde tuve el privilegio de nacer, unas amigas, casadas, me invitaron a uno de sus aburridos *baby showers*. De esos, en los que uno lleva regalos para el bebé que está por nacer y que realmente no sabemos para qué sirven. En donde las amigas que tienen hijos aprovechan para torturar a las que ya van dejando el tren. Como por ejemplo a mí, en ese entonces. Una de ellas, Sonia, estaba embarazada de su tercer hijo. Una niña, según me contó, a la que llamaría Catalina.

Mientras nos servían algo de beber, un jugo de fruta sin licor, por supuesto, entre tanta casada y una que otra embarazada, porque cuando alguna del grupo lo está, no existe vacuna para la epidemia de embarazos que normalmente se suscita. Y yo tan estresada que pedía a gritos un whisky doble, recuerdo que Sonia, la dueña de la casa, con su enorme barriga de ocho meses que parecía que fuera a parir un equipo de fútbol completo, con árbitro incluido, apoltronada sobre un cómodo e impecablemente tapizado sillón blanco insistía en convencerme de que la vida de casada era realmente dura. No podía creerle una sola palabra de lo que decía, cuando sin haber movido un solo dedo en toda su vida vivía literalmente como una reina. Su casa inmensa de dos plantas poseía jardines que parecían más bien parques temáticos y una piscina olímpica con trampolines de clavados, que limpiaba un salvavidas uniformado que se llamaba Ernesto, y que, por un instante, juré que debía de ser su amante. Aparte de envidiosas, somos muy malpensadas. No me reponía aún de la humillación, cuando entraron sus dos hijos, cada uno con su propia niñera. Su «staff» personal incluía, además, dos chóferes y un marido, según ella, abnegado, que aparentemente vivía solo para trabajar y para complacerle todos sus gustos. De repente, con la voz entrecortada habló de las dificultades que le acarreaba una vida de mujer mantenida. Me concomió tanto que hasta le alcance un *kleenex* para que se secara las lágrimas. Y de paso, las mías. Sonia tenía el descaro de asegurar que estaba agotada.

Recordé que no podría quedarme a departir toda la tarde como ellas porque yo sí que trabajaba, pues tenía que irme a cumplir mis deberes como la vil asalariada que era. Como yo sí que vivía en apartamento arrendado, como yo sí que estaba pagando mi auto por cuotas, como yo sí que tenía, tenía y tenía... Más que nada una cantidad de responsabilidades propias que solo hasta ese momento me sentía orgullosa de haber adquirido por mi propia torpeza y cuenta. ¡Ah y cuentas! También recordé las cuentas que debía pagar ese día si no quería que me cortaran los servicios de agua, luz y teléfono. ¡Al tiempo!

Confieso que en mi vida jamás me había sentido tan mal. Deseé que la tierra se abriera y me tragara, o que Dios se apiadara de mí y que en la esquina, de camino al trabajo, conociera a un marido más maravilloso, generoso, entregado, abnegado, más tonto y más ocupado en su amante que el de Sonia. A veces algunas mujeres se clavan solitas el cuchillo, y por provocar la envidia de las demás, le hacen publicidad al marido que en el fondo saben que no sirve para nada y que si pudieran, es decir, si se les presentara un mejor prospecto, lo intercambiarían por una menta. El que fingen idealizar, pero con el que, pensándolo bien, casi ninguna se quiere quedar. Sacudí rápidamente mis malos pensamientos, pues comprendí que para tener la vida de Sonia debía aguantarme a su marido. Un gordo baboso que aprovechaba el embarazo de Sonia para, detrás de sus espaldas, caerle a todas sus amigas. Todas en el *shower*, por supuesto, fingían que Sonia las convencía de lo maravilloso y fiel que era.

Las mujeres a veces somos más falsas que un billete de tres pesos y muy poco dignas de confiar. Sin embargo, no era precisamente su riqueza la que envidiaba, era más que nada ese aire de tranquilidad y de plenitud que aparentemente respiraba, así tuviera el descaro de quejarse y de tratar de convencerme sin éxito de sus penurias.

¿Por qué me sentía tan patética en ese momento? Por la misma razón por la que todas nos sentimos unas perdedoras cuando el enemigo, es decir, todas nuestras congéneres u otra distinta de nosotras, atenta contra nuestra idea de felicidad y nos hace dudar de nuestras propias elecciones de vida. Cuando es inevitable pensar: «¿Será que ella es más feliz que yo?»

Esa especie de envidia disfrazada logra sacar a flote nuestras múltiples inseguridades, propias también del género, y es cuando alcanzamos a pensar que sus vidas son realmente mejores que las nuestras. Así sospechemos que a la casada le ponen los cuernos, y ellas, a su vez, piensen que la razón por la que no nos casamos es porque nadie nos quiere hacer el favor de encartarse con nosotras. O que tenemos algún problema grave como de frigidez, por ejemplo. ¿Será posible que estemos condenadas a torturarnos psicológicamente con la idea de que todos las demás viajan por la autopista de la felicidad mientras nosotras, por falta de criterio o de suerte, optamos por un camino rocoso, sin señalización, lleno de huecos que no representan otra cosa que nuestras frecuentes dudas, nuestro inconformismo, nuestro paso firme y seguro hacia la soledad?

Entonces, para ayudaros a escoger el mejor camino que habréis de tomar, estas son las radiografías de una AM y de una FM típicas. Para que no sigáis ni os sigan confundiendo más. Para que podáis decidir en qué frecuencia queréis estar y vivir en vuestras vidas. He aquí las ventajas y las grandes desventajas de ambas opciones. Toma nota y, ojalá, te sirva para tomar de una buena vez, valga la redundancia, una buena decisión. Pero, para saber qué quieres realmente, lo primero será conocer de antemano cuáles son las opciones que ofrece el mercado allá afuera.

LA TÍPICA AM

«Quien sabe qué merece poseer, no puede jamás ser poseído.» Tal vez allí radica el problema: que mientras sigamos pensando que lo merecemos todo, o por lo menos algo mejor, nunca tendremos nada. El secreto está en encontrar un balance. Nunca exijas de más, pero tampoco te conformes con menos.

Una AM duerme frecuentemente sola. Si tiene novio, es tan inestable que, algunas veces, lo despachará a su casa por sentirse asfixiada con tanta compañía. O cuando ya notó que en su gabinete del baño han empezado a aparecer cuchillas de afeitar que no son suyas y hasta pelos en el jabón de manos que, por supuesto, tampoco lo son. Si, por el contrario es ella quien insiste en mudársele a él con todo y cremas, es muy probable que sea él quien, como todo un hombre del tipo astronauta, le pida su «espacio». Ella, ni corta ni perezosa, por supuesto aprovechará para dárselo todo. Tan solo para darse cuenta, un tiempo después, que quien actúa como toda una extraterrestre energúmena es ella. A continuación, sus principales características.

1. Es adicta al celular porque no se pierde ni el cambio del tiempo. El único número telefónico que se sabrá de memoria es el de los bomberos y solo porque es el que reparte con mayor habilidad y frecuencia entre los pretendientes que no le interesan o porque debido a sus escasas, por no decir «nulas», habilidades culinarias, siempre incendia la cocina. También se sabrá el de su mejor amigo, *gay*, con quien pasa horas enteras contándole los pormenores de su último fracaso sentimental. Y posiblemente el de la pizzería de la esquina que, por supuesto, hace domicilios. Por andar tan ocupada trabajando, una típica AM ya no se sabrá de memoria ni el teléfono de su mamá. También es muy poco probable que recuerde los cumpleaños de ninguno de sus amigos, mucho menos el de ninguno de sus familiares de los que ya habrá olvidado sus nombres y, donde se descuide, hasta su parentesco.

2. Viste a la última moda porque siempre está a la vanguardia, a la guardia y en la retaguardia. Porque vestirse con lo que acaba de salir al mercado no solo es símbolo de estatus, sino porque, según piensa, aumenta sus posibilidades de levantar pareja. Una mujer soltera que pretenda dejar de serlo pronto (la ilusión de la mayoría), siempre estará bien presentada más que por lograr un aumento en el trabajo o por generar la envidia colectiva de sus amigas. Lo hará porque uno nunca sabe cuándo conocerá al hombre de su vida. O de ese mes, o al menos de esa tarde. Cualquiera de las anteriores opciones sirve.

3. Se levanta muy temprano en la mañana para hacer yoga o pilates, *power plate*, zumba o lo que esté de moda, o para ver las noticias. Para una AM que se respete, es muy importante estar siempre bien informada. Mujer moderna y de mundo, aparte de tener la oportunidad de lucirse así ante el jefe, erróneamente piensa que a los tipos inteligentes se les conquista con comentarios inteligentes en vez de con un *wonderbra*. Lo lamentable es que esto solo lo descubrirá justo cuando este sea reemplazado por una caja de dientes.

4. Sus vacaciones las pasa al lado de un guía turístico polaco al que no le entiende una sola palabra pero que, según ha constatado, besa muy bien. Además porque fue lo único que se levantó ante la falta de otros prospectos en ese *tour* de solteras que tomó, por supuesto, sola por África. Y, a menos que se anime a conquistar a un chimpancé, sus probabilidades de conquista entre tanta mujer despechada son realmente escasas. Cuando regresa, lo hace estresada, más cansada que cuando se fue y mínimo tres días antes para prepararse con tiempo para volver a la oficina.

5. Sus amigas, en su mayoría, son solteras como ella, tan exitosas como ella y tan solas como ella. Es muy poco probable que tenga amigas casadas, y si las tiene, limitará sus visitas a ocasiones especiales como durante las Navidades y solo si no tiene un novio nuevo. Podría asistir a tu cumpleaños, si se acordó y, por supuesto a algún funeral, para quedar bien o si recuerda quién es el finado.

6. Cuando está en confianza, sus temas de conversación son básicamente tres: el trabajo que quiere cambiar; los hombres que, según ella, no sirven para nada y el dinero que le falta para comprar algo y el que se acaba de gastar en algo que no necesitaba y que ahora necesitará con urgencia para pagar los servicios del apartamento.

7. Vive generalmente en apartamentos arrendados de dos habitaciones, así le salga más costoso que un estudio. Deducen que nunca faltará el familiar que quiera caer de visita, la amiga despechada que no quiera volver a su apartamento tras haber roto con su novio, el amigo de la oficina con problemas existenciales o el ex novio prófugo de la justicia que necesite una guarida temporal. También hace un gasto innecesario porque siempre necesita más espacio de clóset para almacenar las toneladas de objetos inservibles: ropa y zapatos que colecciona con verdadera devoción tan solo para suplir su carencia afectiva.

8. Cuando va al gimnasio descubre que lo hace más por socializar que por estar realmente en forma. Si todo lo demás falla, y no se levanta ni un resfrío, también se embarcará en alguna actividad deportiva que no tendrá la más remota idea o real interés de practicar. Para sus intenciones no escatimará en gastos y es así como junto a la talega de golf que usó un día, encontrará toda serie de evidencias de su desinterés deportivo: raquetas de tenis con telarañas, zapatos para hacer *trekking* sin estrenar y hasta una tabla de *surf* que es la misma que ahora usa para planchar.

9. Va a bares sola, especialmente si no encuentra con quién ir; si todas sus amigas están preciso ese fin de semana con sus respectivos «tinieblos», novios o cualquier cosa que se le parezca. Baila sola si le provoca y siempre, fijo, se encuentra con otros solteros en el mismo plan que ella: pasando el rato para ver qué cae. Con tres tragos encima suele ser peligrosísima. Como no tiene que rendirle cuentas a nadie, es de las que termina llorándole al mesero, llamando al ex para insultarlo en la madrugada, levantándose al primer perdedor con el que cruzó la mirada, tan solo para despertar al día siguiente como un apóstol: con cargos de conciencia y unas ganas locas de flagelarse.

10. Dice que no le interesa casarse, pero generalmente

como justificación por haber llegado dice felizmente «invicta» y sin argolla hasta después de los treinta. La que en realidad no le interesa casarse se conoce a leguas porque simplemente cambiará el tema y, acto seguido, pedirá un martini. Doble. La AM, generalmente bebe como camello y le priva los bares *gay* adonde va en manada con sus amigos, más que porque les guste la música, porque allí nadie se atrevería a preguntarles algo idiota como: «¿Por qué viniste sola?», pues todo el mundo estará concentrado en lo suyo y, por supuesto en «el» suyo.

11. Su instinto maternal solo se le desarrollará después de los 37 años, justo en el momento en el que haya terminado su última relación. O justo antes de la menopausia. En ese momento se notará sospechosamente amable con los hijos de sus amigas y con los de su hermana casada a quien a veces, incluso, se los pedirá prestados. Y ni creas que es para llevarlos a tomar helado, o a la juguetería. En la mayoría de los casos y, según su conveniencia los llevará a lugares en donde ella crea que puede aumentar sus probabilidades de conquista: el gimnasio, el centro comercial, el parque donde sabe que seguramente habrá hombres solteros paseando sus mascotas, un bar. Todos los solteros modernos, hombres y mujeres por igual, saben además que no hay una excusa más perfecta para conquistar en pleno siglo XXI que fingiendo, si es preciso, sensibilidad e instinto maternal, o paternal en el caso de ellos, que a través de un perro, sus sobrinos o el hijo prestado o alquilado de alguna amiga. A esa avanzada edad empezará a leer compulsivamente sobre inseminación artificial, sobre cómo adoptar un niño en Cambodja y dónde conseguir un buen banco de esperma. Cuando su personaje favorito ya no es Brad Pitt sino Angelina Jolie, cuando su lectura favorita será las páginas sociales de las revistas para ver quién se ha divorciado recientemente. Cuando su programa favorito ya no es *Perdidos (Lost)*, ni *Anatomía de*

Grey (Grey's Anatomy), sino *Will and Grace*, *Los Simpsons* o cualquiera en el que los hombres sean estereotipados como perfectos idiotas. Esto la hace sentir mejor en su condición de mujer soltera.

12. Come saludable. Sale más barato una hoja de lechuga que una comida completa.

13. Cuando tiene novio se quejará porque le falta tiempo y espacio. Cuando no lo tenga, se quejará por tener demasiado de ambas cosas. Ante sus amigas solteras, como ella, renegará por no tener una pareja estable y solo ante las casadas se esmerará en promocionar la suya, como la mejor condición de todas: soltera y sin compromisos a la vista.

14. Si sale con un tipo que se muestra realmente interesado en ella, se cansará rápidamente de él si este le presta demasiada atención. Pero si no está pendiente de ella, se molestará porque le estará haciendo perder su tiempo. Si tiene relaciones íntimas con alguno tras la primera cita, pasará horas arrepentida por haberlo hecho. Pero si tuvo la oportunidad y no lo hizo, se arrepentirá por no haberlas tenido. La AM es una mujer muy difícil de entender. Y de complacer.

15. No tiene afán de casarse, especialmente porque últimamente está tan entregada a su trabajo, que nadie ha demostrado tampoco ningún afán en casarse con ella.

LA TÍPICA FM

«No todas las mujeres en el mundo viven obsesionadas con atender a la pareja, consentirla, complacerla, amarla y respetarla. Algunas están casadas.»

1. Generalmente y muy a su pesar, duerme acompañada. Más que nada si tiene hijos o si no tiene la suerte de que su marido sea piloto o que tenga una amante para que lo entretenga de vez en cuando mientras ella cómodamente ve lo que se le antoja en la televisión. Su mayor queja es precisamente la falta de espacio para todo; más que nada para ella misma. Su ropa ya no le cabe en el clóset y como ha tenido que reducirse para compartir su espacio de almacenamiento con todos los demás integrantes de la familia, guarda los zapatos que ya no usa en cajas de cartón y tira lo que no sea esencial, como sus sudaderas de toalla estilo *Flashdance*, o su vestido de novia, por ejemplo. Seguramente lo guarda con tanto recelo para que no se le olvide nunca la razón por la cual vive tan apretada. La desventaja es que, a diferencia de la soltera, no puede despachar a nadie a ninguna parte, cuando se canse de verlos o se aburra de la grifería, a menos que la petición vaya acompañada por una demanda de divorcio.

2. Se sabe de memoria todos los números telefónicos. Especialmente los de él, los de sus amigos, las esposas de ellos (por si se les pierde el marido), la droguería, el médico de la familia, la suegra y el de su mamá a quien llamará frecuentemente para pedirle alguna receta, así aquella ya se la haya dado mil veces y la señora proteste airada al otro lado de la línea. Si además tiene hijos, también se sabrá de memoria el del pediatra, la niñera por si se demora en regresar el fin de semana, el del profesor de tenis, el hospital más cercano y el de todas las mamás de sus amiguitos del colegio. Admirable saber en dónde almacena tanta información. Ha de ser en todo ese espacio libre y por estrenar que le queda a la que, con tanta actividad física, atendiendo a los demás, ni tiempo tiene para leer periódicos y enterarse de qué ocurre en el resto del mundo. Su mundo son esas cuatro paredes y ese ejército de personas que administra como todo un general.

3. Su idea de estar a la moda es distinta de la de las solteras. Su motivación para estarlo también lo es. Le gustará ponerse lo mejor que tiene en el clóset solo en ocasio-

nes especiales, familiares o cuando sabe que en el mismo lugar van a estar las esposas de los amigos de su marido (a las que siempre será importante demostrarles que está mejor casada que ellas), sus cuñadas por aquello del ego familiar o la ex de su esposo a quien siempre querrá torturar así no la conozca. Así esta, llegue del brazo de un hombre maduro, canoso y millonario a quien acaba de darle el «Sí» en una fastuosa boda que hasta salió registrada en la última *Hola*! Mejor dicho, así la ex esté incluso mejor casada y organizada que ella, una FM típica naturalmente querrá neutralizar a su rival. Y no es por solidaridad, ni para dejar bien al marido, es para no verse a ella misma como una perdedora. Como la que ahora está encartada con las sobras de alguna que evidentemente ahora está mil veces mejor sin su marido al lado. Por lo demás, el tema de la ropa, y encima de todo con hijos, pasa a un segundo plano que se remplazará fácilmente por la peluquería. Ah! La peluquería. El centro de reposo y de tratamientos psicológicos varios para todas esas amas de casa desesperadas que quieran desahogarse a sus anchas, con otras mujeres en su misma situación: ni tan FM, después de todo. Con tal de evitar caras largas y más cantaletas en la casa, el marido pagará gustoso la terapia «capilar» y de belleza, que incluye: lavado, corte y peinado. Tratamientos brasileros para el pelo, depilación con cera, con hilos egipcios o lo que se hayan inventado más recientemente, manicuras, pedicuras e interminables charlas con la o el psicólogo de turno: la manicurista o, por supuesto, su peluquero. También hay sesiones grupales que es cuando varias FM, a quienes atienden simultáneamente, critican y hablan mal de las que no están presentes. La terapia funciona. Llegan más felices y tranquilas a sus casas, además viéndose fabulosas con las uñas arregladas y orgullosas con su pelo.

4. Se levanta muy temprano ya sea para ir al gimnasio

si está bien casada o para atender al marido y a los hijos, si por desgracia no siguió los consejos de su madre y se casó preciso con el que le había advertido que le daría una vida de medio pelo. Nunca ve ningún noticiero, piensa que es entretenimiento netamente masculino pero eso sí, le arrebata el control remoto de la televisión cuando van a dar el segmento de farándula que le priva. No lee casi nunca, más que los cuadernos de sus hijos, los recibos de la luz, el agua y el teléfono y las instrucciones de consumo detrás de las latas de comida.

5. Sus vacaciones generalmente son en familia y en *Sea World, Disney* o algún parque de atracciones lleno de otros niños ruidosos y madres desesperadas como ella. O visitando familiares en el exterior para ahorrarse lo del hotel, sobre todo si tiene hijos. Últimamente, el marido no la acompaña (normalmente después de seis o más años de casados), porque «para qué tanto gasto». Luego de la luna de miel, las escapadas románticas se han reducido a volarse a un hotel cerca, en el aniversario, y en la casa pero solo cuando los niños se hayan dormido. Que generalmente es nunca.

6. La mayoría de sus amigas serán casadas como ella, para tener con quién quejarse de sus respectivos maridos, tal y como lo hace ella. Es muy poco probable que tenga una amiga soltera. Y si la tiene desconfiará de ella o insistirá en conseguirle, a través de los amigos preferiblemente divorciados de su marido, a un buen prospecto para que se una al equipo de mujeres FM. Es decir, al «Cartel del Lino», si es de la costa, y al del «Paño» si es del interior. Lo que no dice es que en el fondo no soporta la idea de que otra mujer, especialmente tan cercana a ella, esté posiblemente disfrutando de lo que se está perdiendo por estar precisamente casada. Siempre se ofrecerá a organizar las ocasiones especiales para tener algo que hacer y para ganar protagonismo y poder social frente a las demás casadas. No es raro que forme parte de algún comité organizador de algo: una fundación o, en su defecto, un club de jardinería, por ejemplo.

7. Cuando está en absoluta confianza, sus temas de conversación básicos son cuatro: su marido y lo huraño y distante que se ha vuelto últimamente seguido por un «¿acaso tendrá otra?»; sus hijos, si los tiene, o su perro, la última telenovela que se está viendo y un recuento en versión remezclada de los problemas de todas sus otras amigas, de sus familiares y de los de artistas de la farándula.

8. Vive en casas preferiblemente con amplio garaje para guardar chécheres, porque le gusta archivarlo todo; con jardines para poner a los hijos a jugar mientras ella juega a cartas con sus amigas, habla por teléfono o, si no fue anteriormente a la peluquería, se hace la manicura con Rosita, su manicurista que es la misma de su mamá, que lleva años atendiéndola y que, como un loro mojado se sabe de memoria y repite todos los mejores chismes del barrio. O también prefieren vivir en apartamentos con varios cuartos, cuando tienen hijos o para mandar al marido a dormir en otra parte cuando estén de pelea.

9. La que va al gimnasio lo hace para encontrarse con sus amigas casadas y poder criticar a sus anchas a las infortunadas solteras que también van tempranito antes de ir a la oficina; para planear su próximo evento social, qué se va a poner y a quién no va a invitar. Para mostrar la última trusa que se compró o para enterarse muchas veces del último chisme que esté circulando en los bajos fondos. Generalmente sobre personas que no conoce. Las más osadas podrán aprovechar el tiempo para recrear la vista y echarle el ojo al nuevo instructor de pilates que está literalmente «como quiere» y, físicamente y anatómicamente, mucho mejor diseñado que su marido, a quien la barriga ya no le cabe por una puerta.

10. Nunca sale sola a ninguna parte. Mucho menos a

un bar. ¿Qué dirían las demás? La fiesta más divertida a la que va al año es la que ofrece en fin de año la empresa en la que trabaja su marido, un *baby shower* o el grado del hijo de una amiga en el club con la orquesta tributo de «Los Hermanos Martelo». En esa oportunidad, sí que bailará hasta el cansancio, cuidándose, eso sí, de no dañarse el peinado. Una fiesta o cualquier evento que sirva de excusa para ver a otras casadas en acción y acompañadas de sus maridos, siempre será la ocasión perfecta para demostrarle a las demás lo aparentemente felizmente casada que está.

11. Insiste en que no le interesa divorciarse y proclama a voz en cuello que se siente orgullosa de por lo menos tener marido. En el fondo y durante el transcurso de su vida de casada, imaginará muchas veces lo que hubiera sido su vida si hubiera optado por quedarse más bien soltera. Así sea emocionalmente estable, fantaseará con los novios que hubiera podido tener, los países que hubiera podido visitar y las fiestas en las que habría podido bailar con otros.

12. Su instinto maternal no lo perderá nunca. Si está casada y tiene hijos, se volverá monotemática y solo hablará y vivirá a través de estos. Si no los tiene, buscará la forma de tenerlos pronto, se convertirá en la tía más dedicada y favorita de todos sus sobrinos o, peor aún, se sentirá tentada a desbordar todo ese sentimiento maternal en su propio marido a quien consentirá y atenderá como si fuera un niño pequeño. Cuando lleguen los hijos, volverá a ser normal y lo ignorará como de costumbre.

13. Aunque ya casi nunca la llevarán a restaurantes, a menos que sea su cumpleaños o el día de la Madre, come todo lo que le provoca y a sus anchas. Es más, su plan favorito será mercar y de memoria se sabrá los nombres de todas las frutas, los productos enlatados y dominará las propiedades de todos los cereales que haya en la estantería. Si encima de todo está mal casada y no tiene una empleada de servicio, y como le provocará comer aquello que ya no volvió a probar desde que se casó, aprenderá recetas de cocina y las preparará ella misma. Para lucirse frente a los amigos de su marido, y por supuesto, a sus respectivas esposas, organizará muchas cenas en casa. Pero solo durante los primeros dos años de casada. Luego reclamará a gritos una empleada doméstica. O se aprenderá de memoria el directorio completo con los números de todos los servicios domésticos que existan cerca de su casa.

14. Se quejará del marido todo el tiempo. Y solo delante de sus amigas solteras se atreverá a proclamar el suyo como el estado ideal y a su marido como el hombre perfecto. Entre aquellas a las que les tenga más confianza, se quejará del marido todo el tiempo. Pero delante de sus pocas amigas solteras, lo único que le hará falta es armar una presentación en Power Point, con fotos y cuadros de estadísticas, si es necesario, para promocionar a su marido como el hombre perfecto, que por supuesto no es, y proclamar el suyo, como el estado ideal. No es que gane nada con ello pero respira tranquila sabiendo que esa soltera a quien posiblemente acaba de lavarle el cerebro con historias ficticias sobre su vida de «cuento de hadas», seguramente saldrá a conseguirse un prospecto de marido, tal y como lo hizo ella. Así, cada vez habrán menos solteras sueltas en la calle y menos mujeres con vidas satisfactorias que envidiar.

15. Aparte de insegura es bastante indecisa. Nunca sabrá si hizo bien al casarse con el que se casó. Por eso, simplemente siempre, se arrepentirá en el fondo de haberlo hecho. Es más fácil concluir esto que echarle demasiada psicología al asunto.

16. No tiene ningún interés en divorciarse. Más que nada porque no le han dado motivos para querer hacerlo todavía. Y en el caso muy probable de que sí que se los hayan dado, es decir, que sus sospechas de que tiene otra, sean

ciertas, lo más seguro es que se hará la de la vista gorda porque le dará pereza todo lo relacionado con los trámites de un divorcio. Porque el marido no se ha atrevido a pedírselo o porque no se le ha presentado por el camino un mejor prospecto que cargue con ella y de paso con los tres hijos del matrimonio. O, según acaba de descubrir, al que ya le había echado el ojo y creía tenerlo listo y en remojo, al parecer no le gusta ella sino su marido.

Después de este ejercicio, puedo definir que evidentemente los extremos son malos. Que ninguna de las dos partes la tiene fácil. Ni las AM viven orgullosas por estar tan libres, ni las FM son tan estables como muchas aparentan serlo. De hecho, es muy probable que ninguna sea realmente lo feliz que dice o aparenta ser. Porque ahora que lo pienso bien y que recuerdo aquel nefasto episodio en casa de Sonia, ahora simplemente me siento mal por haberme sentido mal. Porque ahora, más que nunca, cuando finalmente me entiendo y me acepto tal como soy, ni por todo el dinero del mundo querría cambiar el camino que elegí para vivir mi vida por el de esa amiga aparentemente más estable que yo o, en su defecto, por el de ninguna otra. ¿Quién me asegura que, como yo, a veces esta amiga no está también fingiendo? Y no es que mi vida sea mejor que la de ella, sino por una sencilla y elemental razón que me aterra: existe la posibilidad de que haya madurado. Horror.

De repente he decidido responsabilizarme de mis propios actos, así como ser consecuente con mis propias decisiones. Entendí por fin que si no estoy casada es porque nunca lo he querido realmente. Porque no me ha dado la gana de aguantarme a un marido roncador al lado, así la que ronque más fuerte sea yo. Que si no tengo más hijos no es porque no tenga interés ni tiempo, sino porque otra vez no quiero terminar criándolos sola, sin un buen hombre a mi lado. Si no vivo en una casa sensacional es porque prefiero mi apartamento arrendado que podría cambiar cada año si me provocara. Además, porque aun no me alcanza el presupuesto para comprar la casa que quisiera: una mansión. Si no me la paso en casa todo el día quejándome hasta de mi buena fortuna es porque vivo muy ocupada intentando triunfar o fracasando, que es lo que realmente me hace sentir viva en esta, mi vida.

Pero al tiempo en que me acepto y aprendo a disfrutar así de lo que soy y de cómo he elegido vivir mi vida, sí que tengo muy claro ahora que eso no me da ningún derecho a considerar que la vida de las demás, casadas o no, es menos interesante o, por el contrario, más feliz que la mía. Simplemente comprendo y, respeto ahora, que son maravillosamente distintas. Ni yo quiero un marido para tener que cuidarle permanentemente la espalda por temor a que me deje por una amante, ni muchas de ellas envidian mi vida llena de trabajo, de responsabilidades y de muy poco tiempo para hacerme hasta un café o para reunirme con mis amigas una tarde de miércoles. Mucho, muchísimo menos para atender a mi novio con el que ni siquiera aspiro a casarme todavía.

¿Y a quién queremos engañar? Pues lo cierto es que donde nos descuidemos podríamos caer en otra categoría más infame aún; la de las MM: Mantenidas de Mierda. Que, de que las hay, las hay. Esas que se quejan todo el día de todo. Las que nunca viven realizadas ni conformes con nada de lo que tienen. Al marido lo consideran un carcelero, a los hijos, un impedimento para sus aspiraciones, a los amigos unos chismosos, al perro un cretino sin personalidad, y a su vida en general, una trampa mortal en la que se sienten atrapadas. Nada qué hacer, eso sí, con las que aún no han entendido que nuestra liberación radica precisamente en la oportunidad de escoger y nuestra sabia intuición femenina en adivinar de antemano si lo que hemos elegido podría servirnos o no para ser realmente felices.

Esto, en cambio, no le sucede a un tipo de mujer especial que tiene su vida sintonizada en otra categoría, las FA: las Felizmente Asalariadas. De esas también hay. Esas que ya entendieron que les produce más placer trabajar, ganar lo suyo, gastar lo suyo y no tener que pedirle permiso o la opinión a nadie. Las que, al menos por el momento, reconocen que no es el instante apropiado para casarse ni para tener hijos, ni para renunciar a sus trabajos que tanto disfrutan, pero son tan inteligentes, que sabrían sacrificar algunas cosas si la vida les cambia de repente. Si un día se levantan y de pronto les empieza a parecer también atractivo lo demás. Esas que, como unas verdaderas expertas, saben mediar, conciliar, negociar con las distintas personas, y en las diferentes situaciones y circunstancias que supone la vida misma. Las que viven a plenitud y disfrutan de cada etapa de la vida, porque así lo han elegido, porque no cometieron el error de dejarse presionar y permitir que los demás escogieran por ellas. Sí, esa frecuencia definitivamente es la que más me llama la atención.

La diferencia es que ahora, que al menos lo admito, ni envidio a todas las demás, ni considero que ellas deban envidiarme a mí. Siento que, por el contrario, la responsabilidad de cada una es disfrutar de cada cosa que nos brinda la vida y aceptar que ni los triunfos de las demás son nuestras derrotas ni que nuestros aparentes fracasos son realmente en vano. Todos en esta vida tenemos una misión y, por ello, parte de la misma es el aprendizaje ya sea de lo bueno o de lo malo que nos pase, también. Una vez lo comprendí y lo acepté, me sentí más libre. De repente ya no me interesa comparar mi felicidad con la de nadie y eso mismo es lo que pretendo regalaros a lo largo de este libro. O, ¿qué tal sintonizarnos en una frecuencia diferente muy apetecida? Una que llamaremos FR: Felizmente Realizadas. La conformarían las AM o FM más evolucionadas que hayan entendido el mensaje de este capítulo y estén dispuestas a sacarle lo mejor a sus vidas sin reparar en los defectos, propios o ajenos. Las que ni siquiera tendrán tiempo para lamentar sus malas decisiones porque estarán demasiado ocupadas aprendiendo de sus errores y disfrutando nuevamente de la vida tras hacer las respectivas correcciones. Para finalizar, te pregunto nuevamente: ¿ya escogiste en qué frecuencia quieres vivir tu vida?

2

Nadie sabe lo que pierde hasta que lo tiene

Entonces, para ayudaros a encontrar las posibles causas de esa latente frustración femenina que nos impide en muchos casos ser felices, como la envidia y la inutilidad de embarcarnos por siempre en una batalla de sexos, es necesario entender que existe otra contienda que hemos elegido luchar muchas mujeres en el mundo. Tan despiadada como la de géneros pero incluso más dura que otras muchas que libramos a diario: el insufrible combate por el estatus. ¿Qué es preferible? Pensadlo. ¿No trabajar para quedarnos en casa y establecer relaciones semicómodas pero arriesgándonos a que nos toque un marido que posiblemente, en contraprestación por alimentarnos y hablarnos de vez en cuando, es decir, durante los comerciales del partido, al menos está de cuerpo presente y nos hace ver estables y acompañadas delante de la gente? ¿O será que nos conviene más ser mujeres independientes, que trabajamos a la par con ellos, pagamos nuestras propias cuentas y vivimos de acuerdo a nuestras propias reglas, así nos tilden de díscolas, conflictivas? En otras palabras: ¿que vivamos motivadas y realizadas en lo profesional pero inexplicablemente corriendo el riesgo permanente de quedarnos solas? ¿O será más bien que nuestro inconformismo es la verdadera plaga en este nuevo milenio?

Pero, sabiendo de antemano que ninguna mujer está contenta con lo que tiene, porque la que trabaja quiere ser ama de casa, la ama de casa quiere montar su propio negocio y mandar al carajo al esposo bonachón. La que tiene novio quiere marido y la que lo tiene quiere un amante. La que es curvilínea quiere ser anoréxica y la que por desgracia ya lo es quiere convencernos de que es gorda. La pelinegra quiere ser rubia así todas sepamos de antemano que casi ninguna es natural y que como si se tratara de una epidemia de gripe aviar, la mayoría o se tintura el pelo, lo ha intentado o ha pensado en hacerlo algún día. Nuestro inconformismo es tal que cuando vemos que otras personas hacen cosas emocionantes, exóticas, arriesgadas, excitantes, graciosas y hasta cursis para demostrarle a otra su amor, hasta nos produce cierta envidia. Pero cuando somos nosotras quienes tenemos la posibilidad de hacer lo mismo o que alguien lo haga por nosotras, ya nos empieza a parecer un gesto imbécil y torpe.

Cuando por tontas seguimos obstaculizando nuestro camino hacia la felicidad y hasta trabas le ponemos a cualquier cosa que suponga un cambio. Cuando creemos que ser selectivas y exigentes es lo mismo que ser caprichosas e intransigentes y por eso desechamos a todos los buenos partidos. Por qué será que erróneamente nos hemos convencido de que todos los hombres «buena gente» son muy feos, los lindos no son tan buena gente y los que son lindos y buena gente suponemos que seguramente son gais. Los lindos, buena gente y heterosexuales seguramente son casados, los no tan lindos pero buena gente no deben tener dinero, los que son lindos, buena gente y con dinero seguramente deben pensar que estamos tras SU dinero. Y los lindos y sin dinero seguramente están tras el nuestro. Vivimos tan prevenidas, tan esterilizadas, tan vacunadas, tan desconfiadas hacia todo lo que nos rodea que la pregunta sigue siendo: «¿quién nos entiende?».

Más que nada, cuando nuestros padres seguramente

ya tiraron la toalla, nuestras amigas ya no confían en nosotras y nosotras mismas no sabemos todavía qué queremos. ¿Quién tiene la última palabra en lo que a felicidad y estabilidad emocional se trata? Valga la redundancia: de eso precisamente se «trata» este, mi segundo libro. Y si en el primero, que titulé: *Los caballeros las prefieres brutas*, formulé una pregunta que espero que muchos estén haciéndose en este preciso instante: ¿qué quieres? Ahora en este, espero poder ayudar a resolver otra más complicada aún: ¿cómo lograrlo?

Es decir, si en el primero expuse el problema, en este propongo la solución. Tal vez, después de todo, existan esperanzas de que no hayas perdido del todo tu dinero. Más por falta de espacio que de ganas (a Alfonso, mi editor le consta) no pude, en mi primer libro, explorar más a fondo la larga lista de frustraciones femeninas que impiden ese paso hacia la verdadera realización. Pero descuida que hay esperanzas. De alguna manera inexplicable tanto para mí como para quienes me conocen, no solo he madurado sino que mis propuestas cada vez suenan más lógicas y razonables. Este capítulo entonces está dedicado a esa mujer que puede codearse con ellos, de tú a tú, y luchar con ellos por los mejores empleos y las mejores condiciones. Como también está dedicado, con mucho respeto pero sin sobreactuarme, a las que ya tienen claro qué quieren y disfrutan quedarse en sus casas tranquilas, viendo crecer a sus hijos en paz y en pareja. ¿Quién lo diría? Algo que para mí antes hubiera sido una contradicción, ahora hasta suena medianamente coherente y con sentido. ¡He aquí la prueba reina de que, en efecto, sí que he madurado!

Pero la mujer que me concierne, la que represento y quisiera poder ayudar, es también esa mujer quien poco a poco se ha venido dando cuenta del privilegio que realmente es ser una fémina. Las razones sobran: podemos tener hijos si quisiéramos, tenemos la habilidad de ser igual de buenas amas de casa o grandes profesionales, dependiendo de lo que elijamos, nuestra intuición realmente está muy desarrollada y, además, tenemos más cosas bonitas que ponernos a la hora de vestirnos. Esta mujer, también tiene claro que hoy día está por fin ante la histórica posibilidad de poder aspirar a los mismos trabajos y posiciones de prestigio que ellos. También a los mismos salarios que ellos. Pero OJO que la idea NO es compararnos ni competir con ellos. Por el contrario, es concentrarnos en nosotras mismas y ser las mejores, en lo que queramos, conociendo de antemano cuáles son nuestras debilidades y solo apoyadas en nuestras propias capacidades. En otras palabras, el día en que nos sintamos poderosas simplemente por el hecho de ser mujeres, ese día lo seremos. La mujer que describo, si quiere evolucionar realmente, tendrá que aprender, así sea a la fuerza, a aceptarse. Sean cuales sean sus defectos o aunque haya cometido en el camino unos pocos errores o tal vez muchos. Lo cierto es que, errores, los cometemos todos. Como parte de esta terapia que propongo, es muy posible que deba aprender a bajar los guantes y también el tono airado que normalmente utiliza en medio de una discusión con su pareja. Bueno, en el caso de que quiera darse una oportunidad en el amor. Para resumir, si aplicáis mis prácticos consejos, tras leer este libro, podréis por fin diferenciar entre el troglodita que muy seguramente os cortará las alas y os amargará eventualmente la vida y el «nuevo» hombre de este milenio que por fortuna también habita allá afuera. ¿Cómo reconocerlo? Seguid leyendo, esto es apenas un abrebocas. Lo que os prometo es que aquí encontraréis las armas que necesitéis para evitar o sacar a empujones de vuestra vida, si es necesario, a cualquier cavernícola, abusivo y retrógrado, que pretenda engañaros convenciéndoos de compartir con alguno de ellos sus vidas. El borracho, el posesivo, el celoso, el autoritario, el gritón, el aprovechado, el que a las buenas o a las malas intentará someteros. Mejor dicho, el pobrecito que no ha entendido que la mujer cambió y que a lo único a lo que permitiríamos ser sometidas es a un tratamiento de belleza. Como dije anteriormente, la buena noticia es que gracias a nuestro cambio de mentalidad, de metas y objetivos, así como la actitud que ahora tenemos hacia lo relacionado con la pareja, quien para muchas ya ni siquiera ocupa el primer lugar en su lista de prioridades, un nuevo hombre también se ha ido desarrollando allá afuera. Por eso, más adelante encontrarás una completa guía de hombres servibles (y otros desechables), quienes poco a poco han ido evolucionando y por ello están dotados de neuronas mucho más eficientes que les indican que la mujer moderna es lo suficientemente inteligente para manejar los negocios con la misma habilidad con la que maneja sus asuntos personales, su familia, su hogar y, donde se descuide y no lo tenga presente, a ellos mismos.

Mi propuesta básica, entonces, es: deja de envidiar a las demás y dedícate más bien a encontrar tu verdadera felicidad de la forma como quieras y que te sirva, sin importarte lo que piensen los demás. Quédate sola si lo que prefieres es tener más novios y menos maridos que lidiar. Asistir a más fiestas y menos *baby showers*. Cásate si en vez de eso prefieres optar por un hogar estable y un compañero fijo. Trabaja si te da la gana, o si te toca pero porque lo elegiste, no porque aún sientes que es lo que los demás esperan de ti. Con absoluta franqueza te recuerdo que lo único que realmente nos «toca» en esta vida es morirnos. Y no muevas un solo dedo si te da pereza hacerlo así todo el mundo te califique de haragana.

Y os tengo una mejor propuesta: ¿qué tal si en vez de pelear entre nosotras, de obligarnos a tomar partido y a optar por lo uno o por lo otro, entendemos de una vez por todas que podríamos disfrutar ambas opciones solo si dejamos de enfocar nuestra energía, más que nada la negativa, en envidiar a las demás y nos dedicamos más bien a conseguir lo propio? ¿Quién te ha dicho que no puedes ser ambas cosas, una mujer independiente que si quisieras podrías estar sola pero que has escogido construir un hogar junto a tu pareja? Nos hemos acostumbrado a pensar erróneamente que ambas cosas no son compatibles y que siempre debemos irnos a los extremos y obligarnos a escoger a la fuerza o lo uno o lo otro, que nos pasamos la vida adoptando posiciones en las que muchas veces nos sentimos incómodas. No se trata de desempeñar ningún papel, se trata de ser felices en qué y cómo lo elegimos. En qué y cómo elegimos hacerlo ya es asunto de cada cual. Entonces para resumir esta batalla estúpida de quién tiene la razón, quién es realmente más feliz: ¿las que aparentemente no hacen nada (aunque sigo pensando que hacen muchísimo) o las que solas supuestamente quieren y pueden hacerlo todo? La verdad: lamento informarte que ninguna o ambas por igual. Todo dependerá, repito, de qué quieres.

Así mismo, para quienes no entendieron mi primer libro (y no los culpo, mis amigas aún no me hablan y mi mamá sospechosamente cambió su número telefónico), la idea que pretendo propagar es que si las mujeres efectivamente nos hemos vuelto tan brillantes, seámoslos también para tener vidas personales más satisfactorias, ya sea mantenidas o asalariadas, por igual. Que elijamos lo que decidamos escoger, seamos consecuentes con nosotras mismas y escojamos también ser más felices. Que la casada no siga tildando de inestable a su hermana solterona pero presidente de alguna multinacional. Y que la ejecutiva de armas tomar no siga utilizándolas para criticar a la ama de casa y justificando su soledad con que todos los demás son unos idiotas.

¿Y qué pasa con las que no nos seduce la idea de vivir mantenidas? Pues no te cases si no quieres, solo deberás bajarle un poco el tono a la agresividad, si es que quieres tener, así sea de vez en cuando, un novio distinto a tu vibrador. No es mucho lo que pido, ¿o sí? Sí que lo es, pero para ello no estarán solas, amigas. Cada vez somos más las mujeres que buscamos más claridad en el asunto, que queremos sacudirnos las cucarachas mentales que nos carcomen, y que queremos aprender a entendernos para definir qué deseamos verdaderamente y qué bien podría hacernos felices.

Propongo una alianza estratégica de congéneres. Piénsalo. Porque algo maravilloso sucede en los pocos instantes en los que una mujer se atreve a quitarse la máscara o, en este caso, el maquillaje. En ese momento, una mujer decide sincerarse con otra o, por lo menos, consigo misma y logra quitarse de encima el pesado disfraz de «Mujer Maravilla». De mujer autosuficiente, de armas tomar, valiente y audaz para darle paso a toda su extraordinaria y compleja esencia con todo lo que ello conlleva. Con sus defectos a flor de piel logrando por fin sacar su verdadera humanidad a flote. En ese raro instante, en el que algunas veces ese extraño y repentino ataque de vulnerabilidad, para algunas, ocurre, logramos lo realmente imposible: ser verdaderamente honestas. Cuando inexplicablemente estamos preparadas para aceptar y decirnos la verdad en la cara. Ahora, escucharla de terceros ya es un poco más complicado, sin que ello implique una crítica mal asimilada, un ataque de furia o un airado reclamo, así que no nos sobreactuemos. El caso es que sí existen raras oportunidades en las que estamos dispuestas a admitir que tal vez no somos tan felices con lo que tenemos. Con lo que hemos escogido, si es que alguna vez lo llegáramos a admitir. En las que reconocemos que tal vez no estemos en lo correcto o en las que incluso nos atrevamos a revelar que somos humanas y que a veces también fallamos. ¡Durante el resto del tiempo, las mujeres nos hemos acostumbrado a fingirlo todo: alegría, placer, comprensión, humildad...! ¡Orgasmos!

La insatisfacción, señoras, es como un corcho, algún día sale a flote.

Pero, ¿qué pasaría si en vez de evadirlo más bien aprendiéramos a buscar y hasta a celebrar ese momento? ¿Si en vez de luchar contra esa sensibilidad, que confundimos con flaqueza o debilidad, comprendiéramos más bien cómo aprovecharla? En ese instante en el que nuestro cerebro deja de bombardearnos con ideas y con discursos tontos de autosuperación y todas esas cosas que permanentemente están incitándonos a buscar cosas nuevas así ya hayamos logrado más de lo que esperábamos, a desechar otras que nos costaron un gran esfuerzo conseguir como si ya no nos sirvieran y a cambiar hasta aspectos de nosotras mismas con los que hasta ese instante nos sentíamos relativamente cómodas y satisfechas para cambiarlos por esa inconveniente sensación de fracaso.

El cerebro de las mujeres nunca se calla. Pensamos demasiado y, como el que piensa pierde…Como un náufrago recién rescatado habla tanto, tal como lo hacemos en nuestras vidas cotidianas. Y no tiene nada de malo admitirlo, podría asegurar que es casi genético en la mayoría de los casos. Pero cuando el cerebro calla por esa milésima de segundo o cuando a la fuerza le ponemos un tapón encima y nos rehusamos por un momento a seguirlo oyendo, permitimos que suceda algo realmente maravilloso: volvemos a escuchar a nuestro corazón. Y no estoy diciendo que el corazón sea un gran consejero, de hecho no lo es. Y no solo eso, es tan torpe que muchas veces nos ha lanzado a los brazos del más cretino o el más perdedor de todos. Tampoco nos gusta ponerle tanta atención porque nos hace sentir cosas raras y a veces nos saca lágrimas, y todas sabemos lo que eso significa: ¡se nos corre el rímel!

Sin embargo, cuando aquello raramente pasa, realmente nos conectamos con nuestros verdaderos sentimientos y estamos dispuestas a realizar cambios de fondo y no solo de forma como casi siempre los hacemos. Porque cuando le ponemos la mordaza al corazón y dejamos sueltas a nuestras parlanchinas neuronas de mujeres independientes, permitimos también que sea el inconformismo el que reine en nuestras vidas. Esa condenada sensación de que todo lo que hacemos es inútil, todo lo que logramos podría ser mejor y todo a lo que aspiramos bien podría ser difícil sino imposible. Entonces del bendito inconformismo del que hablo aflora algo peor aún: la frustración. Nunca, léase bien, ninguna mujer está jamás contenta con nada de lo que tiene. Una mujer nunca sabe lo que quiere hasta que se lo ve puesto a otra. Y casi ninguna sabe lo que pierde hasta que lo tenga. Casi como un virus que ya ha alcanzado visos de epidemia, es frecuente que nos reunamos con otras quejumbrosas e inconformistas féminas para protestar por todo. De lo mucho o de lo poco. De todo y de nada: «Hoy todo lo que me pasó fue malo» u «hoy no me pasó nada bueno». Que en últimas, sigue siendo exactamente la misma vaina.

¿O acaso, aparte de mí, nadie se ha dado cuenta todavía de que las mujeres nos quejamos de todo casi por deporte? ¿Que la conversación típica de las mujeres casi siempre involucra algo malo que nos pasó, que está pasándonos o que seguramente nos va a pasar, según la vidente que visitaron el fin de semana y que les leyó las cartas? Porque es muy sospechoso que ninguna de nosotras se acepte tal cual, con sus defectos o con los errores que seguramente cometemos. Nunca es culpa nuestra, el pelo nunca tiene el color que queremos, nuestras parejas nunca son suficientemente detallistas y si lo son pasan automáticamente a la categoría de «babosos».

Como lo anotaba anteriormente, la que no sabe lo que es pagar una cuenta, sueña con hacerlo para demostrarles a los demás que puede ser útil a la sociedad, y la que no hace más que pagarlas, las de ella y las del ex marido que, encima de todo, la dejó endeudada antes de abandonarla por su manicurista, sueña literalmente con no hacer nada. La que no tiene hijos no ve la hora de tener uno así sea por medio de un donante de esperma, adoptado, prestado o alquilado. La que los tiene, por el contrario, se quejará todo el día de ya no tener tiempo para sí misma, que el menor le incendió la estufa, que la de la mitad quiere ser artista solo que ha decidido practicar con sus maquillajes Lancôme, y que el mayorcito ha adoptado de su padre visos de criminal pues descubrió recientemente que en el colegio intercambió su licuadora nueva por una bolsa de canicas multicolores. ¿Quién nos entiende?

Porque la que tiene amigas permanentemente se quejará de que son unas chismosas entrometidas y la que no las tiene de que es tan impopular que nunca la invitan a ningún lado y por eso está tan desactualizada en cuanto a los últimos acontecimientos sociales. Lo dicho, la mejor manera que tiene una mujer para llevársela bien con otra mujer es no ser su amiga. La que tiene auto se molesta cada vez que tiene que revisarle los frenos, y la que no tiene no ve la hora de endeudarse para conseguir así sea una bicicleta. Estamos tan equivocadas en cuanto a casi todo, que nos atrevemos a asegurar, sin saber, que las demás tienen vidas más fáciles, más plenas y más felices que las nuestras y por esta razón siempre queremos lo que tienen las demás y subvaloramos o desechamos lo propio.

En esto algo tiene que ver nuestra infancia y la manera cómo nos crían desde pequeñas. Sí, porque la internacionalmente reconocida envidia femenina, según lo he expuesto anteriormente, debe de tener sus raíces directamente ligadas a nuestra infancia y empieza desde el momento en que empezamos a suspirar por la muñeca ajena. Por eso, cuando crecemos siempre suspiramos por el «muñeco» de la otra. Por esta razón tal vez se ha convertido casi en un *hobby*, echarle el ojo al novio o al marido de la otra pensando erróneamente que el problema es que las demás tienen lo que de verdad necesitamos para ser felices. Así al poco tiempo descubramos que lo de ellas era mil veces peor que lo nuestro.

Entonces para que esto no nos pase más, ¿qué tal si aprendiéramos a escoger primero, aceptar después y a disfrutar más que a quejarnos? El problema radica más que nada en hacernos falsas ilusiones de todo. Por ello, ¿qué tal si hiciéramos un ejercicio para saber en qué estamos embarcándonos antes de meternos o si al menos aprendiéramos mejor a ser felices a través de nuestros corazones y no a través de nuestras inconformistas e imaginativas cabezas? En otras palabras: ¿qué pasaría si antes de meter las patas en el fango, primero averiguáramos de una vez por todas qué es lo que queremos?

¿Y SI YO FUERA SOLTERA (AM)?

Así estés casada, felizmente o no, ese ni siquiera es el punto; pero imagínate por un momento lo que sería no estarlo. Lo que sería para ti, después de haberlo probado, regresar a un espacio vacío, a terminar en casa lo que no pudiste en el trabajo porque al día siguiente tienes una presentación de esas en las que tratarás de lucirte frente al jefe para que te dé un aumento de sueldo, y lo único que logras es un gran bostezo colectivo y una palmadita en la espalda de algún compañero solo porque te quiere invitar a salir ese viernes. En este instante seguramente esbozarás una sonrisa socarrona mientras te imaginas maravillosamente sola y a tus anchas, comiendo lo que te dé la gana, cambiando los canales de «tu televisor» (que obviamente estás pagando por módicas cuotas mensuales, está bien, pero tuyo al fin y al cabo), las veces que te provoque sin que nadie proteste. Encima de todo, toda una ejecutiva interesante y moderna, en una oficina de lujo y con compañeros atrevidos que te inviten a salir. Fantástico, ¿no?

Bien, ahora imagínate cómo te verías con los siete kilos menos que aumentaste tras tu segundo embarazo. Vete más al extremo aún y piensa cómo sería tu vida si no hubieras tenido a ninguno de tus dos hijos, tal como te lo aconsejaría tu propia madre aquella vez que fingió un derrame cerebral que te llenó de tantas culpas, justo en el momento en que le confesaste que serías nuevamente abuela. ¿Ya? Ahora imagínate en la cocina recibiendo un pedido a domicilio, algo así como el arroz chino del restaurante de la esquina en el que ya se saben tu nombre y tu pedido de memoria, pues allí pides la cena día de por medio. Todo esto mientras revisas las cuentas de los servicios que no sabes bien cómo vas a pagar esta vez. Exígete más y visualiza ahora que es el cumpleaños número 89 de tu abuela Rosalía, al que por supuesto te has excusado de ir porque tienes «mucho trabajo» en la oficina. Con la imaginación vuela directamente hacia el banco más cercano en donde te ves claramente haciendo una larga fila para pagar los servicios y para pedir (o más bien rogar y suplicar con lágrimas en los ojos) un sobregiro para poder pagar las últimas vacaciones que te diste en un balneario del Caribe, al que fuiste, obviamente, sola y del que regresaste insolada y solamente acompañada por una larga lista de cuentas por pagar. Esas mismas que revisaste hace un rato en la cocina. Ahora mírate en el espejo y recuérdate a ti misma que si no te asustas con la imagen que estás viendo, todavía hay esperanzas. Que si aún a pesar de tus treinta y cinco años te ves guapa, que cuando has empezado a considerar que el Botox es el máximo descubrimiento de la humanidad, solo comparado con el de la penicilina, te preguntas entonces: «¿Por qué demonios sigo sola?» También notas que están saliéndote algunas canas y que tendrás que tapártelas otra vez con betún, será porque al día siguiente tampoco te alcanzará el tiempo para ir a la peluquería. Vuelve al presente y pregúntate una vez más si esa era la vida que querías vivir cuando comenzaste este ejercicio. Si por eso querías cambiar lo que con tanto esfuerzo y paciencia tienes ahora.

Porque si así fuera y tus sueños fueran mágicamente concedidos no estarías posiblemente celebrando siete años de casada con Rafael a quien ahora notas que el paso del tiempo no lo ha tratado nada mal y hasta le ha convenido, pues se ve mucho más guapo e interesante que hace unos años, cuando lo conociste. Curiosamente también te lo dicen tus amigas (¡mucho ojo!), la secretaria (¡que sean dos ojos!) y hasta tu madre, quien hasta ha desistido de fingir infartos cada vez que le mencionas lo contenta que estás con tu marido. Para tu sorpresa y la de todas tus amigas, hasta le ha empezado a caer bien el supuesto «inútil» con el que decía que habías estado mal casada todos estos años. A lo mejor estarías más delgada, ¿para qué engañarte? Pero no tendrías al pequeño Santiago para que te reciba en la guardería con un gran abrazo así en el intento te manche la blusa nueva que estás estrenando con pintura y con las evidencias de todo lo que comió durante el día. Seguramente tampoco podrías reírte a carcajadas viendo a tu pequeña Carolina jugando a ser grande con tus zapatos de tacón alto puestos. Como tampoco podrías llorar a moco tendido al ver cómo te los daña. Mucho menos podrías llegar a casa a cenar en familia algo recién preparado por ti, o, si cuentas con suerte, por la empleada del servicio, ni tampoco podrías celebrar tus buenos genes al comprobar que tu abuela, Rosalía, a sus ochenta y nueve años sigue luciendo más joven y vital que nunca. Como igualmente es muy poco probable que si esa fuera tu realidad estarías haciendo una fila en el banco para pagar por un crucero que nunca has tomado porque tus vacaciones casi siempre son en Seaworld con los niños. Pero de repente ya no te sientes tan mal, ¿verdad?

En el caso de las solteras lo que nos hace sentir mal de nosotras mismas es exactamente lo opuesto a lo que las casadas han querido adoptar como su modelo de felicidad: nuestra supuesta independencia. Esa que ahora lamentablemente nos toca atravesar con una soledad que no aceptamos del todo, que no disfrutamos del todo. Pobrecitas las casadas, pues no tienen la más remota idea en lo que estarían metiéndose. Aclaro eso sí que aunque no todo es malo, ser autosuficientes sí que nos representa un esfuerzo descomunal. Para qué negarlo. Pero el tema es más o menos así: si eres soltera, imagínate lo que podría ser tu vida en este momento si decidieras intercambiarla, así sea imaginariamente por unos segundos, con una mujer casada. Piensa lo que sería despertarse a las cinco de la mañana, no a hacer ejercicios ni a ver las noticias en CNN, como acostumbras, sino a prepararle el desayuno a tus hijos y la ropa del trabajo a tu marido. Considera que, en vez de lo que está pasando en el mundo, lo que sí que sabes perfectamente es lo que está pasando en el Cartoon Network y en el mundo submarino de Bob Esponja. Que en vez de ese sastre sensacional que compraste para la presentación que tendrías que estar haciéndole a la junta directiva, en pleno, de la empresa en la que trabajas y de la que dependerá ese ascenso que tanto anhelas, estarías saliendo de afán a llevar a los niños al colegio, sin bañarte, con el pelo como si un par de monos se hubieran peleado sobre él y en sudadera. Logras estacionarte lo más lejos que puedes y cuando piensas que lograste que nadie te viera en semejante facha, alguien toca tu ventana. Es nada más y nada menos que el prefecto de disciplina quien te reprende y amenaza con expulsarlos si los vuelves a llevar tarde como hasta ahora.

Para rematar, en el camino te detiene un policía de tránsito y, por ir tan rápido, te pone una multa que tendrás que convencer a tu marido de pagar para que no te suspendan nuevamente tu licencia de conducir. Imagínate ahora que regresas a casa más tranquila. Cuando te metes por fin a la ducha, en ese instante llega tu suegra, quien entre otras vive en el piso de arriba. Su excusa es más rebuscada que las de antes. Esta vez te pide que le regales un limón. La muy entrometida husmea sin disimular y te dice que no entiende por qué la casa parece el aula de un preescolar de lo desordenada que está. Agrega que tampoco entiende por qué a esa hora tú aún estás sin bañar.

Ahora vete más al extremo y piensa por un instante que no tienes nada que hacer distinto a ver la telenovela del mediodía porque ya lograste poner por fin la olla del almuerzo con algún brebaje, espeso y espantoso, que le dirás a todos que es sopa y que, según tu marido (obviamente para no tener que llevarte a ningún restaurante), te ha quedado buenísimo. En ese instante suena nuevamente el timbre de la puerta y cuando abres recuerdas que ese era el día en el que habías acordado que fumigarían la casa. Luego de suplicarle una docena de veces al fumigador que vuelva al día siguiente (más que nada porque ese preciso día pasan el final de la telenovela a la que le has invertido ya varios meses de fidelidad y cuando por fin te vas a enterar si Rafael de Jesús de Todos Los Santos y Llovizna Elizabeth de las Mercedes por fin quedan juntos). En ese instante se te dispara la alarma de incendios y de la cocina brota sospechosamente humo negro. Se te ha quemado el almuerzo, la mitad del apartamento y ahora a quien atiendes con fastidio es al cuerpo de bomberos. Piensa, además, que, aparte de tener que explicarle a tu marido lo que pasó y, de paso, valga la redundancia, convencerlo de que te crea, deberás convencer a tus dos hijos de que se laven de las manos el hollín que pulula por toda la casa y que dejen de ensuciar también la única pared que quedó blanca: la del baño de visitas.

Sé más gráfica aún y adelántate a lo que sería una noche en tu casa. En vez de *CSI* estarías viendo *Barney* mientras tu marido ronca como una hormigonera a tu lado. Mientras tanto, tú te mueres del frío porque los niños te han quitado la manta para jugar al cámping. ¿Ya? Me puedes explicar ahora, en este instante, ¿de qué te quejabas antes de este ejercicio? ¿Lo veis? Sin importar en qué bando estemos, ninguna de ambas partes lo tiene fácil o, peor aún, las unas y las otras somos unas inconformistas de pacotilla que, a menos que hagamos cambios profundos, más que nada de actitud y de mentalidad, jamás estaremos contentas con lo que tenemos.

CONCLUSIÓN

No quiero sonar cruel pero es la triste realidad: la mayoría de los seres humanos en el planeta no son felices nunca con lo que tienen. Es decir, nadie sabe nunca lo que tiene hasta que lo pierde. O, también al revés: nadie nunca sabe lo que pierde hasta que lo tiene. En otras palabras, la que es libre no sabrá lo privilegiada que es hasta que deje de serlo. Y la que decide cambiar una estable vida en pareja por la incertidumbre de una vida llena de menos aventuras de las que se imagina que vivimos a diario las mujeres independientes allá afuera, podría enterarse de la peor manera posible que en realidad sí que es mejor «malo conocido que peor por conocer». La que siempre ha deseado trabajar en algo, cuando por fin consigue un empleo en esa área, inmediatamente le darán ganas de cambiar de profesión o de hacer otra cosa. O que las que en épocas se sienten en la «buena», en las «vacas gordas», saben también que la buena racha pronto va a pasar. Para concluir que las dos grandes tragedias del ser humano son las mismas: no lograr nunca lo que anhela el corazón y conseguirlo para después no saber qué hacer con ello.

Y es que la vida de nadie es perfecta, solo que las que sí que alcanzan una felicidad así sea momentánea o moderada, tal vez, han aprendido a tiempo qué quieren y por ello les es más fácil aceptar y hasta disfrutar lo que están viviendo. Entonces, mi propuesta es que dejemos de envidiar a las demás por lo que tienen y aprendamos más bien a disfrutar de lo que hemos escogido. Porque aunque no todo es malo, tampoco la vida de nadie, de ninguna de nosotras, es el ideal. El modelo perfecto de vida que vemos a través de las películas, de las telenovelas, de los comerciales de caldo de gallina o a través de nuestra imaginación nos indica que estamos equivocadas o soñando un mundo imposible. ¿Para qué insistir en la perfección? Si con ellos las cosas funcionan más o menos así: si haces algo bien, él nunca lo notará. Si lo haces bien varias veces, no solo no lo notará sino que te criticará por ser tan sobrada. Si por el contrario haces algo mal una sola vez, te lo recordará por el resto de tu vida. Pero la esperanza es que si lo sigues haciendo mal y con cierta frecuencia, algún día se acostumbrará y creerá que esa es la forma correcta de hacerlo. Los hombres son animales de costumbres. Y de costumbres muy extrañas.

Sé que podemos mejorar nuestras vidas, eso es indiscutible, pero una cosa es lo que anhelamos y otra muy distinta la forma a veces extraña en la que se presenta en la realidad una versión distorsionada de lo que en nuestros sueños pedimos. Que por mucho que deseemos y con toda la fuerza del corazón que pase algo que realmente queremos, la posibilidad de que suceda es inversamente proporcional a nuestro mismo deseo. ¿Acaso no te has dado cuenta todavía de cómo funciona la vida? Si algo va bien, en algún momento se dañará, pues nada dura para siempre. Solo las deudas. Pero cuando algo está mal y pensamos que no podría estar peor, igualmente empeora. Y cuando de repente sentimos que las cosas han empezado a mejorar, seguramente es porque se nos ha pasado algo por alto. Lo más importante siempre será aprender a definir qué es lo que realmente queremos, porque así será más fácil ponerle pecho a nuestras decisiones y hasta aprender a disfrutar o a desechar a tiempo, si no nos gusta, lo que hemos elegido. Siendo absolutamente sincera con vosotras, os confieso que la única razón por la que tal vez nunca me casaría es porque admito que soy tan imperfecta y tengo tantos defectos que desconfiaría de un hombre que quisiera tenerme a mí como a su esposa. Y por esta razón es que he decidido, de ahora en adelante, no envidiar a nadie.

3

El amor en los tiempos de la cólera

Entonces, si es tan complicado ser lo uno o lo otro (AM o FM), si en ninguno de los dos roles nos sentimos realmente a gusto, si es tan evidente que el problema es que nos hemos convertido en unas intolerantes, inconformes con muy poca capacidad de resistencia, ¿para qué tanto esfuerzo? O si por el contrario ya hemos aprendido que con ellos siempre viviremos pero en discordia, pues en lo único en lo que realmente siempre estaremos de acuerdo es en que nunca estaremos de acuerdo en nada. Que en medio de nuestras complicadas relaciones de hombres y mujeres modernas, si algo puede ser interpretado mal, puedes jurar y ponerle la firma que efectivamente será interpretado mal. Es decir, que tus halagos serán interpretados como insultos y tus elogios tal vez como críticas cargadas de ironía. Y es en ese preciso instante cuando las cosas están tan mal entre los dos, que es mejor abstenerse de abrir la boca, pues lo único seguro y claro es que cualquier cosa que digas para enmendar la situación lo empeorará todo. Prueba y verás. La experiencia me indica que no hay nada tan malo que no pueda empeorar. El amor es muy parecido a la guerra. Qué fácil resulta armar una disputa, pero qué difícil es resolver el conflicto. Entonces, ¿no sería ideal aprovechar tanta modernización de la que nos preciamos y de la que a veces somos víctimas para replantear el tipo de relación que queremos? Una que sí que nos sirva y se ajuste a nuestras necesidades de mujeres modernas, una que no necesariamente implique la posibilidad de quedarnos solas y vestir santos.

Lo digo por experiencia propia. No existe para una mujer independiente una idea más terrorífica que la de terminar, más que sola, mal casada. Enredada, mal, junto a un hombre que: (a) nos trate mal, (b) nos quiera mal, (c) nos obligue a vivir mal. Más aún sabiendo que gracias a nuestro esfuerzo y a las 18 horas diarias que probablemente estemos dedicándole al trabajo, si permaneciéramos solas tendríamos mejores y más probabilidades de vivir mejor. O al menos más tranquilas. Solas como anchoas, es cierto, pero al menos sin tener que, encima de todo, culpar a nadie de nuestra falta de progreso en cuanto a bienestar. Lo cierto es que por más que nos esforcemos, todas las parejas, en general, son sospechosamente parecidas. Están integradas por personas que no se entienden entre sí. Es decir, si uno se acuesta temprano como una gallina, al otro seguramente le gustará trasnochar. Si uno es exageradamente puntual, el otro en cambio no. ¿Para qué insistir en idealizar una vida perfecta de pareja basados en la premisa de que los opuestos se atraen? Sí, pero seguramente para fastidiarle la vida al otro.

Y más que frustración me atrevería a asegurar que es rabia, ira hacia nosotras mismas por tener tantos parámetros cada vez más difíciles de alcanzar. Rabia porque erróneamente pensamos que no es que una relación no funcionó, es que nos hicieron perder nuestro tiempo. Es que la culpa es de él, el que no servía era él, el que no la tenía clara era él y el que nos engañó también es muy posible que se lo atribuyamos a él.

Pero, ¿y nuestra cuota de responsabilidad en todo este asunto qué? ¿Es que jamás estaremos dispuestas a admitir que a veces nos equivocamos en escoger lo que queremos vivir? Y esta, tal vez, es una de las razones principales de por qué muchas mujeres se casan mal y la misma por la que tantas otras se quedan solas. Y no es porque el «ideal» de hombre sea una utopía. Es que nos hemos vuelto tan complicadas y tan exageradamente exigentes que ninguno llega ni a asemejarse siquiera a lo que consideraríamos un «buen partido». ¿Acaso entonces, las relaciones de pareja se inventaron solo para seres conformistas, para hombres y mujeres débiles, necesitados, codependientes y mediocres? Porque si siempre entramos en una relación con la idea de que posiblemente siempre haya algo mejor allá afuera, cómo no concluir que nos hemos vuelto tan prepotentes que siempre consideramos que nos merecemos más. Que nada ni nadie es suficiente. Que lo que hacemos no es construir sino conformarnos. Que nos hemos convertido en una partida de mediocres insatisfechas. Mediocres porque aun así nos quedamos insatisfechas porque siempre creemos que allá afuera hay algo mejor. Entonces la pregunta que nos deberíamos hacer es: «¿Porqué detenernos ahí en vez de seguir buscando hasta encontrar lo que realmente queremos o sentimos que necesitamos?» Y mi respuesta: Porque encima somos miedosas. Porque pensamos que es mejor «algo» que «nada». Porque somos egoístas y acaparadoras y por eso ninguna quiere lavar, ni tampoco soltar la batea para que otra lave (o trapee, es lo mismo) lo que nosotras no quisimos.

Pero lo cierto es que por muy duras y cerebrales que seamos la mayoría, actualmente, también tenemos nuestro corazoncito. Es decir, a muchas de nosotras el tema sentimental nos sigue pegando muy fuerte, abajo. O adentro, como prefieras. Que somos muchas, demasiadas, las mujeres independientes en el mundo que más que preocupadas por nuestros triglicéridos, nos ha comenzado a preocupar también nuestra soledad. Algunas ya hemos sentido que necesitar está bien así como esforzarnos por suplir las necesidades de la persona con la que aspiramos a compartir nuestras vidas también lo es. El problema es que para lograrlo se «necesitará», valga la redundancia, un poco más que ayuda divina y hacer esfuerzos casi sobrenaturales con los que muchas no nos sentimos del todo cómodas. Entonces, si algunas ya hemos definido a tiempo que tal vez el matrimonio no es para todas, que aunque a veces nos gusta y necesitamos estar solas, pero pasado un tiempo lo más probable es que queramos volver a estar acompañadas, ¿por qué, entonces, no hemos aprovechado realmente toda esa independencia de la que hacemos gala, para elaborar propuestas concretas y efectivas que bien podrían servirnos para replantear nuestras relaciones de pareja? ¿Nadie está realmente dispuesto a cambiar el curso de la historia, o todos por igual estamos más bien dispuestos a seguir quejándonos de nuestras lamentables existencias sin luchar siquiera por inventarnos un sistema que sí que funcione y que sí nos garantice vidas plenas también acompañados? ¿Cómo debería ser una relación moderna, una que, según nuestros parámetros de hombres y mujeres de mundo, tenga altas probabilidades de triunfo? He aquí algunas sugerencias.

Unión libre

Hasta aquí ninguna novedad. Hago referencia al censo recientemente realizado en Latinoamérica en el que los resultados comprueban que no solo cada vez hay más mujeres en el territorio sino que estas cada vez se casan menos. Es decir, cada vez es menor el número de mujeres que se animan a ir a tomarse las medidas en donde la modista de la familia para que les confeccione un vaporoso vestido que si tienen suerte utilizarán una sola vez en sus vidas. O de hombres que piden la mano de rodillas y que ahorran años enteros para poder comprar la consabida argolla de compromiso. La vida misma nos ha ido comprobando que el tiempo, el esfuerzo y el dinero que uno gasta organizando una fastuosa boda es inversamente proporcional a lo que nos durará la dicha. Tal vez porque muchos han ido entendiendo que el amor es una locura temporal que solo cura el matrimonio. O porque asumen que el matrimonio es como una ejecución: un destino realmente trágico.

Hoy más que nunca, la unión libre, más que una tendencia, es una realidad, un estilo de vida ampliamente aceptado. Esto, por supuesto, les funciona mejor a quienes nunca se quieren casar, porque, como sabiamente dicen las abuelas, cuando ya se comen el postre antes de tiempo, ¿quién quiere la cena? En otras palabras, las que aún quieren casarse algún día como Dios o la ley mandan, las que sueñan con la suntuosa fiesta abarrotada de amigos y familiares ruidosos, que se olviden de las campanas de boda, pues, sencillamente, en la mayoría de los casos, la única que sí que escucharán claramente y todos los días de su vida es la del despertador.

Y bien dicen nuestras antepasadas que la manera más fácil de quedarse solterona es convivir con la víctima antes del compromiso oficial y social. ¿No ven que esto les da la oportunidad de arrepentirse antes de posiblemente meter las patas? Lo mejor, repito, para las que quieran toda la parafernalia de un matrimonio, será intentarlo pero con el anillo puesto. Para que no se queje después de haber cumplido todas las funciones de una esposa sin llegar jamás a disfrutar de algunos beneficios que sí que tiene la esposa. Como tener el derecho legal de quitarle la mitad de todo lo que posee después de un divorcio, por ejemplo. Pero, por el contrario, para algunos que hemos llegado a pensar que el matrimonio es el antídoto perfecto contra la pasión, vivir juntos, pero sin compromisos, es el ideal. Sigo pensando que, de alguna extraña manera, planear juntos una boda y encima de todo hacer partícipes a nuestros familiares y amigos es un compromiso social que, así sea por pura vergüenza de tener que admitir que se acabó, logra que las parejas intenten al menos hacer un esfuerzo mayor para que las cosas funcionen. Por otra parte, así de fácil como nos mudamos a casa de nuestro novio o pareja de turno, ante la mínima pelea o discusión, así de fácil también es muy posible que tiremos la toalla y nos separemos. Como están las cosas, no es de extrañar que quienes nos decepcionemos primero de convivir con alguien tan solo para perder cosas como: tiempo, paciencia, admiración, libertad, autonomía, espacio en el armario... Entonces, teniendo muy claro que vivir con alguien en plena y absoluta libertad tiene sus ventajas, también tiene desventajas que debemos entender antes de animarnos a hacerlo. La principal: adiós marcha nupcial.

LA NOVIA-ESPOSA

Esta opción me encanta y ni siquiera porque salió de mi torcida cabeza, sino porque, a través de amigos que la han implementado en sus vidas reales, he constatado que no solo funciona, sino que además existe un ingrediente de sensualidad que me llama mucho la atención ante la posibilidad de ser por siempre la novia y no matar el sentimiento al convertirme en la esposa.

Funciona más o menos así, según mis amigos Raquel y Alfredo, quienes llevan más de diez años de feliz relación... cómo diríamos «extramatrimonial», y tras tremendos fracasos sentimentales, decidieron seguir adelante juntos a pesar de que ninguno de los dos quería casarse. Ni ella quería volver a repetir la experiencia, ni él quería realmente a una ama de casa, en «su» casa. Entonces se les ocurrió la siguiente solución salomónica: que cada uno viviera en su propia casa. Sin la consabida ceremonia, Raquel ha logrado ser la pareja oficial de Alfredo, la que atiende a sus amigos solo si a ella le provoca y, si no, solamente debe subir los cuatro pisos que separan un apartamento del otro. Porque lo mejor de todo ¡es que viven en el mismo edificio! Así mismo, Alfredo disfruta de su compañía porque quiere y no, como en la mayoría de los casos, porque le toca. Es así como ella puede dejar de tender la cama si le da pereza hacerlo ese día y él puede dedicarse tranquilo a ejercer su profesión de escritor sin tener que quejarse por el desorden que a veces reina en la casa. Cada uno es feliz haciendo lo que quiere, tienen el estatus de pareja formal y oficial, de hecho las invitaciones a todo tipo de eventos vienen ya marcadas con «Sr. y Sra.». Y ninguno de los dos tiene que aguantar al otro. Viven en una constante y plena luna de miel que es la envidia de todos y hasta pueden cambiar de locación romántica cada vez que les provoque. O en su apartamento o en el de él, dependiendo de la ocasión. O de qué apartamento esté más cerca del ascensor. Esta opción, definitivamente es mi favorita. Pareja estable sin el aburrimiento que supone la cotidianidad de una vida en pareja bajo el mismo techo. Es que en la misma notaría nos deberían dar el derecho a elegir: ¿cómo quieren vivir su relación, juntos o por separado? Que, para el efecto y dadas las altísimas cifras de divorcios y separaciones en el mundo entero, sigue siendo la misma vaina.

JUNTOS PERO NO REVUELTOS

Esta opción me llama la atención en caso de que me atreva a casarme algún día. Posibilidad muy poco probable, por supuesto, a menos que necesite un descuento en mi póliza de salud. En la misma casa, pero cada uno en su habitación. ¿Por qué no? Piénsalo y te darás cuenta de que esta bien podría ser una solución que se ajuste a tus medidas de mujer independiente. Es una ramificación de mi propuesta anterior, un *spin-off* que llaman, pero funciona más o menos de la misma manera, salvo una que otra diferencia: que inevitablemente te tocaría casarte, por ejemplo. Pero una vez superado el trauma del vestido tipo falda de lámpara de mesita de noche, el arroz con el que te bombardearon a la salida de la iglesia y que aún intentas sin éxito despegar de tu cuerpo, el recuerdo de la fiesta que todo el mundo te criticó después de que se lo bebieran y se lo comieran todo, los regalos feos que no sabes cómo devolver o esconder para no herir susceptibilidades; lo cierto es que poner las reglas claras en el que será tu nuevo hogar podría determinar qué tan largo y feliz podría ser tu matrimonio. Y qué tanto podríais ambos beneficiaros de la inversión. Porque, eso sí, los matrimonios son carísimos y no en todos los casos uno logra recuperar lo que gastó.

Por esta razón y, por supuesto para que te dure, qué tal si después de la luna de miel y uno que otro año, adoptáis la eficaz medida de partir cobijas, pero sin divorciarse. Es decir, una vez que ya hayáis dormido arrunchados, abrazados o amacizados un sinnúmero de noches, cuando ya te empiece a hacer falta tu espacio, tu aire, tu individualidad. Mejor dicho, cuando ya no aguantéis más, para qué engañaros, ¿qué tal proponer que cada uno se mude a su propia habitación? Y, por supuesto, a su propio baño y empezar también a disfrutar de su propio clóset nuevamente como cuando erais solteros. Porque no es cierto eso de que uno al casarse prefiera quedarse toda la vida a dormir en el mismo lado, o que en todos los casos la idea romántica de compartirlo todo funcione en la práctica.

Entonces, en vez de divorciarse, en lugar de buscarse a un amante, para evitar los roces propios de la falta de espacio propio, ¿no te parece muchísimo mejor evitar así el tedio que supone en la mayoría de los casos una convivencia? Mucho más aún si el cura te lo dijo muy claro: «Hasta que la muerte os separe.» Entonces para no terminar viuda antes de tiempo, o en la cárcel por haber tomado la decisión de serlo, valga la redundancia «antes de tiempo», ¿no te suena atractiva la posibilidad de vivir en pareja, preferiblemente casada, pero respetando cada uno «su» espacio? La propuesta es ideal para aquellos que ya no se aguanten la tapa del inodoro subida, los pelos en el jabón y en sitios imposibles de limpiar, la consabida toalla en el piso y las constantes peleas tontas porque uno se duerme primero que el otro y quién deberá apagar la luz. Las de ¿qué canal debéis sintonizar cuando estáis juntos, las de quién siempre se queda con la mayor parte de la cobija o quién ronca menos? El espacio, para vivir en pareja, definitivamente es un tema crítico que, solucionado, podría proporcionaros mejores condiciones de vida y, definitivamente, mejores probabilidades de que tu matrimonio funcione.

PROFESIÓN, AMA DE CASA

Palabras más, palabras menos, y ya que insistes: «Me caso pero me pagas por ser ama de casa.» Esta propuesta os podría parecer descabellada y, para qué negarlo, lo es. Esta opción es perfecta para quienes quieran quedarse en sus casas, atendiendo al marido y a los hijos que vayan a tener, pero que no quieran dejar de trabajar. Porque, señoras, el trabajo en casa, por demás tan subvalorado como está, es el que peor pagan y el más arduo en el que podríais embarcaros en toda vuestra vida. Planchar, lavar, remendar, cocinar, limpiar, aspirar algo distinto a ascensos laborales, hacer el mercado, recoger a los niños en el colegio y aún así cumplir tus funciones de esposa y tener sexo con ellos de vez en cuando. ¡Todo en un mismo día! De solo describirlo he quedado agotada, ahora imagínate para las que esto no es más que un día normal en sus vidas de amas de casa.

Entonces propongo que una verdadera relación moderna, entre un hombre medianamente inteligente y una mujer que esté dispuesta a sacrificar su preciada soltería y su jugoso cheque al final de mes producto de su trabajo como gerente de aquella exitosa empresa, debería tener reglas muy claras. Más aún si dentro de los planes están incluidos uno o varios hijos. Es decir que si uno de los dos se queda en casa, la figura no sea la de mesada, sino que adquiera el estatus que realmente le corresponde: el de profesión, ama de casa. Y que de paso ellos no sientan que es una obligación innecesaria aquella de mantenernos, de darnos dinero para nuestros gustos, para ellos tontos, para nosotras de vital importancia, como la última cartera Louis Vuitton que salió al mercado, o el reloj de la más reciente colección de Bulgari, cuando lo que en realidad estamos haciendo es pagando nuestros honorarios para cuidarles la casa, para tenerles la comidita caliente al final del día, para que los recibamos ahí sí contentas de verlos regresar del trabajo con su libro listo y abierto en la página en la que quedaron, su pijama planchado y su manta preferida en la mano. Para que hacerles el amor, aunque a veces nos dé pereza, sea realmente con gusto y parte de nuestro trabajo. Porque en últimas, actualmente lo es, solo que hasta ahora lo hemos hecho gratis. Hace unos días, hablando con una pareja de amigos, me confesaron que, aunque empezó como una broma entre los dos, hoy día Santiago le paga a Adriana por hacer el amor. A él le gusta la sensación de «pagar» por sus servicios y ella se esmera en servirlo cada vez con mayor esmero, para que le pague mejor.

Un jueguito sexual que empezó como una fantasía y que hoy les funciona para mantener viva la llama del amor... y su cuenta bancaria.

CONTRATO PRENUPCIAL

A término fijo y renovable cada siete años o menos. Esta propuesta también les podría erizar los pelos a algunos, pero, según mi juicio, sería la solución ideal para luchar aún más por la relación, para renovar los votos cada tanto y/o para terminar bien si las cosas andan mal. Aquí cabe perfecto aquel refrán que reza: «Guerra avisada no mata soldado.» Piénsalo, si encima de todo, cometemos la torpeza de casarnos con un vago que vive a costa nuestra, ¿por qué no firmar un acuerdo prenupcial que ponga, antes de la firma, una reglas de juego bien claras? No se supone además que, en una relación que se respete, ¿cada cierto tiempo tenemos que sobreponernos a una de esas crisis matrimoniales que algunos logran superar y que para otros es el detonante que los anima a divorciarse? Entonces, para que eso no pase, igual a un contrato laboral, ¿por qué no determinar de antemano la caducidad del mismo? Es decir, nos casamos, sí, pero solo por un tiempo previamente estipulado entre los dos. Contratos por cinco años, por ejemplo, para ver cómo nos va antes de encartarnos y vivir aburridos por obligación toda una vida juntos. Que el contrato estipule un tiempo concreto en el que deberéis hacer un esfuerzo porque funcionen las cosas y, si no, al final del mismo, ambos recuperáis nuevamente vuestra libertad sin tanto drama para seguir solos o con otras personas.

A mí no me suena nada mal. De hecho, me parece perfecto para los que quieran avivar la llama de la pasión, que probablemente se ha venido extinguiendo con el tiempo, porque lamentablemente cuando el ser humano siente que tiene algo seguro y para toda la vida, se vuelve cómodo y deja de hacer esfuerzos. Pero piénsalo bien, si de antemano ese mismo ser humano supiera que solo tiene un tiempo limitado para hacer que las cosas funcionen, ¿no crees que se esmeraría en esforzarse más si supiera que realmente no es inevitablemente y supuestamente para toda la vida? Es decir, y pensando en los dos, en vez de embarcarse en un costoso divorcio, que os saldría mucho mejor, más económico e incluso más justo con la pareja, ¿dejar que las cosas se acaben naturalmente con licencia previa, para luego de fracasar, seguir adelante con vuestras vidas sin los resentimientos propios de una ruptura sentimental? Si uno ya sabe a lo que se expone, que no tiene todo el tiempo del mundo para desgraciarle o complementarle positivamente la vida al otro, ¿no suena realmente lógico que, con ciertas condiciones, ambos luchemos a la par por sacar juntos un proyecto de vida adelante? O que, llegado el momento, ¿tuviéramos el derecho de separarnos de mutuo acuerdo? Es decir, por considerar que las cosas no fueron lo que esperábamos, pero con la frente en alto porque al menos sabemos que lo intentamos. Lo mejor de todo serán las muchas lunas de miel que podréis disfrutar de ahora en adelante.

SOLO POR LOS NIÑOS

Cada uno en su casa pero con hijos en común. OK, lo admito, esta es tal vez la propuesta más arriesgada de todas y la que seguramente me valdrá una demanda porque involucra menores de edad. Y no me refiero solo a tu marido. Pero es tal el afán que tienen tantas mujeres en el mundo por ser madres justo cuando las subutilizadas hormonas empiezan a negarse a serlo, sin el inconveniente de tener que cargar con un esposo, por ejemplo, que la idea, ahora que lo pienso bien, no es tan mala. Muchas amigas, pasados los 35 años, no solo se quejan de la aparente falta de hombres allá afuera con quién salir, sino también con quién procrear los hijos que quisieran tener. Entonces, en vez de inscribirse en el banco de esperma más cercano, de someterse a costosos y complicadísimos tratamientos de fertilidad, de pensar en la adopción como su última y más clara opción, de pedirle a una amiga que le alquile el vientre o empezar a subrayar candidatos en los clasificados del periódico para buscar un buen prospecto o, peor aún, las que se conforman con relaciones cortas y sin bases tan solo para dejarse embarazar y suplir la necesidad de tener un hijo, ¿no sería mejor a conciencia tratar de hacer las cosas bien? Sé que suena fuerte pero también lo es la determinación de algunas que ya sienten el peso de los años y las consecuencias de su misma soledad. A las que de repente su prioridad ya no es conseguir un esposo, sino tener un hijo. Y eso está pasando allá afuera y nadie, hasta la fecha, lo ha incluido como proyecto de ley en ninguna sesión del Congreso, ni como proyecto de vida siquiera.

Entonces, me pregunto: ¿por qué no «asociarse» a hombres que también quieran ser padres, sin la incomodidad de una esposa al lado, y acordar con ellos ciertos términos para ser padres en un momento determinado y, así mismo, «determinar» las que serían las reglas del juego? Es decir, lo mantenemos entre los dos, lo cuidamos entre los dos, los fines de semana son uno contigo y otro conmigo, así mismo las vacaciones serían compartidas y todos los gastos y responsabilidades que un hijo conlleve. El sexo, por supuesto, es opcional. Porque, aunque es así como los animales menos evolucionados que el ser humano procrean, sin la inconveniencia de tener que pedirle el teléfono a la pareja, sin tener que casarse y quedarse de por vida junto a ella, sin tener que aguantarse ataques de celos de nadie y aún así logran preservar la especie, no estoy sugiriéndoos que seáis promiscuas ni irresponsables, ni que utilicéis a los hombres tan solo para realizaros como madres. Sugiero, más bien, una base de negociación. La mía no es más que una propuesta en la que si la idea es tener un hijo, y el matrimonio o no se ajusta a sus necesidades o lamentablemente nunca se dieron las cosas, puedas hacerlo, pero de la manera más madura y conveniente posible para las tres partes: tú, el padre y el hijo.

Lo que digo no se aleja mucho de la realidad mundial. Al parecer, la fobia es hacia el matrimonio como tal, no necesariamente hacia la idea de tener hijos. Entonces, en vez de terminar en las manos de un cafre, ¿por qué no más bien apuntarle a un buen hombre? A uno con el que desde ningún punto de vista nos casaríamos, porque la pasión no da para tanto, pero sí con el que bien valdría la pena compartir un hijo. Porque es decente, trabajador, familiar y hasta un buen amigo. Y sé que así, a primeras luces, francamente y sin anestesia mi propuesta podría sonar a un despropósito descomunal. Pero, la verdad, cuanto más lo pienso más lógico me parece. Una pareja así funcionaría o como compañeros de casa o de apartamento si encima de todo son tan amigos que deciden criar a su hijo juntos, es decir, bajo el mismo techo. O cada uno en su casa, tal como si estuvieran felizmente separados, si por el contrario quieren permanecer solos. El hijo, por demás y valga la aclaración, no tendrá que ser partícipe de discusiones matrimoniales de ninguna índole y quedará claramente establecido que los mismos derechos sobre su crianza serán estipulados previamente entre los dos.

¿No es mejor que tengamos la posibilidad de escoger entre tantos malos prospectos por lo menos a uno del que sepamos qué intenciones tiene realmente? El ideal sigue siendo, para mí, el de apuntarle a conformar un hogar con todas las de la ley y, si no funciona, pues al menos podemos tener la certeza de que lo intentamos. Pero, sin probar siquiera, y si es inevitablemente la nueva tendencia entre muchas mujeres solas del mundo, al menos hacerlo con la idea clara de que habrá una figura paternal y una maternal para que no sigamos descomponiendo la tan ya descompuesta y malograda sociedad.

SEPARADOS CON HIJOS

OK, antes de que te escandalices admito que la siguiente propuesta de sana convivencia con tu pareja o con tu ex pareja, sea cual sea tu caso, bien podría funcionar. ¿Qué pasaría si después de una relación normal, es decir, ambos bajo el mismo techo, tenéis hijos y luego os dais cuenta de que las cosas simplemente no funcionan? ¿Qué pasaría si debido a la razón que sea, la relación se acabó y de por vida tenemos que lidiar con esa otra persona que muy posiblemente ya ni soportamos, a través de nuestros hijos?, ¿qué pasa si se acabó el amor? Conozco cientos de casos de mujeres que utilizan a sus hijos como arma infalible de chantaje para: (a) sacarles más plata a fin de mes a sus ex; (b) sacarles la piedra y fastidiarlos de vez en cuando por deporte; (c) ejercer presión a través de los niños para que regresen al hogar o para que al menos dejen a la «bruja» por la que supuestamente os dejaron; (d) generar lástima y cargos de conciencia. Piénsalo por un minuto: ¿no sería más práctico admitir que simplemente se acabó y continuar con tu propia vida en lugar de seguir el tiempo esperando por él?

He notado, además, que, en la mayoría de los casos consultados, muchas mujeres rehúsan pasar la página tras un fracaso sentimental, porque, heridas en su amor propio, sintiéndose socialmente humilladas, se embarcan en guerras sin cuartel contra sus ex y contra todo lo que los rodea, olvidándose que la coyuntura bien podría ser beneficiosa incluso para ellas. Para rehacer sus vidas ya sea solas o acompañadas algún día de otra persona.

Porque, si queremos, es muy posible que la vida nos regale no otra, sino muchas más oportunidades de empezar de nuevo. Pero hay tantas que no quieren comenzar de cero, ni iniciar nada nuevo, que sus vidas se convierten en una sola discusión permanente que nunca habrá de resolverse. Os aseguro que no hay una mejor sensación, una de mayor libertad, que despojarse de los malos recuerdos, del resentimiento que produce un fracaso sentimental, y seguir adelante con nuestras vidas sin tanto equipaje pesado. Sin tantas culpas, sin tanto dolor, sin tanta agresividad. Más aún si hay hijos de por medio. Admitir que se acabó y no esperar una disculpa que tal vez nunca llegará, sin quedarse en casa con los crespos hechos esperando a que él se decida a regresar, así en el fondo admitas que tampoco te gustaría mucho que regresara. Nadie, léelo muy bien, obliga a nadie a quedarse a nuestro lado si no quiere y nadie nos obliga a querer nuevamente a quien ya hemos decidido olvidar.

Volviendo al tema de los hijos y como algunas los utilizan como armamento de venganza contra ellos, ¿qué tal si, pasado el tiempo, sanadas las heridas y una vez que tengamos claro que siempre tendremos a los hijos, por qué no darnos mejor vida, perdonar y a conciencia enderezar lo que haya quedado torcido? Y no digo que se pueda lograr enseguida. En el caso de algunas son muchos los años que tendrán que soportar a una ex pareja resentida si fueron ellas quienes tomaron la decisión de dejarlos para irse a vivir solas. Pero la buena noticia es que una vez que ellos se den cuenta de que no es posible obligar a una mujer a quererlos nuevamente como hombres, cuando ya lo que ven frente a ellas es a un amigo, lo que de repente pasa en sus vidas suele ser algo mágico y maravilloso. No solo podrían convertirse en buenos amigos sino que además es posible apartar el pasado para enfocarse en un presente tranquilo en donde criar juntos a un hijo mientras se apoyan mútuamente, más que un deber, es un placer. A pesar de lo difícil que haya sido, nunca caigas en el error de hablarle a tu hijo mal de su padre. En el futuro ellos mismo se darán cuenta de lo que realmente es. Sea ello bueno o malo. Tampoco te recomiendo utilizar a un niño para chantajear al ex. Al final, todo lo malo se devuelve y no vaya a ser que encima de todo, ¡quien termine viéndose como la víctima que no es sea él! Si es tu caso, y por fortuna tu ex ya tiene una pareja estable y tú la tuya (enhorabuena), es muy posible que entre ambos se pueda dar paso a una relación más evolucionada, madura, estable y cordial. ¿Por qué? Básicamente porque entre ambos las cosas estarían claras. Es decir, habéis aceptado que ya no os queréis como pareja pero queréis compartir la experiencia de criar un hijo sin obstáculos ni del uno ni del otro. Podrías sentirte apoyada por él y permitir que sienta lo mismo hacia ti. Sobra decir que el mayor beneficiado en todo esto es el hijo(a) que compartís. Porque aunque aparentemente sea un hogar disfuncional, también es uno en donde existe una figura paterna y una madre felizmente independiente con la que también puede contar. Y eso, en comparación con los que se quedan infelizmente juntos o se obligan más bien a hacerlo «por los niños», me sigue pareciendo más atractivo que cada uno sea feliz por su lado en vez de terminar fingiendo que son felices juntos solo cuando compartan un rato con los niños.

Entonces deja de mandar a Andresito mal vestido a casa de su padre para que tu ex sienta cargos de conciencia y te envíe más dinero a final de mes. Evita hablar mal a los hijos de su padre. Lo único que lograrás será alejarlo de ellos o de ti por amargada. No le pongas quejas a tu ex suegra de lo mal padre que te ha resultado su retoño. Como «su» madre ella jamás admitirá que lo es y es muy poco probable que se ponga de tu lado. En otras palabras: no quemes pólvora en gallinazo, pues aquí siempre llevarás las de perder. Más bien, vive sin conflictos y haz un esfuerzo porque a tus hijos jamás les afecte lo que estás sintiendo. Que ellos no se sientan culpables de que la relación se haya acabado. Tampoco los uses como espías para enterarte en qué anda tu ex y, peor aún con quién.

Es decir, no te tortures más y aprende a separar al hombre del padre. A tus sentimientos hacia él de los sentimientos, que, si tú no interfieres, se consolidarán entre ellos. No te des mala vida y sigue adelante con la tuya. Te garantizo que una vez superado el orgullo herido, lograrás abrir una nueva puerta en tu vida que ni siquiera sabías que existía: la de tu propia tranquilidad. Entiende que es muy posible en estos tiempos modernos criar hijos en paz y en armonía, admitiendo eso sí que el hogar podría aparentar estar dividido en dos, pero que al final del día, y si le pones buena voluntad al asunto, sigue siendo uno solo. Con un papá feliz en su casa y una mamá que también admite serlo en la suya y con hijos que jamás notarán la diferencia, pues vivirán sus vidas sin los conflictos de quienes a pesar de que ya no se soportan se condenan a quedarse juntos pensando que es por el bien de los niños. Así en el intento lo único que logren es seguir haciéndose daño. Y de paso a los niños.

LOS NIÑOS, EN OTRA ALA

Esta idea surge de la charla que tuve con otra pareja de buenos amigos, mis vecinos. Una noche en la que conversábamos sobre mis propuestas sobre el nuevo tipo de relación que podría funcionar mejor que la antigua en una sociedad moderna en la que al parecer ya nadie quiere creer que es posible llegar a viejos juntos, me contaron sobre algunos amigos que habrían ideado una manera para que sus relaciones no se dañaran debido a los frecuentes roces tan propios de la convivencia. Más aún si esta sobrepasa las expectativas de tiempo. Una de las ideas que más me gustó porque me sonó extrañamente coherente es separar la pareja de los hijos. No os adelantéis, ni os escandalicéis que mi propuesta no es que los hijos vivan solos lejos de sus padres. Por muy moderna que sea no soy ni seré nunca una madre desnaturalizada. Lo que propongo es aprender a diferenciar la dinámica entre los unos y los otros. Para que cada uno tenga su debido lugar y unos no se sientan reemplazados o desplazados por los otros. Y no solo me refiero al tiempo que le dedicaremos a los unos o a los otros, sino también al espacio. No os amontonéis, todo bajo el mismo techo. Es decir que no por ser padres se pierda la pasión de pareja como sucede en la mayoría de los casos en que la mujer se vuelve la mamá y en que el hombre empieza a buscar otro tipo de relaciones con otro tipo de mujeres que empezará a definir como «mujeres» de verdad. Suena cruel pero es también la triste realidad.

Muchos hombres no consideran que su mujer, una vez que ha sido madre, sea la misma con la que se casaron. Con la misma con la que pueden seguir siendo los hombres de la historia, los conquistadores, con la que bien podrían también desfogar toda su pasión y adquirir la complicidad hasta para cumplir sus fantasías sexuales. Como también es cierto que muchas veces cuando una mujer se vuelve mamá se olvida de ser esposa, amiga, cómplice, compañera, mujer. Es como si después de un papel quisieran desempeñar otro y, lamento informarles, señoras, que ser mujer no es un papel, es una realidad que nos acompañará el resto de nuestras vidas.

Me pareció genial conocer el caso de una pareja que vive en la misma casa pero que tiene bien delimitados sus espacios. Los hijos viven en un ala de la casa, y la pareja, en otra. Tienen unos espacios que son para compartir exclusivamente en familia y otros que son de uso exclusivo de la pareja. Es así como luego de cenar juntos es muy posible que la pareja se retire a sus aposentos en donde, salvo contadas excepciones, está prohibida la entrada a los niños. Son los mejores padres del mundo y es mucho el tiempo que le invierten a sus hijos, pero teniendo muy en claro que los hijos son prestados y que cuando crezcan muy seguramente se irán a conformar sus propios hogares; precisamente por eso protegen y cuidan más que nada la pareja.

Mi propuesta es que, sin dejar de ser padres comprometidos, aprendamos también la diferencia entre ser padres y ser pareja, antes que nada. Es incluso para el beneficio de los mismos hijos que esa complicidad entre los dos no se pierda entre la cotidianidad y la rutina diaria que supone una vida en familia. Primero, mujer, pareja, y luego madre. A diferencia de ahora, madre, y cuando se vayan de la casa, otra vez pareja. Pero, de quién, si seguramente tu marido ya se cansó de esperar a que recapacitaras y ya se consiguió a otra. Entonces, para no caer en el error que cometemos la mayoría, y termines después con el «síndrome del nido vacío», que es cuando los hijos se van y muchas mujeres pierden el norte, el proyecto que había diseñado junto al esposo y a veces hasta su propósito en la vida. Mejor dicho, para no tener que despertarse un día y no tener ni de qué hablarle al marido porque sin los niños en la casa ya ni siquiera tienen nada en común. Por eso insisto: aprende que desde muy temprano en la relación hay que proteger a la pareja, no apagar la llama de la pasión y tener satisfactorias vidas sentimentales dependerá única y exclusivamente de ti y de entender que no por ser madres debemos dejar de ser mujeres. Que no por criar hijos debemos anularnos como esposas, como sus amantes, como sus amigas, como sus cómplices. Para que tu relación no se torne aburrida, para que no te sientas como en un proyecto en equipo en donde uno querrá abarcar más responsabilidades con los niños que el otro porque siente que esa es su única función, te invito a que replantees tu papel dentro de la pareja y a que entiendas que, queramos o no, es un hecho: los hijos se van. Pero bien administrada la pareja se queda.

SIN HIJOS

Esta nuevamente es una tendencia mundial que no me he inventado yo sino que convive con todos los que piensan diferente allá afuera. Existen muchas parejas en el mundo que deciden, por falta de interés, de dinero o de tiempo, casarse o vivir juntos y no tener hijos. Más aún por tener carreras complicadas que no solo disfrutan sino porque debido a ellas no tienen tiempo siquiera para tener un pez ornamental.

Este tipo de pareja moderna decide no tener descendencia porque son conscientes de que un hijo requiere tiempo y dedicación, cosas que precisamente ellos no pueden o no tienen un real interés de proveerles en ese preciso momento. Lo interesante es definirlo y decidirlo a tiempo y no tener hijos solo por capricho, lo que, según mi juicio, resulta imperdonable. Que los hijos se críen solos por el orgullo y la satisfacción de decir que los tenemos no vale. Los hijos requieren más que nada de compromiso de ambas partes, pero, si no es el caso, ¿para qué tenerlos, para qué asumir una maternidad con cargos de consciencia o con complejos de culpa por no tener tiempo para ellos? Un hijo no debe ser asumido como una decisión fácil o para reactivar la pasión en una relación ya desgastada. Para «obligarnos» más bien a seguir juntos que es el gran error que cometen muchas parejas en el mundo que creen que un hijo justifica que dos personas que ya no se quieren tanto como antes pueda seguir juntas.

Si fuera mi caso, es decir si no hubiera tomado la decisión más importante de mi vida y a la que le debo mis mayores satisfacciones que fue la de ser madre, con lo complicado que hoy día sé que es ser madre soltera, posiblemente habría optado en aquel entonces por no tener hijos con una pareja inmadura, como lo hice, y disfrutar más bien de mi soltería así fuera por un rato más. Pero, en el caso de muchas, no tiene nada de malo tampoco que el plan sea disfrutar por siempre de esa pareja sin ponerle presión a la relación con hijos de por medio. Cualquier opción es válida y no considero que deberíamos mirar mal a quienes tomen ese camino. Recuerda: solo nosotros mismos sabemos qué es lo que necesitamos para ser realmente felices y así como a mí me pudo hacer muy feliz tener a mi hija a pesar de las condiciones adversas en las que la tuve, también es respetable que alguna mujer no desarrolle nunca ningún tipo de sentimientos maternales y que por ello decida no tener descendencia. Esas mujeres piensan que lo ideal es: viajar juntos, apoyarse en el trabajo y embarcarse en proyectos de vida, también juntos. Y no he dicho que esto no sea posible con hijos, pero te repito, si tal vez sientes que los hijos te cambiarían radicalmente un estilo de vida que disfrutas y que no quieres alterar, mi sugerencia es que no tengas descendencia. O todavía o nunca. O tal vez tenerlos pero solo en el momento en el que estés dispuesta a entender que no es que estés sacrificando nada, sino que lo harás con gusto porque será en el momento preciso en el que estés dispuesta a asumir la maternidad como una elección y no como una obligación impuesta por la sociedad.

Ahora, tener hijos es realmente difícil, y no lo digo solo por el aspecto económico, sino también por el físico. La tendencia es que muchas mujeres en el mundo cada vez más están retrasando los tiempos en los que para ellas sería ideal la maternidad. A diferencia de épocas anteriores, muchas mujeres ya no están conformando familias en sus veinte sino pasados los treinta. Por esta razón se han popularizado tanto los tratamientos de inseminación artificial y todo tipo de programas de fertilidad. Es decir, cada vez hay más mujeres a las que les es difícil y en ocasiones hasta imposible concebir. ¿Qué pasa entonces si tu caso es que a pesar de tener una pareja estable es muy poco probable que, aunque queriendo, puedas tener hijos? Nada. No es el fin del mundo y, si encima de todo tu pareja te apoya y no entra en conflicto por ello, ni te sientas una mujer inservible, ni frustrada. Aparte de adoptar, existen otras posibilidades igualmente viables. Lo importante será que no te obsesiones y que aprendas a ver más bien las cosas positivas que tienes a tu alrededor para poder seguir adelante con tu vida. Tu pareja, por demás, si es realmente el hombre de tu vida, entenderá la situación y si lo ayudas podría caer en la cuenta de que se casó con una mujer y no solo con un prospecto de mamá. En algún momento, superada la crisis, recordará que es a ti y a tu humanidad a quien ama indistintamente de si lográis tener hijos o no. Si este no es tu caso, nada de malo tiene considerar la posibilidad de rehacer tu vida junto a alguien que ya tenga hijos y no quiera más o que de plano no quiera tenerlos. Cada oveja con su pareja.

CAMBIEMOS ESPOSOS

¿O qué tal una más descabellada aún? Una que ni siquiera me llama la atención pero que al parecer suple la necesidad de «cambio» de una cantidad de mujeres insatisfechas en el mundo. ¿Qué tal casarse y tener la opción de cambiar de esposos con sus amigas de vez en cuando para aprender a apreciar más bien al que teníamos en casa? Está bien, es una broma, pero piénsalo, tal vez no es una idea tan alocada como suena. Pero ya que como casi por deporte nos hemos acostumbrado a criticar y a quejarnos de nuestras parejas y así mismo a envidiar en secreto a las de las demás, podemos llegar a un acuerdo con nuestras amigas más cercanas y de vez en cuando intercambiar con ellas el que consideramos el «foco de infección». Tal vez así, como en el popular programa de *People and Arts*, aprenderíamos a valorar lo propio y dejaríamos de envidiar lo ajeno. O tal vez hasta podamos quedarnos con lo ajeno y así mismo darle una oportunidad real de ser feliz a lo propio. Una tendencia que me aterra, a pesar de ser una mujer con una mentalidad absolutamente abierta, es la de los *swingers:* cambiar de esposos pero solo por un rato y para cumplir una fantasía sexual que me sigue pareciendo peligrosa, porque se pone en juego el respeto. Aspecto fundamental para que cualquier tipo de relación, moderna o no, que aquí propongo o no, tenga una oportunidad justa de funcionar.

El caso es que si debido a esta tendencia sospechamos también que el problema es que nadie está conformándose realmente con la idea de quedarse con la misma pareja por el resto de la vida, entonces ya no suena tan raro como experimento que de vez en cuando intercambiáramos de pareja con nuestras amigas. ¿Acaso algún día llegaremos a tanto? Espero, de corazón, que no.

Espero más bien que seamos verticalmente honestas con nosotras mismas para dejarlos ir cuando ya no nos llenen lo suficiente. Cuando realmente queramos un cambio o estar solas en su defecto, pero por separado. Me sigue pareciendo mucho más práctico simplemente separarse por un tiempo o para siempre y dejando eso sí la puerta entreabierta para volver a darnos otra oportunidad para ser amigos algún día. Y justamente cito nuevamente a mis vecinos Marta y Piti, quienes confieso son mis nuevos ídolos. Hace poco me preguntaron en una entrevista que a quién admiraba y tras aclarar que a nadie con superpoderes, ni a los típicos sor Teresa de Calcuta o al papa más querido de todos los tiempos, Juan Pablo II, que eran precisamente ellos. Y por una sencilla razón, después de cinco años de separados y dos hijos en común y tras haber intentado rehacer sus vidas con otras personas, decidieron darse una nueva oportunidad como pareja y como familia. Y ahí están, dos años después intentando con grandes posibilidades de éxito, crear una nueva relación que se ajuste a sus expectativas reales y actuales. De repente me suena más que justa la idea de embarcarse en un proyecto de vida juntos, más aún si hay hijos de por medio, más aún si nos alejamos de la soberbia y reconocemos que aún hay esperanzas, que aún compartimos un sentimiento por el que bien vale la pena luchar.

LA RELACIÓN INTERNACIONAL A LO MARINERO

Una relación distinta en cada puerto, como ellos. Eso. Sin pretensiones, ¿por qué no? Como ellos, dividir nuestras expectativas y conseguir el «ideal», sí pero repartido en varias formas o, mejor dicho, cuerpos. Quizá te encanta fulanito pero no es detallista. Entonces consíguete también a uno que lo sea pero que seguramente tendrá algún otro «pero» como todos los demás. ¿No decimos que somos tan exigentes que ninguno nos da la talla? Entonces seamos realmente prácticas y repartamos funciones: que con el mismo con el que hacemos el amor delicioso, no sea el mismo con el que nos guste ir al cine, ni tampoco otro con el que nos gusten los paseos familiares, ni otro más con el que nos fascine viajar. Que no sea uno solo sino varios al mismo tiempo, y que suplan nuestras necesidades y que llenen nuestras expectativas sentimentales. La clave de esta propuesta nefasta es que con ninguno deberás soñar con casarte. A todos les hablarás claro y les admitirás que ninguno es el «único» en tu vida. Tratarás, eso sí, de que por lo menos no vivan todos en el mismo barrio y se convierta lo tuyo en una comparsa.

Es más, que vivan en distintas ciudades o países para que nunca el tiempo que le dediques a uno se te cruce con el de otro. Tus expectativas de compromiso se limitarán a que se cumplan las citas previamente establecidas y en los tiempos que tendrán disponibles para compartir juntos. Nada de llorar porque no se anima a pedirte matrimonio, nada de quejarte porque cansado del juego alguno se decidió por otra, o porque de repente te toque pasar su cumpleaños sola por no saber con cuál de todos celebrarlo. ¿Sí ves cómo de repente entiendes por qué «el que mucho abarca, poco aprieta»? Pues si no te molesta ser una más y te consigues uno al que posiblemente dejarás de admirar posteriormente porque a su vez, para ti, es «uno más», allá tú. Yo sigo prefiriendo los contratos, así sean temporales, de exclusividad.

¿Ya te decidiste por alguna de las relaciones modernas que propuse anteriormente? Piénsalo, quizás el secreto del éxito, de tu éxito personal, radique en tu propia individualidad y en admitir que tal vez las relaciones convencionales de pareja no son para ti. Es decir, no se ajustan a tu medida. Entonces, en vez de condenarte a vivir una vida vacía y sola, ¿no te resulta más atractivo y desafiante inventarte tus propias reglas de juego? El éxito, por supuesto, en ninguno de los casos está garantizado, menos aún si no sabes qué quieres o si no le pones buena voluntad. El ideal, señoras, más aún después de ser testigo de las frecuentes quejas de quienes rehúsan a terminar sus vidas solas, es convivir en pareja o intentarlo al menos. ¿Cómo? Eso dependerá única y exclusivamente de las necesidades de cada una.

4

¿Supermamás o supervivientes?

«La Mujer Maravilla es una latosa.»
Atte. El Hombre de Acero.

La diferencia entre un matrimonio funcional y feliz de uno que no lo es consiste en callarse una que otra cosa. Pero, si de relaciones modernas y disfuncionales se trata, hay un tema que bajo ningún punto de vista podemos obviar si queremos explorar las posibles causas de tanta frustración femenina. Es la bendita manía de las mujeres modernas de dominar el multi-tasking, *término primer mundista que podríamos definirlo como el arte o más bien la torpeza de querer hacer literalmente de todo, al tiempo, a veces hasta gratis, tan solo para demostrarnos y de paso a los demás que somos verdaderamente capaces. ¿Capaces de qué? ¿De agotarnos? De atenderlo todo pero tan a medias o tan de afán que hemos perdido la capacidad de disfrutar o de apreciar.*

¿Ser perfectas, para qué? Nada más cierto que lo que dijo Elizabeth Taylor en una entrevista: «El problema que tienen las personas perfectas, las que aparentemente son un dechado de virtudes, las que no conocen de vicios o defectos, es que seguramente tienen virtudes que nos resultan demasiado irritantes a todos los demás.» Entonces, tanta perfección ¿para qué?, ¿para terminar convertidas en unas

fastidiosas psicorígidas? Aclaremos algo, la mujer siempre tendrá que hacerlo doble para adquirir algo del reconocimiento que ellos en cambio sí que logran de los demás con la mitad del esfuerzo que nosotras hacemos. Afortunadamente, tampoco nos queda para nada difícil, pues a diferencia de ellos, cuando los hombres sienten que por fin han encontrado a una mujer perfecta para ellos, nosotras en ese momento seguramente seguiremos esperando al hombre perfecto. Y así nunca nos entenderemos. La sabiduría, señoras, consiste en saber cuándo evitar la perfección. La prueba de que no somos tan perfectos es que la misma y muy sabia Madre Naturaleza, por más que lo intentó, tampoco lo logró. Tal vez por esa misma razón nos creó ciegos para que no pudiéramos ver nuestros propios defectos.

Entonces, si ahora somos abiertamente tan capaces, ¿por qué será que no hemos logrado establecernos sin afanes dentro de un hogar que sí que funcione? ¿Uno en el que papá sea papá y mamá sea mamá y hasta nos preciemos de ello, en donde cada uno interprete un papel con el que se sienta verdaderamente cómodo y en el que logremos procurar un espacio sano, incluso para tener hijos? ¿Uno en donde la mamá, así trabaje, entienda que la prioridad son los hijos, si los tiene, y la pareja, si no se ha aburrido y aún la tiene en casa? ¿Uno en donde el papá, así tenga una esposa trabajadora, entienda que no es solo un huésped en casa y que tendrá que participar activamente tanto de la crianza de los hijos como de apoyar y proteger a su pareja?

En estos tiempos modernos lamentablemente nadie piensa así. La prioridad es el trabajo y el dinero que de allí se deriva. Ya nadie se da la oportunidad de imaginarse siquiera lo que podría ser un hogar estable, porque con tanto que hacer para lograr sus objetivos, poco o nada de tiempo queda ni siquiera para soñar.

Por eso ya nadie quiere tener hijos antes de los treinta. ¿Con qué tiempo? Y, si los tiene y no se ha planteado renunciar a uno que otro compromiso para poder, no solo educarlos sino también disfrutarlos, es muy probable que traslade «esa» responsabilidad a terceras personas; a la niñera, a la empleada del servicio, a su mamá o alguna prima o hermana que, según ella, tenga tiempo libre. Si ni siquiera estamos disfrutando de la maternidad como sí lo han hecho tantas de nuestras antepasadas y algunas amigas decididamente más inteligentes que nosotras en el presente, ¿para qué tener hijos o para qué casarnos y aspirar a tener una pareja al lado si ello requiere un poco de la dedicación y del tiempo que ya sentimos que no tenemos para esas pendejadas? ¿Por qué nos seguimos dando tan mala vida y pensando que para lograr una cosa debemos renunciar a otra? Es hora de admitirlo: no podemos hacer todo bien al mismo tiempo. Podrías ser muy exitosa en el trabajo pero si tienes hijos, cuando crezcan, lo más probable es que alguno o todos te reclamen alguna vez tu falta de tiempo y dedicación para ellos. Podrías ser una esposa fiel, más que nada porque trabajas tanto que ni tiempo tendrías para conseguirte un amante, pero le dedicas tanto espacio a tu aspecto laboral que es posible que quien se consiga una amante eventualmente sea él. Entonces, ¿por qué en vez de pensar que tener hijos es un sacrificio, y atender a la pareja uno más de los tantos compromisos que tienes, no aterrizas de una buena vez y entiendes que cuando uno desea demasiado algo, es altamente probable que las cosas se den solas, naturalmente, sin presiones y sin forzarlas?

Cuando el rompecabezas se arme solo y borres las palabras «sacrificio» y «renuncia» de tu diccionario personal comenzarás a disfrutar de lo que nos brinda la vida sin tener que creer que renunciamos a nada o a todo por simple orgullo. No nos digamos mentiras, exitosas o no, seguimos siendo mujeres para quienes el término «realización» lo asociamos más a temas personales que a laborales. Para una mujer, la mayoría de nosotras, sensibles como sé que aún lo somos, en el fondo es más importante tener una familia que un coche último modelo aparcado delante de casa. Nos gusta la sensación de poder que nos da poder tenerlo pero en el fondo también añoramos con quien poder disfrutarlo. Para muchas de nosotras sigue siendo más interesante tener un buen hogar que un buen empleo. Así le dediquemos más tiempo a lo segundo que a lo primero. Es más importante el cumpleaños de la abuela que la fiesta de promoción de tu jefe directo, así sientas que tienes que asistir a la segunda para no perder tu empleo. Pero cuando somos absolutamente sinceras con nosotras mismas, mujeres al fin y al cabo, admitimos no saber si por culpa de la genética o las hormonas, nuestras prioridades y aquellas cosas que realmente sí que nos producen satisfacción son muy distintas a las de ellos. Pero, porque nos hemos querido convertir en ellos, es que hemos apartado nuestra propia interpretación de la realización femenina como tal, para embarcarnos en estilos de vidas y actitudes que son tan masculinas y alejadas de nuestra propia realidad. Lo cierto es que esos cargos de conciencia que hemos venido recolectando en el camino surgen porque no estamos supliendo esa necesidad de ser y disfrutar el ser precisamente mujeres.

Y lo digo, porque así ganemos y vivamos bien, también el amor, la comprensión y, ni que decir, una pareja al lado, parece ser la consigna y, en la mayoría de los casos, no tenerla, el principal motivo de nuestras frustraciones femeninas. Lo laboral versus lo personal: el gran dilema de las mujeres modernas en el mundo entero. ¿Qué escoger? Pues lo que te proporcione más felicidad. O ambas cosas, solo si puedes, si logras disfrutar de ambos escenarios a la vez, si ello no te invade de esos insoportables cargos de conciencia con los que vivimos tantas mujeres modernas y ocupadas en el mundo. El problema es que la mayoría de las mujeres somos tan inseguras que, a pesar de que nos hemos embarcado en una batalla sin cuartel contra los hombres, no admitimos que lo que realmente anhelamos es que nos valoren. Que nos aprecien: reconocimiento. Si es el masculino, mejor. Al convertirnos en Mujeres Maravilla o en Supermamás, lo que realmente hemos conseguido es «supercansarnos» de competir en una lucha que, si ganamos, nos toca celebrar amargamente solas. Pero si lo que queremos es vivir en pareja, por ejemplo, está comprobado que al hombre no le gusta que lo reten en su territorio en donde quiere seguir siendo el rey. Aunque los ajedrecistas del mundo estén de acuerdo en que es la ficha más inútil de el tablero, pues la que más se mueve y la que tiene más funciones y armas para luchar sigue siendo la reina. Pero, una reina de verdad, espera. Es la última ficha que se juega, es la que protege su castillo y a su reino, con todo y el inservible rey incluido. La estratega, la que sabe cuándo moverse y no desperdicia ninguna jugada. La que así tenga peones y alfiles, sabrá que todos en su tablero de juego son esenciales e importantes para ganar. Para hacerle jaque mate a la vida misma. ¿Qué tal si más bien aprendiéramos a brindarle a cada aspecto de nuestra vida la importancia y la dedicación que realmente merecen, por gusto y no porque a veces sentimos que nos toca, para que en vez de Mujeres Maravilla nos convirtamos en Mujeres Maravillosas?

Si Superman no tuviera una vida paralela como la que vive a través del pelmazo de Clark Kent, hasta él estaría aburrido de sus superpoderes y de luchar literalmente por todo el mundo sin obtener ningún reconocimiento real, una medalla, un trofeo o una simple nota de agradecimiento. De este modo nos sentimos a veces las mujeres modernas y autosuficientes, quienes hemos escogido echarnos un sinnúmero de responsabilidades encima. Peor aún, en la mayoría de los casos consultados, es decir, mi mamá, mi tía solterona, mis amigas MEI (Mujeres Emocionalmente Inestables), una que otra BIT (Berracas, Inteligentes y Toderas) y, por supuesto, la vecina del 511, por voluntad propia. ¿Qué gracia tiene ser realmente y aparentemente eficientes en todo y para todo? Si con el paso del tiempo es tan fácil constatar que nada nos conviene menos que admitir que somos buenas para alguna cosa. Cualquier cosa. Si es que no quieres terminar haciéndolas tú misma, quiero decir. En cambio una que finge que no sabe hacer nada, a esa le ponen las cosas sobre una bandeja de plata y se lo harán todo. En esto precisamente he basado mi teoría de que los caballeros las prefieren un poco torpes para pensar y con cerebros sin estrenar.

En el pasado, las mujeres realmente inteligentes se dedicaban a una sola actividad al mismo tiempo. Y lo disfrutaban. No sé si a medias o no, pero al menos manifestaban real dedicación hacia alguna cosa. Pero, ¿hoy día? No queremos dejar de trabajar pero debemos regresar temprano a casa a atender al marido, si ya no se cansó de nosotras y de nuestra falta de tiempo; a dormir a los niños tras haber repasado las tareas. A ser las mejores amigas, hermanas, empleadas e hijas. Asistir muchas veces cansadas a todos los eventos a los que nos invitan para que no nos tilden de aburridas, y que ello, no nos vaya a restar posibilidades a nivel laboral ni social. Y todo al tiempo. Esto, para que los caballeros que de casualidad estén leyendo esta columna entiendan de una vez por todas por qué la mujer moderna vive literalmente ¡superfatigada! En otras palabras, para que la próxima vez que ella finja un dolor de cabeza, tras un largo día de trabajo, y se niegue a cumplir con sus supuestas obligaciones maritales, entiendan la razón por la cual no se lo quieren dar.

El agotamiento femenino ha empezado a adquirir visos de pandemia en el mundo entero. Como cortadas con la misma tijera, todas, al parecer, queremos lo mismo: un supertrabajo, unos superhijos de los cuales sentirnos superorgullosas y con los que podamos lucirnos frente a las demás, un supermarido que no solo sea exitoso, sino que además nos permita desarrollar todas nuestras capacidades sin que nos obstaculice el camino. Nos hemos convertido en robots, en verdaderas bombas de tiempo listas a estallar con tanta presión. ¿Cuál es ese afán que tenemos las mujeres modernas del mundo de pertenecer al mismo molde, a seguir los parámetros de una nueva tendencia social que ya no se ajusta a ninguna de nuestras necesidades reales? A abarcarlo todo y a no retener ni disfrutar nada.

Como si fuéramos superheroínas volamos de la comodidad de la casa de nuestros padres a la empresa más cercana. Muchas veces incluso antes de graduarnos. Nuestra batalla por la libertad nos lleva a emplearnos en las más diversas labores. Bien pagadas o no, la consigna es ganar nuestro propio sustento para demostrar primero que nada a nuestros padres que somos valientes y que podemos valernos por nuestra propia cuenta. Segundo, para demostrar a todos los demás que ya crecimos y que somos realmente útiles a la sociedad. Tan solo para descubrir, algunas tarde en la vida, que el chiste está en llegar a un punto en el que sintamos que no tenemos que demostrarle nada a nadie distinto a nosotras mismas. Como en toda superproducción que se respete, los villanos no tardan en aparecer en nuestras vidas. Así como cuando aún vivíamos en casa de nuestros progenitores y los enemigos eran nuestro hermanito menor por «sapo», es decir, por delatarnos cada vez que nos llamaba un pretendiente por teléfono o por chantajearnos si encima de todo el pobre llegaba de visita, la empleada de la casa por chismosa, nuestra hermanita menor por igualada y por ponerse nuestra ropa y por usar nuestros maquillajes sin permiso, nuestros padres cuando no nos daban permiso para salir, el primo baboso con complejo de *latin lover* que se creyó el estúpido refrán aquel que dice: entre primo y primo más me arrimo. Sí pero es que nadie aclaró que los que nos gustan son los primos pero los de nuestras amigas, casi nunca los propios.

El caso es que, cuando adultas, los villanos son todas aquellas personas que se interponen en nuestro camino, que no están de acuerdo con nosotras, que no se rinden ante nuestros encantos o con las que trabajamos y competimos a diario por subsistir. Y, las que pueden, por sobresalir. En nuestras vidas de mujeres independientes y oficinistas asalariadas, estos adquieren otra fisonomía distinta a la de los cómics de *Marvel* y se transforman en horrendos especímenes de los que es muy difícil huir. Para la muestra un botón.

EL HOMBRE LOBO

El perdedor, el N. N., el fantasma de la oficina que lleva veinte años en el mismo puesto y que solito cree que se las sabe y se las merece todas. Aunque todas saben quién es, porque seguramente lo han visto por los corredores, ninguna sabe qué hace, la importancia de su labor (si es que la tiene) o cuál es su función dentro de la empresa. El jefe, por su parte, no lo ha despedido porque no solo no recuerda su nombre, sino que ni siquiera se acuerda que sigue trabajando allí. Es tan poco influyente que con la única que podrá lucirse por un rato será con la nueva. Es decir, contigo. Nadie quiere caer en las garras de este tipo de compañero de oficina que es el más mediocre de todos, el que da los peores consejos, el que ya no tiene aspiraciones, salvo deslumbrarte a ti. Y el que, como no tiene nada que perder, no tendrá ningún inconveniente en hacerte perder tu tiempo.

EL GUASÓN

El idiota, el payaso frustrado, el que tiene complejo de recreacionista de piñata bailable. El rey del corredor y, a su vez, el patinador, el mensajero, el que lleva y trae todos los comentarios maliciosos. El teléfono roto. Sin lugar a dudas, es uno de los villanos más peligrosos, pues a punta de chistes malos y chismes, tiene a todo el mundo convencido de que sus poderes son de otro mundo. Y lo peor es que tiene algo de razón. Su poder radica en su lengua y, para neutralizarla en algunos casos, toca rendirse y suplicar. Se las sabe todas, pues como somos idiotas todas creemos en sus buenas intenciones y lo convertimos en nuestro paño de lágrimas. Lo malo es que lo mismo hace con todas y con todos y, sin querer, es el hombre mejor informado de toda la oficina.

HIEDRA VENENOSA

Mejor conocida como la recepcionista. La que escucha las conversaciones, la que si un día no le gustó cómo la miraste, no tendrá inconveniente alguno en sabotear todas tus llamadas importantes. Hasta la de Julián, el tipo aquel que conociste el fin de semana, al que por estar borracha no le anotaste bien tu número telefónico pero sí que recuerdas haberle dado el nombre de la empresa en la que trabajas y el cargo que tienes en ella. Por supuesto, tras un altercado ocular con «Hiedra venenosa», nunca te enteraste que Julián, a través de sus buenos oficios y una labor realmente de inteligencia, no solo logró conseguir tu teléfono, sino que hasta flores te envió ese día. Tú nunca te enteraste. Julián tampoco te volvió a llamar. Los poderes de esta superdesgraciada no tienen límites. Es una excelente villana, tanto que, así como no te pasará las llamadas que tanto te interesan, sí que lo hará con todas las otras que no quieres atender ese día, como la de tu ex novio al que te tocó ponerle una demanda en la fiscalía por acoso sexual, o del abogado del banco que insiste en que te demandará por no haber cubierto un sobregiro, o la de la nueva novia de tu ex, quien, presa de los celos, grita histérica al otro lado de la línea, por ejemplo.

El pingüino

El Jefe. El que al principio querrá medir tus habilidades y tu nivel de aguante para poder reclutarte a sus anchas en su ejército personal de aduladores y «besa traseros». El que, donde te descuides, por muy adorable que parezca, si no le marchas a su paso y ritmo, tiene el poder de congelarte aquel ascenso por el que tanto luchaste o ese aumento con el que tanto soñaste y que, por torpe, seguramente ya te gastaste.

La mujer maravilla

La sapa, la perfeccionista. La cuchi Barbie de *blower* y pestaña postiza que supuestamente se las sabe todas. La que siempre te deja como un zapato delante del jefe para ser ella quien se gane los puntos a su favor. La que es eficiente para todo, especialmente para amargarle la vida, sobre todo a las pobres novatas. Esta mujer es aparentemente un verdadero encanto, pero una vez que te haya dado la espalda, no tendrá ningún inconveniente en tratar de desacreditarte y quitarte el puesto.

EL ACERTIJO

Este supervillano pulula en cuanta oficina, compañía o empresa en la que no alcanza el presupuesto para contratar verdaderos profesionales. Con este personaje una nunca sabe si le caes bien o mal, si estás haciendo bien tu trabajo o si se está promocionando él mismo, como tu remplazo. Generador por excelencia de incertidumbre y de mucha inseguridad laboral.

Estos y otros villanos hacen que nuestras vidas profesionales sean miserables. Las mujeres no lo tenemos para nada fácil. El caso es que, tras una ardua jornada laboral, como nos toca a casi todas, y una vez acomodadas en el salón de la justicia, es decir, en la sala de nuestra nueva casa o departamento, pero alquilado, y aún vacío por falta de presupuesto, tras haber combatido a capa y espada contra esta gama de villanos que pululan en las empresas del planeta, la lucha por subsistir allá afuera apenas comienza. Y no es que alguien dude de nuestras capacidades, ni Dios lo permita. El problema es que nos tomamos muy a pecho aquello de que en realidad todo lo podemos solas. Es así como muchas empezamos a vivir nuestras vidas tan mal que ni siquiera hace falta la kriptonita para dañarnos el camino y quitarnos la fuerza: de eso nos encargamos nosotras solitas. Porque así nuestro superdisfraz de superheroína no sea una trusa de un material directamente importado desde el espacio, sino más bien un traje de marca que aún pagamos por cuotas, así no usemos capa, una tanga narizona como Superman, botas de látex sino zapatos de talón alto, nuestra actitud luchadora es aún más impresionante que la de cualquier superhéroe submarino o volador. En ese afán por demostrarle a los demás que sí que podemos, nos convertimos en mujeres aguerridas y con los guantes para la batalla siempre bien puestos y amarrados. Luchamos contra ellos por los mejores puestos y por sus salarios (los nuestros curiosamente siguen estando por debajo), contra nuestros compañeros de trabajo cuando ya no somos tan novatas y nos cansamos de tanto villano. Con nuestras amigas por demostrar a cuál le va mejor y supuestamente es más exitosa. Con nuestras parejas porque no alcanzan a entender nuestro cansancio o el porqué de nuestro explosivo mal genio.

Suponiendo que nos quede tiempo para tener algo de vida social, entonces, luchamos allá afuera contra las demás por ser las más reconocidas, las más admiradas, las más deseadas. Supongamos que, encima de todo, eres de las afortunadas que, a pesar de tu actitud belicosa, conseguiste un pretendiente tan torpe, amoroso o suicida, como prefieras llamarlo, que se haya animado a proponerte matrimonio. Supongamos que no eres tan bruta y a falta de otras posibilidades, accedes. Supongamos que la boda se efectúa tal como la soñaste, que tu madre y tu hermana hasta asistieron tras perdonarte que, por falta de tiempo por haberle dedicado el escaso que te queda libre a tu trabajo y a tu novio, las hayas abandonado a su suerte durante meses. Tantos que hasta se te olvidaron las bodas de plata de tus propios padres y los cumpleaños de todos tus sobrinos. Supongamos que tu nuevo marido es también un hombre de mundo y, tan absurdamente comprensivo que te anima a que sigas trabajando al mismo ritmo. Asegura que no le molesta que pases catorce horas diarias en la oficina o en asuntos relacionados con tu trabajo, que traigas carpetas de papeles de la oficina para seguir trabajando el fin de semana, que pases horas pegada al teléfono dando órdenes o que tu idea de una noche romántica sea cuando te deja dormir. Supongamos que lo hace porque tiene una amante o porque ya le ha empezado a echar el ojo a una que recién conoció y le conviene mantenerte, ¿cómo diríamos:

«Ocupada». Aunque suene cruel, la mayoría de los hombres solo nos apoyan en algo cuando han perdido su interés en nosotras. Supongamos que no dije eso y que no te acabo de llenar de suspicacia. El caso es que un tiempo después ambos se animan a tener un hijo. Tú, por supuesto, mujer moderna al fin y al cabo, sin sacrificar un solo ápice de tu espacio, de inmediato pondrás las reglas claras sobre la mesa: «Lo tenemos pero no voy a dejar de trabajar.» Acabas de firmar tu propia sentencia y de condenarte sola.

Es allí mismo cuando tu pareja comienza a hacer el equipaje virtual y a entender que tu egoísmo te precede. Tanto que, si te dejara, tú muy posiblemente ni lo notarías siquiera. Y es por eso que muchos se alejan, nos dejan, se van de nuestro lado aunque sigamos compartiendo el mismo techo y, si contamos con algo de suerte, tal vez hasta la misma cama. El hombre que se siente desplazado por la ambición desmedida de su pareja, por su afán de triunfo sin tener que contar con él, empezará inevitablemente a no sentirse valorado, ni mucho menos admirado. Y es ahí cuando empieza a comprender que la mujer con la que se casó no necesita un esposo sino un edecán. Que su idea de hogar es la de un hotel, cinco estrellas, por supuesto, y que tener hijos no sería una ilusión que albergarían entre dos, sino más bien entre ella y su almohada. El paso siguiente y obligado dentro de la idea distorsionada de conformar una familia que ahora tiene provocará la desconexión final. Es decir, hasta que realmente la deje por otra que finja interés en él.

Es tal la manera tan defensiva con la que algunas mujeres asumen una decisión tan importante como la de tener un hijo que, sin darse cuenta, se alejan de sus respectivas parejas. La desilusión empieza a rondar la alcoba y es fácil concluir que un hijo es tal vez un inconveniente para ambos. Porque de solo imaginarse cómo les cambiaría la vida en todos los aspectos, lo que cuestan los hijos y el poco tiempo que deja el trabajo para criarlos, es de por sí una posibilidad aterradora. Por esto, muchas menos mujeres están teniendo hijos, si los tienen, no pasan de dos, y eso para no dejar al «mayorcito» solo y cuando quieren tenerlo. También se da el caso de las que, pasado un tiempo, o ya no tienen con quién o, peor aún, ya para qué. Sin embargo, algunas se animan aunque la experiencia les resulte agotadora. Si no tiene en casa quien la ayude, el marido por supuesto no cuenta, se levanta temprano, levanta a su hijo, le prepara el desayuno, le saca la ropa al marido mientras supervisa que el niño se lave bien los dientes y lo presiona para que se apure, pues para variar va tarde a la oficina. Maneja mientras habla por teléfono, cuadra citas para la tarde y de rapidez deja al niño en el colegio. Para tener más tiempo libre, seguramente meterá al pobrecito en todas las actividades extracurriculares que pueda.

En la oficina no habrá tiempo que perder, pues seguramente deberá llegar a casa a preparar todo nuevamente para otro día igualmente caótico al que ya está teniendo. Si la llaman del colegio para avisarle que el niño se raspó o se siente mal y está en medio de una junta, llamará a alguna amiga para que le haga el favor de recogerlo. Si tiene secretaria combinará sus funciones entre las de la oficina y la de su propio hogar, pues no le sobran minutos al día para atender ambas cosas a la vez.

Mi abuela sabiamente decía que al que no quiere caldo, se le dan dos tazas. Refrán que cabe perfecto para describir a las mujeres de hoy día. Tanto hemos luchado por la igualdad de géneros que ni siquiera nos hemos dado cuenta que eso solo existe en nuestras tercas cabezas. Para rematar, para muchas de ellas, las funciones ahora son dobles, y el salario, el mismo. Han querido seguir trabajando al mismo ritmo desconociendo que, para que un hogar funcione, más que sacrificios —palabra que a todas nos produce alergia con brote— habrá que sacarle y dedicarle algo de tiempo al mismo. Y esa es una de las razones por las cuales nos estamos separando, nos estamos quedando solas luchando contra un mundo cada vez más hostil y competitivo. Por eso hemos empezado también a tener que criar a nuestros hijos solas.

Yo que recientemente he aprendido a no culpar a los demás de mis fracasos y mis frecuentes desatinos, admito que soy madre soltera por no haber pensado de esa forma a tiempo. Puedo aseguraros que no hay una bendición más grande que la de tener un hijo y que no hay frustración más grande que la de obligarnos a criarlos solas por simple orgullo. Y, aunque no desconozco que allá afuera también existen casos patéticos de hombres a los que no solo no les interesa responder por sus hijos, sino que cómodamente trasladan sus responsabilidades a la mujer, lo cierto es que casi que por gusto propio, en algunos casos muchas de nosotras optamos por el camino difícil. El de la dignidad a prueba de balas. El que supone vivir en medio del resentimiento contra ellos en vez de negociar, valga la redundancia, precisamente con ellos. Así sea por el bien de nuestros hijos. Para no restarles la posibilidad de crecer también con un padre cerca. Aunque sea de adorno, de figura decorativa, pero al menos presente. A uno que admire y a través del cual pueda aprender algo positivo para su propia vida. El respeto, por ejemplo.

Crecer con un papá cerca, así este viva a varias cuadras de distancia y posiblemente con otra. Y aunque el ideal sería, para qué negarlo, haber conformado un hogar con todas las de la ley, con figura paternal incluida o por lo menos con un hombre de pijama a cuadros, periódico en la mano y pipa, lo cierto es que mi inseguridad de aquel entonces jamás me permitió siquiera estudiar la posibilidad de construir algo que se asemejara a un hogar. Siempre aspiré a ser una supermujer. Más aún tras constatar rápidamente que con la pareja que tenía sería imposible materializar mis sueños y evolucionar como quería en mi vida. Una que si no se hubiera dado cuenta a tiempo también podría haberse quedado para siempre supersola. Ojalá tú sí que lo entiendas a tiempo y no te pase lo mismo que a mí.

Para que nos entendamos bien, no me refiero a las mujeres que por desgracia se toparon con un subnormal que les prometió el cielo y la tierra, las dejó por otra, con el que tuvo un par de hijos y ahora toca perseguirlo con un policía para que le pase la pensión de los niños a fin de mes. Si es tu caso, me pregunto, ¿qué pasa que no lo demandas? O ¿bien podría ser como en mi caso, decepción mezclada con pereza tal vez? Hablo de las mujeres que piensan que debemos separar la maternidad de ellos así como de todos nuestros asuntos. La que insiste en que todo lo puede sola así las señales indiquen amplia y claramente que hay una mejor forma de hacerlo: en equipo. Así cada uno viva en su propia casa y con otra pareja. Pero creedme que para poder convivir con ellos según nuestras expectativas de mujeres modernas, o para poder conciliar aún después de una separación, o de un divorcio con hijos de por medio, toca ceder un poco más. Lo cierto es que nuestra prepotencia de mujeres autosuficientes, señoras, en ocasiones afecta y lastima a nuestros hijos. ¿Y todo para qué? Para que al final nos toque conformarnos con los más patéticos e inútiles de los superhéroes: Acuamán, un tonto escurridizo y tan escamoso que sumerge nuestras ilusiones o literalmente las pasa por agua. O Linterna verde, el desgraciado que alumbra de noche y solo si tiene ganas de hacernos el amor, pero que en el día, extraviadas en medio de un bosque espeso y oscuro, no sabría cómo guiarnos por la vida.

5

¡Traumatiz-Hadas!
Cuentos infantiles de horror

¿Y después se preguntan por qué somos como somos? Porque las mujeres modernas, si no nacemos, nos crían para ser unas verdaderas traumatizadas. En algunos casos, unas agresivas, posesivas, envidiosas e intolerantes féminas que vivimos a la defensiva y que lamentablemente casi nunca logramos hallarnos dentro de nuestro propio contexto. ¿Por qué seguiremos soñando con el ideal de relación perfecta que nos han contado pero que nunca encontramos? Y que si por casualidad lo hacemos, no sabemos cómo hacerlo funcionar.

¿Acaso las historias mágicas de princesas desvalidas salvadas por príncipes azules millonarios tienen algo que ver con nuestros traumas femeninos? Con la imposibilidad que tenemos muchas mujeres en el mundo de conformarnos con un ser humano normal, común, cuando desde pequeñas nos enseñaron a soñar con castillos encantados y héroes fantásticos. Porque ninguna de nosotras, nunca, soñó con quedarse con el lacayo, ni con el que le cuidaba el caballo al príncipe, ni con el que llevaba el cojín con la zapatilla de cristal, como inevitablemente nos toca a muchas en la vida real. A todas nos invitaron a fantasear con el dueño del castillo, con el de la trusa azul, con el del penacho de plumas. Pero es que príncipes no hay tantos y podrían ser incluso aburridísimos, infieles y hasta malos amantes. Pero príncipes al fin y al cabo. Qué tal las historias infantiles con las que nos invitan cuando pequeñas a «soñar con los angelitos». Esas que irresponsablemente nos cuentan y que de moraleja solo nos dejan angustia, ansiedad y, en ocasiones, frustración. Porque nada de lo que pasa en los cuentos infantiles nos pasa a la mayoría en nuestras vidas reales de mujeres modernas y asalariadas, entonces el daño es... irreparable. He aquí algunas historias de horror infantiles con las que aún pretenden enseñarnos moral y valores para la vida. Como consuelo me queda que siquiera al estrangulador de Boston no se le dio también por escribir cuentos infantiles desde prisión.

La Cenicienta

El más popular de todos los cuentos infantiles entre nosotras, las mujeres, narra la historia de horror de una hermosa muchacha que luego de perder a su padre en extrañas circunstancias, pues nunca culpan ni al mayordomo como en todas las películas, le toca quedarse a vivir a cargo de su malvada madrastra y de sus dos hermanastras feas. Lo peor de todo es que, a pesar de su tristeza por la muerte de un ser tan querido para ella, la madrastra se apropia de la casa y a ella le toca atender a su familia adoptiva como una empleada del servicio. El príncipe del castillo más cercano, pues en la zona como que había varios, decide que ya es hora de casarse, por lo cual lanza una campaña para conseguir esposa entre las doncellas del reino. Sus publicistas se inventan... ¡una fiesta! La pobre Cenicienta, muerta de las ganas de ir a ver si mejoraba su futuro algún día, es víctima de una trampa de la cruel madrastra quien le vuelve harapos el vestido que con tanto trabajo logró confeccionar ayudada por un par de ratones ladrones. Minutos después, con vestido prestado, Cenicienta logra volarse a la fiesta donde conoce al príncipe y él, al verla tan bien vestida, a pesar de no haber cruzado una sola palabra con ella, queda inmediatamente prendado.

A Cenicienta se le acaba el permiso que le dio su hada madrina para estar en la fiesta disfrazada de niña bien y se devuelve a su desgraciada realidad. El príncipe afortunadamente no logra superar aquel encuentro furtivo con la mujer de sus sueños y, con la zapatilla de cristal en la mano como única pista de su paradero, se lanza en una búsqueda sin cuartel para encontrarla. La madrastra trata de impedirlo quebrando la zapatilla de cristal y metiéndole la promoción del 2 × 1: dos hermanastras feas y bigotudas por el precio de una. Sin embargo, el amor triunfa cuando la Cenicienta saca de su bolsillo la pareja de la que se rompió. Ahí sí que queda ampliamente demostrado que ella es la mujer que buscan. ¡Y una verdadera interesada!

Analicemos y aclaremos. ¿Por qué la protagonista de todos los cuentos infantiles tiene que ser hermosa? ¿Por qué no puede ser una muchacha normal, de hecho un poco pasada de peso y fea que le toca ayudar en los quehaceres de la casa como castigo por haber suspendido todas las asignaturas en el colegio y por salir a parrandear con sus amigos hasta avanzadas horas de la madrugada? ¿Por qué la muy tonta se dejó quitar la herencia si para eso hubiera podido contratar a un abogado que al menos hiciera una separación de bienes con la madrastra? En esa casa no había mayordomo al que culpar por la muerte del padre de Cenicienta, por lo cual la culpable, a falta de más sospechosos, evidentemente debía ser la madrastra. No entiendo cómo Cenicienta no la acusó al menos por sospecha ante la fiscalía. ¡Mucha tonta!

Las hermanastras de los cuentos son siempre feas y envidiosas. ¿Por qué no pueden ser más astutas, bonitas y estudiosas que la Cenicienta, cuya única gracia que tiene es ser linda? Como si las hermanastras por feas no pudieran también aspirar al amor de un príncipe azul, verde, amarillo o del color que prefieran. A la Cenicienta y, menos aún siendo la dueña de la casa, no le toca atender a nadie. Que se atiendan solas o que pidan a domicilio. Esa actitud de sufrida, a las mujeres modernas, es la que más nos molesta de Cenicienta. Que se pellizque rápido porque para sobrevivir en este mundo moderno nos toca ser más prácticas. Para lavar la ropa, que la lleve a la lavandería más cercana y que le pase la cuenta a la madrastra. Que no se complique tanto la vida. ¿Y qué es eso de tener que pedirle permiso a la madrastra para asistir hasta a una birria de fiesta en palacio? No, señora, que se vaya o que invente que se va a dormir a la casa de una amiga, como hacemos todas, pero que no sea tan idiota.

Luego sigue la parte en que la madrastra le daña el vestido y la muy boba se pone a llorar y a lamentar su desgracia en vez de ir corriendo a la *boutique* más cercana antes de que se la cierren. Le pide ayuda a la madrina que, por envidiosa y solterona, solo le da permiso hasta las doce, cuando todo el mundo sabe que las fiestas apenas empiezan a ponerse buenas. Va al castillo y el príncipe la ve y de una se enamora de ella porque, obvio, es la más bonita de toda la fiesta. Lo cual comprueba mi teoría de que los hombres las prefieren brutas pero bien presentaditas. Cenicienta se va corriendo de la fiesta cuando son las doce para que él no descubra quién es realmente, como si tuviera algo que esconder. ¡Humm! A lo mejor el autor de este popular cuento no está contándonos la historia completa y Cenicienta sí que tiene su «guardado». Un hijo ilegítimo, tal vez una adicción a las drogas, acaso es alcohólica, o una ex presidiaria. Porque si se enamoraron, ¿qué importa si tiene dinero o no, si llegó en una carroza de cristal tirada por caballos percherones o en taxi? No siempre el amor lo supera todo. ¿Qué clase de ejemplo es este, por Dios, que fingimos para que nos acepten socialmente o para conseguirnos un buen partido?

El caso es que el príncipe, que a estas alturas del cuento empezamos a sospechar que es gay, de repente pierde el interés en todas las mujeres de la comarca y en su propia vida hasta tanto encuentre a Cenicienta, que ni sabe cómo se llama, y a la que el muy torpe ni siquiera fue capaz de pedirle su teléfono en la fiesta. Entonces, ayudado por un séquito de publicistas y expertos en mercadeo, lanza una campaña nacional y millonaria para encontrarla. Y, claro, lo logra. Solo para quedar encartado con la muy imbécil de Cenicienta que se tenía bien guardada la zapatilla de cristal, no para ganar la lotería real y poder demostrar que era ella y así casarse con el príncipe al final, sino presuntamente para guardarla como recuerdo de tan inolvidable fiesta. Grave, muy grave que ese sea entonces el sueño infantil de hadas y princesas con el que crecemos las mujeres. ¿Qué aprende una así? Tal vez que hay que esperar pacientemente a que algún fetichista de zapatos, preferiblemente de la realeza y además heredero millonario, se fije en nosotras para arreglarnos la vida.

La Caperucita Roja

Una inocente y, para variar, hermosa muchachita se va a visitar sola a su abuela enferma, a quien le lleva una canasta de panecillos y frutas silvestres. Decide acortar camino metiéndose por el bosque. En el trayecto, un malvado lobo hambriento la ve y la sigue hasta la casa de la abuela. Allí, antes de que llegue Caperucita (en otras palabras, su almuerzo) ataca a la pobre anciana, se la come y se disfraza para esperar a su segunda víctima. Caperucita, luego de hacerle un montón de preguntas, finalmente se pilla que es un engaño y sale corriendo de allí antes de convertirse en el postre.

Analicemos y aclaremos. ¿Qué clase de historia es esta? ¿Qué nos quieren enseñar a través de este cuento tan rebuscado? Antes que nada, habría que denunciar a la mamá de Caperucita ante una Comisaría de Familia por irresponsable y por abuso infantil. ¿Cómo se le ocurre mandar a su hija de seis años sola por el bosque lleno de peligros y alimañas supuastemente a llevar comida a otra parte como si fuera una vendedora ambulante o una repartidora de pizza? Si tan solo es una niña, ¡por Dios! Por qué más bien no dejó de ver la telenovela del mediodía, o llevó ella misma la encomienda para evitar una tragedia. Es más, por qué si la abuela estaba tan enferma, no la llevaron a una clínica o se la trajeron para la casa para «cuidarla mejor». En fin, Caperucita, a pesar de su corta edad, no sabemos aún si peca por inocente o por audaz. El caso es que la culpable sigue siendo la mamá.

El lobo, por su parte, es un pervertido. ¿Por qué no se meterá con una de su especie y de su edad? ¡Se adelanta a Caperucita, se come a la abuela y sin embargo la espera porque se quedó con hambre! Pero, ¿qué clase de lobo famélico es este que después de comerse a una abuela entera aún queda con ganas de embutirse más? Se disfraza el lobo y se mete en la cama, lo cual tiene dos explicaciones: o es un travestido que se moría por ponerse la ropa de la abuela cuando le diera oportunidad o es un degenerado que lo que quería de Caperucita era otra cosa distinta a sus panecillos. Caperucita atraviesa el bosque, entra en la casa, ve a la abuela muy cambiada, con pelos hasta en el pecho. Y con un aliento a carne a pesar de que su abuela era vegetariana. Y, sin embargo, la muy lenta, en vez de sospechar y salir huyendo de allí, le pone conversación. Le hace casi una entrevista de trabajo completa tan solo para descubrir horrorizada que ha estado hablando todo el tiempo con un lobo feroz. Huye despavorida y el lobo se queda haciendo la digestión tranquilo pues ni denuncia en la policía ponen después. Lo que no le han contado sobre el final del popular cuento infantil es que el lobo, evidentemente un pedófilo, hambriento y con tendencias travestidas, ante tanta atención de la Caperuza que, hasta se ofreció a hacerle masajes en el cuello y todo cuando aún creía que era la abuela quien se lamentaba, como pasa en todas los cuentos infantiles, se enamoró. Cuentan los de su grupo de apoyo en Alcohólicos Anónimos que aún lamenta su pérdida. Caperucita anda feliz con un leñador, dicen los que la han visto. Montó una panadería y jamás le volvió a hablar a su madre quien aún está en terapia psicológica. Una verdadera tragedia familiar. ¡Nooo! ¡Qué malos ejemplos los que nos dan a través de los cuentos infantiles!

BLANCANIEVES

Este es otro de los cuentos infantiles preferidos por todas las niñas en el mundo. Y a su vez uno de los más terroríficos. Una, otra vez, hermosa princesa a la que por lo visto jamás la habían llevado a la playa, o había visto una cámara bronceadora, o era la princesa de un reino tan pobre que ni siquiera tenía casa de playa en Ibiza como todas las demás princesas que salen en la revista *Hola*, porque era blanquísima como la nieve, pierde a su padre en extrañas circunstancias y queda a cargo de su, otra vez, malvada madrastra. Pero ojo que no es la misma historia, aunque sea sospechosamente parecida y la moraleja al final sea casi la misma. La madrastra de Blancanieves era además bruja, la muy bruja. Y, a falta de cirujanos plásticos en la época, recurría a la magia negra para conservarse joven y bella.

La madrastra, al darse cuenta de que Blancanieves había crecido no solo saludable sino más bonita que ella, busca la forma de eliminarla. Para acabar así con su supuesta competencia y seguir siendo, según ella y su miope espejo mágico, la mujer más hermosa de todo el reino. El plan le sale mal, pues Blancanieves como que era simpatiquísima conmovió al sicario que habían contratado para acabar con ella, al punto que la dejó huir. Perdida en medio del bosque, sola, sin un celular a la mano, sin dinero y sin qué comer, se deja convencer por todos los animales del bosque para que entre sin permiso en una casa, al parecer abandonada, y se apropie de ella. Estando en la casa se da cuenta que hay un gran desorden y como ella es pues una princesa, no podría vivir en semejante pocilga. Por eso y porque no había televisión para matar el tiempo, se pone a arreglar su nuevo hogar. Al rato, los verdaderos propietarios de la casa, unos enanos mineros, llegan del trabajo para encontrar a la intrusa muy apropiada de su casa y, por supuesto, se ponen furiosos. Tratan de sacarla a la fuerza, pero como la casa queda en medio del bosque, la policía nunca llega. Tiempo que aprovecha Blancanieves para convencerlos de emplearla para cocinar, lavar y planchar.

Encima de todo, la muy regalada, se ofrece a hacerlo gratis con la condición de que la escondan de su malvada madrastra. Ahí sí les suena el negocio. Lo malo es que la muy viva no le dice por cuánto tiempo y se convierte en inquilina permanente de la residencia de los siete enanos. Hasta aquí todo bien, el problema es que algún sapo, que nunca falta en cuento de terror que se respete, le cuenta a la madrastra que en el reino sigue habiendo una mujer mucho más linda que ella y así descubre que Blancanieves sigue viva. Como el sicario cazador fue un blandengue inútil y sin carácter que no fue siquiera capaz de matar a la princesa cuyo único pecado y talento era ser linda, la madrastra decide hacerlo con sus propias manos.

Saca su mejor disfraz de bruja y se va por el bosque con una canasta de manzanas envenenadas. La encuentra, le ofrece la manzana y Blancanieves por educación, más que por hambre, pues durante la ausencia de los enanos no hacía más que comer como una marrana, le pega un mordisco a la fruta. La madrastra, la ve caer al suelo y la cree muerta, por lo cual, con una estruendosa carcajada, vuelve al castillo a seguir siendo la más bella del reino.

Gran vaina. Los siete enanos regresan del trabajo y se dan cuenta de que la empleada doméstica murió. Organizan un funeral al aire libre y le fabrican un ataúd de cristal para que todos la puedan velar y la recuerden para siempre. Suerte que tuvo la condenada que durante el velorio pasó por ahí «casualmente» un príncipe azul, que, aunque muerta, la ve y se enamora perdidamente de ella. El muy degenerado, necrófilo, sin haberla conocido siquiera, sin haber cruzado una sola palabra con la difunta, se anima a darle un beso de amor. ¿Qué es eso? En un abrir y cerrar de ojos, ¡milagro! Blancanieves resucita y se fuga para siempre con su príncipe que además es multimillonario.

Analicemos y aclaremos. ¡No, por favor! ¿Con qué clase de ejemplos crecemos, qué podemos extraer de todo este cuento que nos sirva para el futuro? Que la envidia mata, que hay que hacerse cirugías plásticas si es preciso porque ser bella es lo que más importa en esta vida como lo demuestra la madrastra, una loca obsesionada con la estética a la que no le importaba ninguno de los problemas del reino sino luchar y matar, si es preciso, a sus adversarios para seguir siendo la más hermosa del planeta. Que poner una clínica de estética en medio de un desolado bosque es, tal vez, un buen negocio. Y esos son los valores que promueven en los cuentos infantiles. Blancanieves, por su parte, una princesa bastante atrevida y conchuda que invade una casa ajena, convence a sus inquilinos de que no la metan presa y, en vez de regresarse al castillo para luchar por lo suyo, se conforma con quedarse allí, escondida en el bosque, trabajando como empleada del servicio para no tener que enfrentar sus problemas personales.

A Blancanieves le faltó analizar un poco mejor sus opciones luego de su resurrección. ¿Para qué iba a cambiar a siete enanos trabajadores, con mina personal de diamantes, por un aparecido. Por un príncipe de pelo esponjado, disfrazado de Pitufo, con tendencias necrófilas y, además según luego comentarían todos los animales del bosque, medio amanerado? Aparte de todo, estos cuentos infantiles nos enseñan a escoger mal.

El Patito Feo

Por su parte, *El Patito Feo* es ese cuento que protagoniza un pato a través del cual, desde niñas, tratan de convencernos de que uno bien podría ser una rechazada social de no nacer físicamente agraciada. ¡Otra vez vamos con los malos ejemplos! Ese que sufre y llora como un pendejo durante toda la historia hasta que de grande se venga de todos al descubrir que en realidad es un hermoso (¡ooootra vez!) cisne, incluso más bonito que todos los que se burlaban de él.

Analicemos y aclaremos. ¿Acaso nos enseñan eso para vengarnos y mostrar que el estatus social lo da la belleza y no los sentimientos? ¿Y qué pasa cuando uno crece y descubre que no solo no se equivocó de familia como el caso del pato ese, sino que a menos que sea en las manos de un buen cirujano plástico, no existe la más remota posibilidad de convertirse en hermosas y deseadas mujeres como por arte de magia? ¿Qué pasaría si encima de todo nos toca un marido bien avaro que no logra entender nunca que nuestros traumas tienen que ver con lo físico y que provienen de los cuentos infantiles que nos contaban de niñas? Entonces una se frustra y termina la vida de verdad creyendo que no hay mujeres feas sino mal arregladas. No. Mal casadas, ¡más bien!

LA BELLA Y LA BESTIA

En cambio, un cuento infantil para rescatar de todos los bodrios a los que nos tienen acostumbradas es *La Bella y la Bestia*. Ella, una mujer que, a pesar de ser bella, trabajaba a la par de su papá. No se andaba de alegrona y ofreciéndose por la plaza tratando de levantarse a Gastón o a cualquiera de los demás millonarios del pueblo para que la sacaran de su pobreza. El papá metió la pata y se metió en líos con un tipo en el bosque, al parecer un prestamista de poca monta. Y ella, responsable como era, ante la vejez y la enfermedad de su padre, por pura consideración y sentido común hace lo que cualquier buena hija haría: lo remplaza en sus deberes y asume su deuda. Es así como termina viviendo en un horrible castillo encantado con, literalmente, una bestia de hombre. Así, como en la vida real, ella usa todos sus encantos y artimañas para conquistar a la Bestia que cae rendida a sus pies. Como ambos se enamoran de verdad a pesar de la fealdad de él y de su patanería inicial, se rompe el hechizo y como premio, él se convierte por arte de magia en un príncipe, millonario, «desencantado» y muy bien parecido. Bueno, esta parte ya es carreta... El caso es que ella, sin doblegar su orgullo y ni por interés siquiera, honestamente se enamora de la bestia a pesar de su mal carácter.

Analicemos y aclaremos. Como en la vida real, este cuento nos enseña que hay que aprender a manejarlos, a lidiarles su mal genio hasta que se convenzan de que somos unas verdaderas princesas dignas de su amor y, por supuesto, de toda su fortuna.

Y este es el cuento que también habrá que contarles a nuestras hijas, para que no crezcan pensando que pedir una cirugía plástica como regalo de quince años está bien y que con solo ser bonitas tienen mejores oportunidades y posibilidades de que automáticamente se les solucione la vida algún día. Que los hombres, por muy «bestias» que sean, merecen atenciones y pueden cambiar. Así sea solo físicamente y, en el caso patético de algunos, que cambien de flacos a gordos. Pero eso, en caso de que prefieras que tu hija crezca con valores, luchadora y trabajadora como seguramente lo eres tú. Pero si lo único que te importa en la vida es que se case, mal o bien, pero que la mantengan, sal corriendo a comprar toda la colección de los hermanos Grimm y alquila todas las películas de Disney que puedas en una sola tanda. Seguramente lograrás que, como en los cuentos de horror infantiles, tu hija también aprenda a fingir que es bruta y tenga una vida, tal vez, más aburrida que la tuya, pero eso sí: ¡mantenida!

CONCLUSIÓN

Los mismos cuentos infantiles treinta años después y algunos refranes populares que de allí se derivan, están aparentemente interrelacionados, según he descubierto. Son tan eficaces para traumatizarnos estas historias de princesas con las que nos crían que no son más que una especie de lavado cerebral intensivo con el cual, igual que con los juguetes infantiles con los que nos encartan desde niñas (la plancha de juguete, la aspiradora con las bolitas de corcho blanco, la licuadora de baterías, que estoy convencida de que es el resultado de una secreta conspiración para frustrarnos desde niñas y que crezcamos pensando que hacer el oficio es divertidísimo), si los interpretamos mal, inevitablemente correremos el riesgo de crecer realmente sometidas, sin sacarle mayor provecho a nuestra condición de mujer desvalida. O, por el contrario, si les damos otro tipo de interpretación, podríamos aprender, desde una edad muy temprana, a manipular todo lo que nos rodea con tan solo fingir que somos las víctimas inocentes del cuento de hadas. He aquí algunas moralejas y refranes de los que aprendemos varios años después gracias al mismo cuento pero mal «echao». Esto es tal vez lo que deberías estar aprendiendo de:

La Cenicienta. No porque te tengan castigada y te toque hacer las tareas de la casa, debes perderte una buena fiesta. Quien quita que a lo mejor se te enreda un zapato de cristal con un príncipe y se te arregla la vida.

Caperucita Roja. Ante un eventual peligro, es mejor afrontarlo que huir. O nunca te dejes seducir por un lobazo. El que prefieras.

Blancanieves. ¡Cría fama y échate a dormir!

El Patito Feo. No hay pato feo sino mal arreglado. ¿Dime con quién andas y te diré quién eres?

La Bella y la Bestia. Mejor bestia conocida que príncipe por tener. Que a final de cuentas viene siendo más o menos la misma cosa. Príncipe que no has de tener... múdatelo a la casa.

Pero como la vida real dista mucho de ser un cuento de hadas... ¿qué pasaría si Cenicienta fuera de carne y hueso y que treinta años después, en medio de un shower para la Sirenita que luego de haber recuperado la voz y al príncipe, decide por fin casarse como Dios manda, se reunieran todas las protagonistas de todos esos cuentos infantiles? Como de fábula sicotrópica de Esopo, ¿no?

TREINTA AÑOS DESPUÉS... EN UN REINO LEJANO...

Cenicienta, probablemente, llegaría en una carroza de cristal, tirada por percherones blancos, vestida de gala y con varios kilos de más. Sus zapatillas de cristal ya desgastadas, harían juego con su vestido de cristales Swaroski, que, a los casi cincuenta años, la harían ver como una lámpara del tipo araña veneciana pero sin el enchufe. Les contaría a todas que su príncipe jamás llegará al trono, pues ante la muerte del rey, y después de que sus súbditos jamás le perdonaron la grave crisis económica en la que dejó el fisco luego de la campaña masiva en la que se embarcó por conquistar el amor de su doncella, amenazaron con alzarse en armas y derrocarlo si alguna vez llegaba al escaño real. Razón por la cual le tocó abdicarle la corona a su hermano menor, un surfista, mal estudiante y con acné. Confesaría además que se alegra de que le vaya tan mal a su marido, porque duermen en alas separadas del palacio desde hace más de siete años, y que él no hace más que inventarse bailes y grandes galas para que le sigan presentando doncellas solteras del reino. Les dice además que desde hace algún tiempo sostiene un tórrido romance con uno de los lacayos y que está pensando seriamente en montar una zapatería porque ser princesa es eternamente aburrido.

Las demás se solidarizarían con ella y compartirían sus

propias historias. Caperucita Roja, ya más crecida, aunque menor que ellas, ya cuarentona, contaría cómo se casó con un leñador del bosque.

Cómo el lobazo ese, desde prisión por haber sido sindicado de la muerte de su abuela, aún la acosa sexualmente a través de cartas que de vez en cuando todavía le envía. Contaría que a su mamá nunca le volvió a hablar después del abuso infantil al que frecuentemente era sometida y que ya tiene dos hijos que, entre otras, le ayudan a atender la panadería y el puesto de frutillas silvestres que pusieron en la plaza del pueblo.

Somnolienta y aburrida, como de costumbre, mientras se pelea con una almohada con la Bella Durmiente, quien sigue dormida pero ahora es sonámbula, Blancanieves contaría que a su madrastra finalmente la hallaron culpable de intento de homicidio del que fue víctima. Que trató de asesinarla un par de veces más (con un racimo de bananos envenenados, en una ocasión, y, otra, invitándola a una fiesta en donde le ofreció trago adulterado y un postre tres leches que se veía delicioso pero que, por estar a dieta, se salvó de probar) hasta que finalmente fue apresada. Que el escándalo en palacio fue tremendo, pero que sirvió para que le devolvieran el castillo y toda las propiedades de las que, tras la muerte de su padre, se había querido apropiar su madrastra. Contaría además que al príncipe necrófilo tenía varios meses de no verlo, pues se había ido de gira por el reino con un grupo de *rock* y se había fugado con una corista, ya fallecida, por supuesto. Por lo cual, la muy blanca, se había internado en un hospital psiquiátrico y actualmente se trataba con Prozac y otros antidepresivos.

El Patito Feo no solo no quedó contento con ninguna de las dieciocho cirugías a la que se sometió para verse mejor, sino que además, la última vez que se inyectó silicona en el pico, pasó de pato a ornitorrinco. A él, en medio de la fiesta lo servirían como segundo plato, sobre una cama de lechugas y espinacas en una bandeja de plata y acompañado por papas al vapor.

Por su parte, Bella, por supuesto, no asistiría por estar en palacio muy ocupada y feliz atendiendo a la bestia de su marido. Perdón, a su marido, la Bestia. Bueno, a fin de cuentas es lo mismo.

Y colorín colorado, estos cuentos de horror se han acabado.

6

¡Juguetes para todos los sustos!

Nadie pone en duda el cariño y la buena intención con la que nuestros padres hacen un gran esfuerzo por darnos un regalo. Pero si lo que realmente quieren es regalarnos cosas útiles, juegos didácticos que nos ayuden a prepararnos para nuestro futuro y para la que, algún día, será nuestra inevitable realidad, y ya que como anteriormente les expuse, que a través de los clásicos infantiles es imposible evitar tanta frustración femenina en el mundo, lamento informaros que con los juguetes tan malos con los que nos condenan cuando somos niñas tampoco están logrando su objetivo.

EL KEN-DUCTOR

Propongo, por ejemplo que, en vez del coche convertible rosado de la Barbie, para no crecer antojadas y envidiosas, pues las probabilidades de que lo podamos pagar con nuestro propio miserable sueldo de mujer asalariada, o que nos lo regale nuestro marido, son bastante escasas, por no decir que nulas, que nos regalen más bien al conductor de la Barbie. Así nada más, sin importar siquiera la marca del coche, ni mucho menos el modelo, para que después no nos vayan a tildar de materialistas, desconsideradas y caprichosas.

Así sea en una carreta tirada por caballos (con lo que nos encartarían a las que no protestamos a tiempo), con chófer la cosa cambia. Y, si encima de todo el chófer o Ken-conductor es musculoso, bronceado y de pocas palabras... eso sí que lo considero soñar con un futuro mejor.

LA PELUQUERÍA DE LA BARBIE

Ya no más engaños. Todas sabemos bien que las peluquerías atendidas por sus propietarias son un verdadero fracaso. La dueña que atiende ella misma su negocio lo quiebra, pues se la pasa «probando» todos los servicios y los productos que ofrece. Casi siempre la peluquería está llena de sus amigas a las que, entre otras, les fía y nunca le pagan. ¿Entonces por qué en el caso de la Barbie, la mejor negociante de todo el universo de muñecos, iba a ser distinto? No, en este juguete que propongo lanzar al mercado, la Barbie no es dueña del salón de belleza, es una vil clienta, como en la vida real. Tampoco la atiende ninguna Barbie estilista sino el Ken-gay. El mejor estilista de la Zona, pues, Rosa, obvio, el peluquero que se convierte en el confidente de la Barbie, a quien ella le cuenta todas sus nuevas aventuras, a espaldas de su marido, con cualquiera de los nuevos juguetes que acaban de regalarle por Navidad a su propietaria. El que le aconseja salir con otros muñecotes. El que la anima a dejarlo... pero en la calle. El que todo el día le dice que está divina, regia, que su pelo de plástico nunca tuvo más brillo y más vida. Y, lo peor de todo: que la Barbie le crea. Lo mejor de todo es que ni siquiera tocará desempacarlo, ni sacarlo del clóset, pues será suficiente con sacarlo de su cajita rosada, de vez en cuando para airearlo o para llevarlo a una fiesta trance en donde bote todas las plumas que quiera. El Ken-peluquero sería, además, el único Ken en la historia que literalmente tendría un trabajo y le sacaría algo del dinero que le sobra a la Barbie.

El Ken-Buen «Mozo»

Y siguiendo con el tema del universo de la Barbie, la muñeca favorita de todos los tiempos, este accesorio especialmente diseñado para ella es otro juguete que deberían inventar. Un atractivo muñeco, una mezcla entre los músculos de G. I. Joe, la elasticidad del Hombre Araña y la habilidad para volar de Superman, para que se «vuele» cada vez que el Ken esté a punto de pillarlo. Un Ken con todos estos atributos pero con menos tiempo para quitarle que el original, ese bueno para nada que vive metido todo el día en casa porque ni trabajo tiene. El Buen «Mozo», en cambio, frecuentemente la deja sola y a sus anchas para hacer lo que a la Barbie le dé la gana y cuando le den ganas. Aparte de la barba de tres días, el sudor y la ropa ajustada y medio desaliñada, lo cual lo hace ver terriblemente sexy, vive demasiado ocupado haciéndose el héroe en la selva como para venir a dárselas del marido perfecto en la casa. El héroe que espera con ansias, con el que a la Barbie le tocará aprovechar cada instante, antes de que vuelva a desaparecer misteriosamente, seguramente a atender alguna que otra aventura (o a una que otra amiga de la Barbie, como la odontóloga esa que parece que no mata ni una mosca).

Ese que, cuando regresa, lo recibe como a todo un galán y lo atiende como a un rey porque sabe que solo será por un rato antes de que vuelva a irse lejos. El Ken-Regular, en cambio, es ese que se queda en casa y que a la Barbie ya ni le provoca seducirlo. Al que más bien a la Barbie le toca preguntarle más o menos ¿hasta cuándo cree que se va a quedar de visita, que si se demora? ¿Que por qué no trata al menos de conseguirse un empleo, ojalá en otro país, que si no tiene nada mejor que hacer que quedarse allí en la sala de la Barbie, rodeado de mujeres rosadas que jamás se lo van a dar? No, qué encarte. En cambio, el Ken-Buen «Mozo» se dará su lugar y su importancia, como nos gusta. La maltratará con su indiferencia, será un buen amante que la deje con ganas de más.

Y, muy considerado, se irá cuando se tenga que ir, o cuando le dé la gana y no cuando a ella le toque echarlo por abusivo.

EL RATA-KEN

Por si a la Barbie la llegaran a pillar poniéndole los cuernos a su marido, posibilidad realmente remota debido a la poca astucia de Ken, propongo además que saquen simultáneamente al mercado también al abogado de la Barbie: el Rata-Ken. Ese que cuando la Barbie ya esté hastiada de mantener a su esposo que no sirve ni para procrear, le caiga con todo el peso de la ley y lo deje sin un «Ken-to» en qué caerse muerto. Que venga con un *kit* completo que incluya manual de tramitología para un divorcio «exprés» y su propia Barbie secretaria que, además, sea notaria juramentada para evitarse las largas filas en las notarías y en los juzgados del centro. Y, eso sí, que venga con un completo listado de psicólogos competentes para Ken. Para que encima de todo no la vengan a demandar después por infidelidad y abuso emocional.

LA «OTRA» BARBIE

Esta muñeca me priva y me enloquece porque es la más útil de todo el baúl infestado de juguetes horribles como la plancha de plástico, la estufa de pilas y el perro salchicha de resorte. ¿Eso para qué nos sirve? En cambio la «Otra» Barbie es fabulosa porque desde pequeñas podría enseñarnos a convivir con una terrible realidad que nos ataca allá afuera cuando adultas: la amante. Además es supereconómica, pues obedece a una promoción de dos por el precio de una, que venga dentro de la misma cajita rosada de la Barbie de su elección menos la de la «Impulsadora de Maridos» Barbie, porque se estaría llevando lo mismo y se sentiría inevitablemente estafada. Pero que venga de una con el número del celular de Ken si encima de todo no queremos «jugar» a que se la presentamos para que después nos lo quite. Que venga también de una en ligueros y con plan de descuentos en el motel más cercano. Que venga también con una deuda previamente adquirida en el banco rosado de la Barbie para que Ken por fin adquiera alguna función en su lamentable vida y le toque al menos pagar por algo: las cuotas del carrito de su amante. Sí, que se la inventen de una, y así desde chiquitas aprendamos a jugar que somos tres en la relación y evitarnos así, cuando adultas, sorpresas desagradables como enterarnos que el inútil de nuestro marido, encima holgazán y vaciado, ¡anda con otra!

MANIPOLIO

¡Qué Monopoly y ni qué ocho cuartos! Que se inventen mejor un juego de mesa basado en el arte de la manipulación femenina. Uno en que las fichas sean modelos de 1,80, rubias y de medidas perfectas (operadas o no, da igual. Para el efecto es lo mismo). Uno en el que las tarjetas de penitencia en vez de mandarnos a la cárcel, lugar que posiblemente nunca pisaremos en nuestro sano juicio, ni siquiera para visitas conyugales si es que encima de todo tuvimos la desgracia de casarnos con un criminal, que más bien nos manden a sitios verdaderamente horribles y tormentosos para nosotras como a un *shower*, a la casa de la suegra, a un taller de mecánica. Uno en el que las propiedades que uno puede adquirir, en vez de ferrocarriles, acueductos, electrificadoras, sean realmente útiles y atractivas para nosotras como salones de belleza, *spa*, centros comerciales, clínicas de estética y exclusivas boutiques. Uno en el que cada vez que pasemos por el *Go*, o la salida, en vez de dinero, nos regalen cupones de descuento para operarnos con el cirujano de moda. Que en vez del dinero de papel nos aumenten el cupo de la tarjeta de crédito del juego. Uno en el que el banco nos dé sobregiros y préstamos fáciles. Uno que, eso sí, conserve la única propiedad que nos interesa: la avenida Park, y preferiblemente en Nueva York.

Sabrina Sobrina

Una bebé preciosa que abre y cierra los ojitos. Una muñeca regordeta, pecosa que toma tetero y hace «Aguú» cuando la alzan. Lo fascinante de este bebé es que cuando diga «Mamá», que es generalmente cuando toca cambiarle el pañal, automáticamente se la podrás pasar a otra persona porque como no es tu hija sino tu sobrina... Un juguete verdaderamente útil que, en vez de enseñarnos desde pequeñas a ser la madre abnegada, dedicada, sufrida y amargada, sirva para que aprendamos más bien a ser la tía chévere, la buena nota, la exitosa, la trabajadora. La tía favorita que no tiene tiempo para tener hijos pero que gustosa pedirá «prestados» los ajenos cuando le entre un ataque repentino de instinto maternal. O cuando les sirvan de fachada para conquistarse a un tipo. Esa tía que juega con los niños un rato pero que le deja la parte harta del asunto a las que se mueren por ser mamás. O, a las que todavía no sospechan siquiera el trajín que se les viene encima y aún conservan la idea romántica de ser madres algún día.

Un Ni-entiendo

Si ya sabemos que a las mujeres nos atropella la tecnología y hasta chistes malos se han popularizado al respecto, ¿por qué la compañía de videojuegos caseros Nintendo no se inventa una línea especialmente diseñada para mujeres? Una que se llame Ni-entiendo y que no venga con ninguna instrucción para jugarlo. Que el mismo botón con que se prenda y se apague sea el único botón para todo. Que los muñecos jueguen solos y tomen sus propias decisiones, salvo las de moda y belleza, por supuesto, que es la única parte de todo el juego que nos interesaría realmente. Que venga con una conexión especial para el celular, para que no vayamos a perdernos ninguna llamada importante. Que venga con audífonos para que nadie nos moleste mientras estamos «jugando». Que no tenga ninguna pista más que una de aterrizaje para el *lear jet* en el que se transporta nuestro muñeco del videojuego. Que no haya ninguna misión distinta a pasar el rato. Y, eso sí, que venga con una ponchera incluida para hacernos la manicura y la pedicura mientras estamos ocupadas «divirtiéndonos».

Las Súper Mario Sisters

En vez del popular videojuego del Nintendo original en el que dos muy poco agraciados albañiles gordos y bigotudos, vestidos de overol, camisa leñadora y botas de campaña, exploran mundos fantásticos, destruyen enemigos y reparten puños y patadas a diestra y siniestra, ¿qué tal si en la nueva consola de Ni-entiendo se inventara la versión femenina del mismo juego? Un Súper Mario Sisters en donde nuestras heroínas vestirían a la última moda ropa de Oscar de La Renta y de Cavalli, zapatos y carteras de Prada, que, entre otras, son con las que combatirían a sus enemigos (el gerente del banco, el jefe de sus maridos, la amante, el plomero...), sin correr el riesgo de partirse las uñas ni de... horror, despeinarse. En vez de andar a pie como ellos, las Súper Mario Sisters andarían en convertibles último modelo y, en vez de capas para volar de un mundo a otro, viajarían en primera clase o en avión privado. Eso sí, para no ser tan excluyentes, que a los Súper Mario originales, se los encuentren de vez en cuando durante el juego solo para que las inviten a cenar a restaurantes caros (pero, eso sí, que se cambien primero) y para, por supuesto, sacarles todas las monedas que hayan recolectado en el camino. Para luego zafarlos por otro personaje que tenga más superpoderes, músculos y armas que ellos. Que en vez de vidas nos premiaran con dinero para gastar y que todo el juego se desarrolle en un verdadero mundo fantástico para nosotras: un gran centro comercial, uno en el que en vez de muchos mundos, haya muchas tiendas.

LA POLLY-PÓCRITA

No es la mejor amiga ni la peor enemiga. Tal como sucede en la vida real: es la «mejor enemiga» de todas las muñecas del baúl. Una muñeca diminuta y perfecta para prepararnos psicológicamente para nuestro futuro y la convivencia con nuestras demás congéneres: una guerra. En la escuela de juguetes será una vaga y la más hábil en copiar las respuestas de los exámenes de sus compañeros muñecos. La que hablará mal de la Barbie a sus espaldas pero que fingirá ser la amiga más leal que tenga. La indispondrá con los demás juguetes y eso la llevará a pelearse hasta con la Barbie Monja. La que le coqueteará a los novios de las demás muñecas, les robará la ropa y las hará quedar mal en todas partes. Como en la vida real, para que la muñequita nos sirva de algo, vendrá con su propio celular para transmitir más rápidamente los chismes que se inventará y las calumnias que regará como si fueran arroz. Cuando la inviten a la casa de la Barbie, de visita, de paso dispondrá de los cubiertos de plata y de las joyas de la abuela que hábilmente sacó de la gaveta. Por supuesto, la Barbie jamás dudará de ella y la muy torpe le dará aún más confianza hasta convertirla en su confidente y amiga del alma. Tan solo para que esta desleal muñequita con cara de que no mata ni una mosca se quede hasta con Ken. Así un tiempo después se dé cuenta que metió la pata de plástico al encartarse con semejante inútil con el fin de fastidiar a la Barbie. Y mientras la Polly-pócrita no sabe cómo demonios terminó de romance con semejante cretino, a su némesis, Barbie, a.k.a. «La Reina Rosada», ya no le interesará Ken, sino que andará del brazo del Increíble Hulk.

RATZ (BRATZ)

Inspiradas en la actriz caída en desgracia Winona Ryder, las Ratz serían una banda de atracadoras y carteristas de muy mala calaña que tendrían como centro de operaciones delictivas los centros comerciales. O los muñequeros. Se visten muy bien y hasta simpáticas son las condenadas. Lo malo es que tras esas sonrisitas inocentes se esconden, aparte de sus malas intenciones, unas cleptómanas verdaderamente expertas. No contentas con su botín después de un largo día de trabajo, aplicarán sus malas artes a atracar a todos sus muñecos, incluso en sus propias casas, en el baúl o en los estuches donde los tengan guardados. Es así como literalmente acabarán, como plagas de langostas, con todo lo que se les atraviese en el camino. Andan en gallada y algunas más aventajadas también son apartamenteras. Sus últimos golpes: el salón de la Justicia, el castillo de la Barbie Princesa y la mansión de Batman.

EL PORQUÉS (PARQUÉS)

A diferencia del original, el parqués, en este juego no hay que atravesar con fichas y en manada todo un tablero y ni siquiera tendremos que inventarnos ninguna estrategia para ganar, pues la clave será precisamente perder. Este juego me fascina porque es uno con el que más podemos poner en práctica aquello de fingir que somos brutas para nuestro propio beneficio. Asegúrate de invitar a jugar a todos tus amigos, los que más te gusten y, por supuesto, a ese hombre especial que tanto te llama la atención y que hasta ahora no te ha dado ni la hora, porque piensa que por ser tan inteligente, le costará mucho de su esfuerzo conquistarte y por ello no se anima. Este es el juego de preguntas idiotas en el que podrás lucirte como toda una tarada. Que por supuesto no eres. Nadie, absolutamente nadie, dudará de tu falta de neuronas cuando inicie el juego y te luzcas respondiendo a propósito tonterías ante preguntas tan idiotas como: «¿Quién descubrió América?», «¿El pollito es hijo de la...». O de respuestas múltiples como: «El Hombre Araña es...» (a) un intenso que se nos pega como un moco; (b) el hijo de Charlotte; (c) un superhéroe sin auto; tú fingirás que no sabes qué contestar porque te parecen muy difíciles las preguntas y ni qué decir las categorías. Este maravilloso juego sirve para prepararnos para un futuro como mantenidas. Alístate para ser, de ahora en adelante, la chica más popular del barrio, a la que todos llamarán, por la que se matarán entre ellos por invitarte a salir.

L'EGO (LEGO)

Qué Lego ni qué ocho cuartos. ¿Aprender a construir qué? Si lo único que nos enseñan desde pequeñas es a destruirlo todo: nuestros hogares, nuestras reputaciones y las de las demás. ¿Por qué no más bien se inventan un juego de bloques pero para saber qué hacer precisamente cuando nos saquen, valga la redundancia, «el bloque»? En el que lo único que deberemos edificar será nuestra confianza y, por supuesto, que nos enseñe a que somos realmente buenas en todo lo que nos propongamos. En el juego, por supuesto, no habrá desafíos culinarios ni ninguna de esas cosas aburridas. Serán bloquecitos con categorías fáciles que contengan preguntas sobre «autoestima», «hogar», «trabajo», «hijos», «novios», etcétera, para poder ir, desde pequeñas, construyendo hacia arriba las que sí que serán en su orden nuestra lista de prioridades reales cuando crezcamos. En su orden: trabajo, dinero, viajes, un hijo, familia, un perro, auto nuevo, última cartera Dior... Ahhh y marido, por supuesto. El juego comienza en L'Egolandia, que es un tablero lleno de fotografías y frases de Nicky Minaj, Maradona y otros petulantes como Chris Brown, el ex de Rihanna. La finalidad del juego es superar la arrogancia de las demás jugadoras. Como en la vida real, si una dice que tiene un novio, la otra jugadora dirá que tiene dos, la siguiente aumentará el número y así hasta que alguien lo ponga en duda y lo pueda comprobar a través de una penitencia, que puede ser, enviarle un texto seductor a uno que haya dicho que es su novio y esperar a que este le conteste. Por supuesto, si está mintiendo, las demás lo descubrirán y el castigo no se hará esperar: renunciar a algo que traiga puesto o que tenga dentro de su cartera y que sea algo así como «su bien más preciado». Al final ganará la que demuestre que más rápido se agarra a una egocéntrica (además mentirosa) que a un ladrón.

Para que desde niñas nosotras mismas y nuestros padres se acostumbren a lo que hemos de ser cuando adultas. Para que no se engañen más y que desde muy temprano sepan a qué atenerse con nosotras.

BATALLA NASAL (BATALLA NAVAL)

Ideal para jugar en equipos mixtos en las épocas lluviosas, cuando abundan las epidemias de gripe. O, si para tu mayor suerte, sufres de ataques crónicos de reuma y sinusitis. Invita a tu amiga, la que estornuda copiosamente, la que sufre de alergia crónica, pues podría ser un jugador clave. Lo mejor de todo es que es un juego tan asqueroso que a ellos les privará que los inviten a divertirse un rato. Sirve para enseñarnos a sentirnos más cómodas cerca de la compañía masculina y para ayudarnos a entender mejor su psiquis infantiloide y poco higiénica. Es decir, para que, ya que insistimos en suplantarlos en todo, también aprendamos de ellos esos «pequeños» detalles que aún los diferencian de nosotras. Porque en la vida real allá afuera las diferencias ya no son tantas, más que nada en el aspecto profesional, ¿entonces por qué no aprender también a ser verdaderas eructadoras profesionales, a rascarnos las partes íntimas con arrojo y sin el menor asomo de disimulo y a aprovechar nuestras gripes para ser lo más asquerosas que podamos? Piénsalo, es lo último que nos falta ser: ¡ellos!

Este es un llamado a las compañías fabricantes de juguetes en el mundo para que no se fundan más los cerebros inventando juegos inútiles que simplemente no logran divertir, ni entretener siquiera a nuestras caprichosas hormonas femeninas. Este, señoras, es un llamado a la cordura, a la creatividad, para que en vez de esa gran cantidad de juguetes funestos, de muñecas lloronas, de aspiradoras de plástico que lo único que logran succionar son todos nuestros sueños, inviertan en juegos que de verdad logren prepararnos para un futuro mejor o, por lo menos, más acorde con nuestra realidad. Pero no nos digamos mentiras. Como las probabilidades de que esto suceda son virtualmente nulas, ahora que ya muchas de nosotras somos madres o planeamos serlo eventualmente, concienciémonos de que el próximo juguete que le demos a nuestras hijas, como les tocará más adelante en su vida real, sea el Homer Simpson más grasoso y sucio del mercado, para amenazarlo a cada rato con dejarlo y que, si lo hacemos, que es lo más seguro, para que ni volteemos a mirar al adefesio que estamos abandonando, un teléfono móvil para que se lo tire en la cabeza cada vez que le provoque o para poder fingir que está ocupada chateando con otro tipo cada vez que la quiera abordar algún baboso que no le interese, como nos ha pasado a todas, y un curso práctico para manejar su propia tarjeta de crédito.

7

Al colegio, de paseo...

Nosotras y la mala educación. Pero es que no solo nos enseñan a ser unas frustradas en potencia a través de los regalos que nos hacen o las historias que nos cuentan cuando niñas. También lo hacen nuestros maestros durante la época del colegio.

Y siguiendo con el tema de nuestra infancia, para seguir dándoos ejemplos de cómo nos dañan la cabeza desde que somos pequeñas, ¿qué podríamos decir de la época del colegio? Aparte de cosas verdaderamente útiles para subsistir en este complicado mundo real como inventar excusas para no tener que entregar la tarea a tiempo y que aún así nos pasen la materia, no le encuentro mayor sentido que uno poderosamente social a nuestro paso por cualquier plantel educativo si es que no son nuestros propios padres quienes empiezan a tener un poco más de fe en las capacidades físicas y mentales de sus propias hijas. Si no dejan de meternos en el colegio solo para que les dejemos las mañanas libres y no tengan que encartarse con nosotras todo el día. O para que aprendamos al menos a leer y a escribir. O, en el peor de los casos, por costumbre o por moda porque todo el mundo lo hace. O para que los vecinos no los vayan a denunciar ante el Bienestar Familiar por negar a sus hijas en estos tiempos modernos su derecho a la educación. Ojalá todos los padres del mundo inscribieran a sus hijas en el colegio para que de verdad adquiriéramos los conocimientos necesarios para luchar en la vida. Ojalá algunos de ellos tuvieran para nosotras otras y más grandes aspiraciones que la de casarnos con el hijo del vecino.

No nos digamos mentiras, todavía son muchos los padres en el mundo que jamás piensan que, en el caso de una mujer, sacar las mejores calificaciones del curso es un verdadero logro. De hecho, el que algunos de ellos, cuando adultas, nos prefieran más bien mentalmente torpes, como sucede en tantos países subdesarrollados, demuestra que tal vez no lo es. ¿Ser la reina de la popularidad del plantel? Tal vez. ¿Capitana de las porristas? Mejor aún. ¡Qué orgullo! Pero aprender a repetir fórmulas que a la mayoría de las mortales no nos sirven para nada y, acotaciones históricas en donde las mujeres casi nunca son protagonistas de nada, no es propiamente una buena inversión. ¿Que Cristóbal Colón descubrió América? Pues sí, ya la descubrió, a mí qué me importa. ¿Cuál es la novedad? Para decir que se encontró con una mano de indios, los mismos que me sigo encontrando yo quinientos años después en todas las fiestas. Los mismos tipos atrasados, obsoletos, machistas, maleducados intolerantes que se creen los grandes conquistadores. Los mismos que nos dejan plantadas, que nos dejan a nuestra suerte a criar a «sus» hijos pero solas. Los mismos que le cuentan a todos sus amigos lo que hacen o no con una. No, ¡valiente descubrimiento!

Nos obligan a aprendernos de memoria la vida y obra de personajes históricos que como ejemplo tampoco son de gran ayuda para el futuro. Sí, después de la muy subvalorada Eva, los demás ejemplos que hemos adoptado las mujeres como nuestros modelos para seguir, dejan mucho que desear. A Juana de Arco la quemaron por revolucionaria y por haber querido imponer la moda del pelo corto, cuando las revistas de la época insistían en que la tendencia era largo. A Cleopatra la eliminaron por mandona. A todas las reinas de las respectivas coronas de Europa, o les ponían los cuernos o las decapitaban por morrongas y solapadas. Por usar sus joyas en público, en vez de esconderlas como toca ahora con tanta inseguridad.

Tanto personaje histórico y tanta fórmula química que toca aprendernos encima de todo de memoria ¿para qué sirve? Confieso que, ahora de adulta, la única que aplico es el H_2O y eso para mezclarlo con el whisky cuando no me lo tomo puro.

¿Entonces qué están enseñándonos realmente en el colegio que aplicado a nuestras vidas de mujeres modernas verdaderamente nos es de alguna utilidad? Que Manuelita Sáenz, por ejemplo, es una gran heroína. ¿Y eso a mí de qué me sirve? Aparte de haber sido la novia del Libertador y haberlo lidiado durante su mortal enfermedad, no hizo mayor cosa para mejorar nuestra condición de mujeres en la historia, así digan lo contrario. Así nos quieran seguir vendiendo la idea de que detrás de cada gran hombre hay una gran mujer. Que le cuidó una gripe. Que fue su compañera fiel así el infiel fuera otro. Pero para qué si, que yo sepa, ni la nombraron la primera dama, ni le regalaron uno de los tantos países que liberó, ni siquiera nombraron una sola calle en su honor. Entonces, me pregunto, ¿qué clase de ejemplo machista es ese? Si en estos tiempos modernos, cuando grandes, comprobamos más bien que detrás de cada gran hombre sí que hay una gran mujer... ¡pero sorprendida! ¿O que tanto esfuerzo para qué? Si cuando crecemos y tenemos la posibilidad de convertirnos también en grandes mujeres por nuestra propia cuenta, detrás de nosotras también habrá un gran hombre, sí, pero mirándonos el trasero.

De hecho, lo único que aprendí de dicha heroína histórica es que nunca hay que apostarse a vivir un romance clandestino con ningún prócer de ninguna independencia, salvo la propia. Mucho menos si a nuestros brazos llega ya enfermo porque luego le toca a una cuidarlo. ¡Qué encarte! A Manuelita Sáenz le hubiera ido mejor en su vida si hubiera lanzado su propia campaña libertadora, pero para que todos se fueran del Nuevo Mundo y nos dejaran a nuestras anchas con todos esos aborígenes maravillosos. ¿Y todo para qué? Para darnos cuenta de que lo único realmente útil que aprendemos es a que el amor es una cuestión de química y que el sexo es cuestión de física.

No nos digamos mentiras, señoras, nuestro paso por el colegio solo sirve en ocasiones para obtener algo de disciplina. Si es que ya no están dándonosla a modo de sobredosis en la casa: no podemos salir, no podemos tener novio, ni en público ni mucho menos en privado, no podemos llegar tarde, no podemos... Adquirimos disciplina y eso sí, mucha astucia social.

Así es como aprendemos cosas realmente útiles para la vida como a saber interrelacionarnos y sobrevivir a otras mujeres más complicadas y complejas que nosotras mismas. Para aprender a identificar y a sobrevivir entre la hipocresía y la falsa diplomacia de las de nuestro mismo sexo. Porque lo cierto es que en el colegio, en ninguno de los ocho en los que estuve, noté que se esmeraran en enseñarnos a las mujeres a ser las mejores amigas. Solidaridad de género que llaman. Tampoco fomentaban que fuéramos las peores enemigas, no exageremos.

Nos enseñaron más bien a ser las «mejores enemigas». Porque eso sí, para falsas, nosotras. O es que tampoco vamos a admitir que, si encima de todo el colegio es bilingüe, el único idioma alterno que aprendemos es hablar mal de todas las que nos caen gordas. Es decir, la mayoría. Según nuestros parámetros, la más popular del grupo es una zorra, la más bonita es seguramente bruta y la más estudiosa es una resentida social. Además, en colegios bilingües, la única carrera, diseñada para la mayoría de mujeres que dominan dos idiomas, es secretariado bilingüe. Lo cierto es que nunca nos preparan para respetarnos, para aceptarnos tal cual somos. Para unirnos y entender que allí precisamente radica la fuerza. Que únicamente de la unión puede nacer la esperanza para que el curso de nuestra historia femenina tenga una oportunidad de cambiar.

Nos meten en colegios mixtos cuando es más que sabido y reconocido que lo único que tenemos mixto es el cutis o el pelo. ¿Acaso lo hacen para que aprendamos a levantarnos al mejor partido del curso? Si no fuera así, ¿entonces mixto para qué nos conviene? Si no le dan a una permiso para quedarse a dormir en la casa del amiguito, entonces ¿para qué? Para eso nos sirve a algunas el colegio, pues aparte esto, pocas enseñanzas nos sirven para la vida real. Porque nada en el colegio nos prepara para los cachos del marido, ni para la traición de la secretaria de gerencia, ni para lidiar con un esposo violento, ni para saber a qué tenemos derecho cuando nos divorciamos. Ni a criar niños, ni mucho menos a tener la valentía para separarnos y vivir solas cuando nos hayan dejado en la calle, a nuestra suerte y, generalmente, por otra. No, señoras, complementemos mejor la información y ayudémosles a nuestras hijas, o a las generaciones que han de venir tras nosotros, a que se preparen para lo que serán sus vidas reales de mujeres adultas. En las que nosotras sin preparación alguna ya estamos tratando de sobrevivir desde hace mucho tiempo.

Lo cierto es que una al colegio va de paseo y a hacer relaciones públicas. Una se quema las pestañas estudiando y todo para saber que la única aspiración profesional que algunos padres tienen para nosotras es casarnos con el hijo de algún conocido suyo, ese sí universitario con honores y todo. Como si eso garantizara la felicidad.

En el colegio lo único realmente útil que una aprende es a no dejarse quitar el novio por la del pupitre de al lado y a hablar mal de las demás.

Tan buenas enemigas aprendemos a ser que incluso una podría compartir al mismo adolescente, granujiento, sin que ninguna de las dos implicadas y en disputa lo sepa. En el colegio también aprendemos buenas costumbres como mentir para salvarnos de un uno por no haber hecho la tarea, de sobornar a uno que otro compañero para que nos deje copiar en el examen o coquetearle a algún maestro para que nos pase la materia. De resto, nuestro paso por el colegio para las que no están interesadas en los deportes, en aprender inglés o cualquier otro idioma, en la historia, o en cualquier otra actividad extracurricular distinta a volarnos de clase para perder el tiempo con los amigos en el centro comercial o para vernos a escondidas con el noviecito, no sirve para mayor cosa. Porque cuando grandes todo lo que quisieron que aprendiéramos en el colegio, cualquier teoría de vida que quisieran inculcarnos se desbarata al enfrentar nuestra vida real. Nada del colegio nos prepara para los celos, ni el temperamento de un marido furioso, para rehacer nuestras vidas después de un fracaso amoroso, ni ninguna de las cosas cotidianas que para las mujeres del mundo, modernas o no, al final del día son realmente importantes.

La solución, por supuesto, no es dejar de mandar a la niña al colegio. Claro que no. Ni más faltaba, escondida en casa ahí sí que menos tendrán oportunidad nuestros padres de que consigamos novio y deshacerse de nosotras. Es simplemente que, ya que nuestras mamás no lo hicieron, ni por lo visto, con ellas sus propias mamás cuando eran pequeñas, que dejen de traumatizarnos con que seamos las más inteligentes o las mejores estudiantes si muy en el fondo nunca piensan que el machismo nos dejará triunfar como seguramente les pasó a muchas de ellas. O que intenten ser claras con nosotras y que desde pequeñas nos aclaren cuáles son nuestras verdaderas probabilidades: amas de casa, novias, solteras, solteronas, divorciadas.

El problema es que ya no sabemos ni cómo serlo. Tenemos demasiada información en la cabeza. A diferencia de lo que muchas de nosotras aprendemos en casa, en el colegio, por el contrario, nos ilusionan en vano. Nos enseñan a ser competitivas, capaces, ágiles mentalmente y todo para que cuando adultas comprobemos que estas habilidades de nada sirven para que nuestro marido nos valore hasta que la muerte nos separe. Para que no terminemos torturando a nuestras propias hijas porque no son las que mejor ortografía tienen en el curso, ni mucho menos las que sacan las notas más altas en materias tan inútiles para nuestra realidad femenina en el hogar como álgebra, anatomía, cálculo.

Si en la vida real, esa que a las mujeres que pretendemos conformar un hogar nos toca vivir, lo único que realmente debemos saber de anatomía es a hacer cardio en un gimnasio y a aprender a contar calorías para adelgazar y que no nos vayan a dejar por una más esbelta que nosotras. Y de cálculo, lo único que a ellos les interesa que aprendamos es a calcular a qué hora toca poner la comida sobre el fogón para que ellos encuentren la cena caliente cuando lleguen del trabajo. O a calcular también cuántas cucharadas de medicina hay que darle al niño para que se le quite la fiebre sin envenenarlo por torpes. O, ya que insiste, en el mejor de los casos, a calcular cuánto de cupo nos queda en la tarjeta de crédito este mes para que no nos la suspendan. Y ya, sin tanto misterio.

No entiendo para qué, entonces, tanto estrés, tanta exigencia académica, si en la vida real, esta de la que hablo, en la que vivimos todas las mujeres modernas, no hay que ser ningún Einstein para darse cuenta de que ellos nos siguen prefiriendo brutas. Cuanto menos sepamos, o cuanto más finjamos que no sabemos nada, ¡mejor! La triste realidad es que aquella que se quemó sus pestañas en el colegio estudiando, la que no pudo asistir a su propio baile de graduación, pues estuvo ocupada preparándose para los exámenes de admisión en alguna universidad de nombre impronunciable y altísimo prestigio. Aquella que se graduó con honores y hasta la recibieron becada en Oxford, la que, con mucho esfuerzo, fue la única mujer entre un nutrido grupo de hombres que logró recibirse como ingeniera nuclear... Esa lamentablemente jamás será apreciada o considerada por la mayoría de los hombres machistas como un buen partido. Esa nunca se casa con ellos, esa los espanta porque les cuesta mucho esfuerzo y ¡qué pereza! O es que no se han dado cuenta todavía de que, entre la mayoría de los de su gremio, cuando más cultas más se asustan, y cuanto más culo, más se entusiasman.

En cambio, la que desayuna y queda desocupada, la que se ganó el título de bachiller en una rifa, la que ve telenovelas todo el día, tiene cuatro empleadas para que atiendan a los niños y, aún así, manifiesta abiertamente que vive agotada, esa sí que se lleva la mejor parte. Esa clase de mujer realmente muy astuta e inteligente, a esa el marido la adora, la que no sabe lo que es una uña partida. La que cree que una junta no es más que un *shower* (té con lluvia de regalos), donde ellos se juntan, sí, pero con sus amigos a hablar de viejas. Tal y como lo hacen ellas.

La que no solo se da el gusto de ir periódicamente a la peluquería porque a su marido le encanta verla regia, sino que además la atienden a domicilio cuando el conductor se enfermó y a ella le da mucha pereza manejar. Esa es a la que llevan de vacaciones a Europa y no a Eurodisney una vez al año, porque no se le ocurrió más cuando ella le sugirió unas vacaciones exóticas en familia. Esa es la que vive arreglada y maneja un convertible último modelo. No como nosotras las mujeres modernas, que para hacernos hasta la cera hay que pedir permiso en la oficina. Las que todavía estamos pagando las cuotas del Lada modelo 82 en el que nos transportamos. Esas mujeres, mis nuevos ídolos, son a las que francamente les importa un bledo si el marido les pone los cuernos o no mientras las sigan manteniendo. A las que de hecho, les parece fantástico que tenga moza y hacerse la de la vista gorda porque así garantiza que de la «oficina» llega cansado y así evita la fatiga de tener que cumplir como esposa, hacer el amor por las noches y dañarse así el *blower*. Esa es la cruel realidad, señoras. Entonces, para cambiar realmente el mundo, qué tal si nuestro paso por el colegio fuera más bien una experiencia educativa que nos preparara realmente para nuestro futuro, para nuestra verdadera realidad primer o tercer in-mundista.

8

Educación superior... ¿a nosotras mismas?

Una se quema las pestañas y se mata la vida estudiando para saber que, cuando grandes y por muy preparadas que aparentemente estemos, los puestos importantes a veces nos los ganan las menos preparadas para atender una oficina pero las más preparadas para atender al jefe en «su» oficina.

Siguiendo con el tema de la educación y tratando de averiguar por nuestros propios medios por qué las mujeres crecemos con toda esa gran cantidad de traumas emocionales e inseguridades que nos alejan cada vez más de la tan ansiada estabilidad emocional y económica, descubrimos que nuestro paso por la universidad es la mejor época de todas. Porque ahí nos dan finalmente la oportunidad de igualarnos a la mayoría de ellos: a ser unos retrógrados con ínfulas vanguardistas.

Pero solo ante nosotras cuando nos creen bobitas y sin muchos conocimientos. Es decir, cuando nos creen dependientes y por eso nos adoran. Ahí sí que dejan salir al Pasteur que todos creen llevar por dentro. Pero, en cambio, si, por el contrario, manifiestas abiertamente tu pericia en temas como la mecánica popular, la biología marina, la arquitectura o la administración, ahí prepárate a arreglar tú misma la licuadora que se fundió o a comprarla con tu propio dinero, porque el de él, de repente, ya no va a alcanzar más. Y, además, sosteniendo en muchos casos dos hogares. ¿Cómo? Prepárate también para cambiar tu propia rueda del coche cuando esté pinchada, a arreglar tú misma la señal de la antena del techo que se dañó. También a limpiar el carburador de tu propio coche. Porque a ninguno de ellos les interesará casarse con una que sepa más que él. ¿Qué dirían sus amigos? ¡Qué vergüenza tener en casa a una que los haga sentir unos perfectos inútiles, que domine temas que hasta ahora eran exclusivamente reservados para ellos!

Y entonces una se pone a pensar: «¿Para qué tanto esfuerzo, para qué tratar de colaborar con los problemas de la casa si eso lo único que hace es alejarlos de nosotras? ¿Para qué ensuciarse de grasa, casi electrocutarse arreglando la aspiradora y partirse la espalda cargando nosotras mismas el sofá para redecorar la casa?» Para qué si ellos no nos miden por nuestras habilidades sino por nuestras necesidades. Preferiblemente económicas y ojalá muchas. Es decir, según el nivel de dependencia que tengamos hacia ellos. Esto para que no te acomplejes. Para que ni de riesgo te vuelvas a perder una fiesta en la universidad por andar estudiando o porque sueñas con ser la próxima Bill Gates. O la próxima Martha Stewart, que entre otras, a pesar de que no reportaba muchos impuestos (tal y como lo hacen muchos de ellos), la ficharon, los más envidiosos la tuvieron por un tiempo entre cejas y luego estuvo en prisión casi seguro por cometer el craso error de ser millonaria. Para que nuestras hijas o las de ellas tampoco crezcan pensando que ellos van a apreciar sus esfuerzos si de alguna forma compiten con los de él. O para que desde pequeñas entiendan que también existe una altísima probabilidad de que les toque quedarse solas. Más aún si resuelven a tiempo que no les interesa fingir nada para darle gusto a nadie.

Pero, es tal el daño que nos hacen que nos animan a inscribirnos en carreras que no sirven más que para condenarnos a trabajar toda la vida: derecho, economía, diseño, medicina nuclear. ¿Para qué? ¿Para qué queremos aprender, por ejemplo, a ser veterinarias, si a veces ni siquiera con conocimientos universitarios podemos dominar al animal que tenemos en casa? ¿Para qué quemarnos las pestañas aprendiendo a administrar empresas, si nunca aprendemos a cuadrar las cuentas a fin de mes? Y no es que la incapacidad en nuestro caso sea genético. Es que a ellos, sus propias madres, incluso más machistas que ellos, nunca se tomaron la molestia de enseñarles a tiempo que la mujer cambió. Que no solo tenemos los mismos derechos que ellos, sino que bien podríamos ejercerlos cada vez que nos venga en gana. Es muy grande el daño que nosotras mismas las mujeres le estamos haciendo a la llamada sociedad en general, al no educar a tiempo hombres que también nos valoren tal cual somos. Pero, nos entusiasman con la idea de ser lo que queramos ser: ¡incluso astronautas! Cuando es más que sabido que la NASA ha preferido mandar a un perro y a varios chimpancés, antes que a nosotras. ¿Entonces para qué nos ilusionan?

Y es innegable que existe una dualidad femenina allá afuera. Algo que definitivamente no cuaja entre nuestros deseos de superación y los esfuerzos que realmente estamos haciendo todas, individualmente o en grupo, para que eso suceda. ¿Cómo superar nuestros propios resentimientos de género y aprender más bien a sembrar para el futuro? ¿Cómo aceptar que la igualdad no se va a dar automáticamente y que tal vez ni siquiera la alcancemos a ver nosotras en nuestro propio tiempo, sino que todo lo que empecemos a hacer desde ahora lo haremos con la idea, con la fe ciega, de que el mundo podría cambiar, así no lleguemos a ser testigos de ello? Que tal vez no seamos nosotras, pero si lo intentamos al menos, sí que lo llegarán a disfrutar las generaciones de mujeres que están por venir a este mundo.

Qué tal si en vez de quejarnos de ellos empezáramos también por dejar de ser tan machistas, tan consentidoras en nuestros propios hogares y comenzáramos más bien por enseñar a nuestros hijos varones a respetar a las mujeres, a admirarlas, a apoyarlas y a no sentir que, por tener los mismos sueños, aspiraciones y capacidades que ellos, somos unas verdaderas amenazas sociales. Sí creo y tengo fe en que si retomamos el camino correcto y empezamos a aplicar cambios fundamentales de mentalidad desde ahora, mi hija Daniela tendrá la oportunidad de crecer y sobrevivir en un mundo en el que pueda sentir que también esté diseñado para ella. Pero mientras eso suceda, mientras la paciencia alcance, por lo pronto, para subsistir, a lo mejor el secreto siga radicando en nuestra astucia femenina y en recurrir a esa intuición con la que nacemos dotadas todas las mujeres en el mundo, pero que tan pocas veces usamos realmente.

Porque si seguimos como estamos, no es descabellado cuestionarnos de vez en cuando que todo nuestro esfuerzo es inútil. Si todavía quedan demasiados hombres allá afuera que no fueron educados para aceptar que el mundo ha cambiado y que las mujeres también. Que cada vez jugamos un papel de mayor protagonismo tanto en sus vidas profesionales como en las personales. Porque ya no solo nos conformamos con ser sus esposas, también estamos preparadas y queremos ser sus socias, sus amigas, sus compañeras. Entonces, si no logramos conformar un semillero de hombres tolerantes con el género femenino, comprensivos y racionales con el mismo, las relaciones entre géneros lamentablemente cada vez van a ser más difíciles.

Para que no siga pasando lo que hasta la fecha, que por no estar preparados para nosotras, la nueva mujer, es decir, por profesionales, por competitivas y exigentes nos desechen y nos cambien por otra que se graduó de bachiller pero por radio. Para que colguemos, sí, muchos diplomas pero para que por «cerebritos», no nos manden al carajo y nos cambien por la primera adolescente sin aspiraciones que se encuentren por el camino. Porque, flojos como siempre lo han sido para superar sus complejos machistas y conquistarnos, así ganemos igual que ellos, esas requieren mucho menos esfuerzo. Porque según ellos, ellas sí que son tiernas, se dejan atender, se dejan aconsejar... ¡Se dejan mantener! Para qué estudiar tanto, me pregunto, si el problema es en gran parte nuestro. Nosotras, las supuestamente profesionales, las que jamás bajamos la guardia. Las que, aunque lo soñamos también, tenemos la capacidad de admitir que si no hacemos algo al respecto y empezamos a educar mejor a las nuevas generaciones, posiblemente no veremos ese cambio de mentalidad entre géneros que tanto anhelamos. ¡Y necesitamos! No nos enseñaron a ser suficientemente astutas para entender que la batalla no puede ser siempre contra ellos, a quienes evidentemente los criaron mal, sino en contra de nosotras mismas y de todo ese resentimiento que hemos venido cargando por siglos. Nos mantenemos sí, pero en plan de guerra y con las garras afiladas para sacarles los ojos cada vez que pretendan llamarnos al orden. Pobrecitos algunos de ellos, ¿es que no se han dado cuenta de que la cabeza no les da para más? Que no conocen otra cosa distinta y que tampoco la conocerán a menos que nos dediquemos a terminar de criarlos. A enderezar lo que muchas de sus madres les torcieron desde su infancia. En ocasiones, hasta la vida misma.

Entonces, al admitir que es allí, en la crianza del sexo opuesto, en donde radican la mayoría de nuestros problemas para lograr entendernos con ellos, ahí nos preguntamos, si todas sabemos y admitimos que es más rico vivir apoyadas, acompañadas y posiblemente mantenidas que solas, deprimidas y asalariadas, ¿quienes de nosotras somos las verdaderas inteligentes? Las que lo entienden a tiempo y luchan por rescatar a los pocos que aún tienen salvación, o las intolerantes que no solo no intentan entender la situación sino que además luchan contra ellos y se esmeran pero por hundirlos.

Muchas mujeres saben lo que es «padecer» una suegra despiadada. ¿Y qué es una suegra sino una mujer insegura e insatisfecha con su propio marido, quien seguramente no le quiere soltar la cuerda a su hijo porque no quiere perder el control que seguramente sobre él había ejercido hasta ahora? Cuando una suegra es metida, criticona y tan perversa que siempre le da la razón a su retoño así evidentemente todos los demás hayan constatado que está equivocado, incluyendo la policía, es cuando percibimos de cerca lo que es una mujer verdaderamente resentida. No conforme con no haber podido hacer lo que se le vino en gana con su matrimonio, ahora quiere venir a hacer leña con el tuyo. No se lo permitas ni permitas que se salga con la suya. Menos aún si ya tiene hijos, del género que sean, pues lo más probable es que gracias a tan malos ejemplos crezcan para seguirle los pasos a la muy amargada. Para combatirlas será necesario usar todas tus neuronas, las mismas que, si eres astuta, hasta ahora habrás tenido escondidas. No sobra tener toneladas de paciencia y una mente maquiavélica. Para la muestra, un botón. Supongamos que:

1. Tu suegra tiene la manía de revisar tu alacena y se atreve a criticar lo que compras, lo que cuesta y la cantidad de calorías que estás «obligando» a su hijo a engullir. TÚ: como un manso cordero pídele que te enseñe a mercar y ve con ella para la próxima. Compra todo lo que te indique, pero, una vez hayas llegado a casa, prepara lo que quieras pero mal. Cuando tu marido te reclame, échale la culpa a ella. Pégale donde más le duela e insiste en que fue ella quien te

sugirió un cambio de dieta que incluía no comprarle sus cervezas, sus quesos doble crema, ni las papas de bolsa que tanto le gustan. Te aseguro que a él mismo su propia madre le empezará a parecer una entrometida. Agrega que, para complacerlo, te encantaría aprender a hacer sus recetas, con las mismas con las que lo ayudó a él a crecer «grande y fuerte», como la muy fantoche asegura. Haz que la invite y ponla a cocinar a ella. De ahí en adelante, cada vez que vayas a hacer alguno de sus platillos, hazlo mal y pide que vuelva. De repente verás cómo tu suegra no vuelve a pisar tu casa o cómo sale de él mismo que su madre no vuelva a poner un pie en ella. ¡Bingo!

2. Tu suegra te critica como te vistes. Pídele que te regale su ropa o directamente empieza a vestirte como ella. Ya verás como tu propio marido empieza a extrañar los escotes, los modelitos ajustados y las faldas arriba de la rodilla. Cuando te pregunte, di que te estás vistiendo así para complacer a su mamá. OJO: nunca digas que es para no discutir con ella. Recuerda que tú eres una nuera obediente y abnegada. Cuando él te reclame porque a quien deberías estar complaciendo es a él, ahí sí dile que prefieres que él mismo se lo diga porque no quieres que ella se moleste contigo. Asunto resuelto. Puntos adicionales si aprovechas para regalar toda tu ropa vieja y le dices que se la diste a su mamá para que la donara al hospital de caridad más cercano como ella misma te lo sugirió. Ahí sí que matas varios pájaros de un solo tiro: sacas las narices de tu suegra de tus asuntos y de tu ropero y además logras que él te tenga que comprar un nuevo ajuar, en el caso de que sea él quien te mantenga. Si de hecho ya lo haces tú misma, vivas o no vivas con él, aprovecha más bien para irte de *shopping* todo el día con tus amigas y para comprarte modelitos incluso más actuales y atrevidos.

UN FUERTE APLAUSO PARA QUIEN SE INVENTÓ LA PSICOLOGÍA A LA INVERSA

Aparte de humildes, necesariamente deberemos convertirnos en mujeres realmente inteligentes y aprender que todo cambio supone un caos y nosotras somos y nos hemos convertido en el cambio mismo. Porque los hombres no han cambiado mucho, nosotras en cambio sí. Llevamos más de tres siglos luchando por ser mejores o simplemente distintas. Entonces no permitamos más que las que no son tan brillantes sean las que dirijan nuestros destinos. Que sean ellas y no nosotras las que sigan pensando que la liberación femenina se originó solo para luchar contra ellos o para convertirnos en una mala copia de los mismos. Que nos importe un comino si quieren seguir creyendo que nos sirve más bien para negociar y aliarnos entre géneros y crear así juntos unas nuevas reglas del juego de la convivencia. Unas que bien aplicadas, funcionen y nos proporcionen la equidad que la mayoría anhelamos y que tanto necesitamos. Enhorabuena.

En pocas palabras: es que no se han dado cuenta de que somos mucho, pero muchísimo más astutas que ellos. Que si dejáramos de mostrar nuestras armas, de rebajarnos hasta su propia inconsciencia y más bien hiciéramos gala de todo lo que hemos aprendido y evolucionado, no solo podríamos someterlos y manipularlos a nuestro antojo, sino que aprenderíamos a entendernos y a convivir con ellos, basándonos por supuesto en esa comprensión, en ese entendimiento que nos indica que lo que hemos de buscar no es la igualdad, sino una simple y muy necesaria equidad. En cuanto a derechos, a oportunidades, a reglas y leyes que nos protejan a todos por igual, no respecto a actitudes y más banalidades de este tipo que no conllevan más que a la incomprensión, a la falta de comunicación y a la soledad que pulula allá afuera y que tanto nos afecta, eso sí, a todos por igual.

Estas son, entonces, para finalizar este capítulo, según mi juicio y corto entender, algunas materias que, en cambio, sí que nos deberían enseñar en la universidad, si queremos que nos sirvan para algo en la vida real. Si aspiramos a tener también sanas relaciones de pareja, o para manipularlos en su propia ley, tú decides.

Cálculo: con especialización en calcular sus ingresos, las probabilidades que tenemos de casarnos con ellos y cuánto tiempo nos podría durar la relación.

Arquitectura: pero solo para aprender a rediseñar nuestra propia casa una vez que nos hayamos divorciado y él ya se haya ido de ella. O más bien una rama de la misma especializada en algo muy práctico como diseño de clósets con amplio espacio para guardar las toneladas de zapatos que coleccionamos en vida cada vez que fracasamos sentimentalmente.

Matemáticas: no para aprender a sumar sino, como en la vida real, a restar y, por supuesto, a gastar.

Psicología: para aprender a manipularlos y a entender tanta frustración femenina.

Física: para aprender a conquistar. A maquillarnos, a ser mejores en la cama, solas o acompañadas. Con especialización por supuesto en los últimos avances médicos de la cirugía estética. Para las que aún le atribuyen el éxito en el arte de la conquista al aspecto físico, por «física» pereza ni de peligro se vayan a quedar solas.

Química: para desecharlos cuando la lucha hormonal nos indique que por ahí, es decir, con ese, no es la cosa.

Anatomía eléctrica: por si todo lo anterior falla, que aprendamos a escoger el vibrador «anatómicamente» mejor diseñado para nuestro cuerpo.

Lo que sí que te aseguro que nunca aprenderás en la universidad, pero sí que entenderás a través del matrimonio (si estás mal casada, mucho más rápido y mejor), es que si alguna vez consigues quién cargue contigo a pesar de ser una profesional exitosa, será a ser leal, indulgente, tolerante y muy paciente. Que las cosas no son cuando tú quieras sino cuando él acceda. También aprenderás ampliamente lo que es el autocontrol y lo que es la sumisión a toda prueba. Y una cantidad de pendejadas más que no te enseñarán en ningún plan educativo, es cierto, pero que tampoco te hubiera hecho falta aprender si no te hubieras casado. ¿Quién te mandó hacerlo?

9

Nosotras y la publicidad.
¿Víctimas de nuestro propio invento?

Nadie es tan feliz, ni nada puede ser tan fácil en la vida. Entonces, ¿por qué creer que todo lo que nos muestran a través de un televisor sí que es posible? Si una cosa te parece demasiado buena para ser verdad es porque probablemente lo es. Tal como en el caso de los hombres. Si con el que has estado saliendo le cae bien a tu mamá, a tus amigas y hasta a tu ex, quien entre otras, tiene el descaro de animarte a que no lo dejes nunca, algún problema o defecto de fábrica habrá de tener. O, si no lo tiene, muy seguramente pronto te inventarás alguno que no tenía o que no le habías notado antes de conocerlo.

La publicidad siempre me afectó a tal grado que, cuando pequeña, nunca pude cantar el «Feliz cumpleaños» sin tener que agregarle «les desea Ponqué Ramo». Mi caso era tan patético que compraba champú Glemo para poder cantar en la ducha «Glemo en mi cabello a la hora del champú, limpia suavemente, ahora sigues tú». Y cuando vivía en Barranquilla, nos reuníamos, no menos de seis amigas quinceañeras en biquini, para cantar a voz en cuello el pegajoso *jingle* mientras nos bañábamos con manguera en el patio de enfrente de la casa. Todo el mundo nos veía haciendo el oso, cuando a nosotras nos parecía el mejor plan del mundo si usando el popular producto teníamos una mejor posibilidad que nuestras cabelleras se vieran como las de la televisión. Que por supuesto nunca pasaba más que en nuestra imaginación. Entonces, si la publicidad logra su cometido que, en últimas es el objetivo de un negocio que mueve tantos millones en el mundo entero, ¿por qué la misma no cambia con los tiempos y se vuelve más... cómo diríamos, realista? Sí, que cambie, tal como ya hemos cambiado nosotras por dentro con el paso del tiempo. ¿Por qué será entonces que la publicidad al parecer no es para todas nosotras, o, peor aún, por qué nos quieren vender una idea errónea de lo que es la vida actualmente? Es decir, la vida de la mujer moderna que también consume, esté de acuerdo o no, una cantidad de productos para su supervivencia.

¿Por qué las mujeres de los comerciales que promocionan cualquiera de las decenas de variaciones de caldo de costilla o de pollo que pululan en el mercado se ven felices mientras preparan el almuerzo? Si cualquier idiota sabe que mientras para nosotras la llave que abre nuestro corazón es recibir un regalo inesperado. Para ellos, en cambio, la llave que abre el corazón de cualquier hombre, no es lo que nos habían dicho: a través de su estómago. Es estar dispuesta a tener relaciones sexuales repentinas en cualquier momento y lugar del día.

¿Para qué se esfuerzan? ¿Por qué se ríen mientras pelan ajos, pican cebollas y preparan la sopa? ¿Qué tiene de divertido untarse de grasa y oler a comino por el resto del día? Si ya lo hemos probado y sabemos perfectamente que no tiene nada de gracioso. ¿Por qué el marido siempre sale almorzando con ella? ¿Acaso no trabaja? Si todo el mundo sabe que hoy día, casi ningún papá puede darse el gusto de almorzar con la familia por encontrarse demasiado ocupado en la oficina. Si todo el mundo sabe además que ningún hombre demuestra tanto interés por trabajar a menos que se haya casado. Entonces por qué querría aquel hombre del anuncio llegar temprano a su casa a almorzar con su esposa. Muy sospechoso. Como también lo es que los niños llegan felices, muertos del hambre y, encima de todo, limpios del colegio. Es que acaso estudian dentro de una tintorería y por eso se ven tan impecables. Es que nunca les ponen tareas que llegan tan despreocupados. ¿Cómo hace esa feliz mujer para lograr que sus hijos se sienten a la mesa y coman? Si yo, con mi hija, llevo años de lucha y de sobornos aún no he podido. Si la gran pelea entre la mayoría de las mamás del mundo y sus hijos es precisamente porque viven inapetentes, y cuando una logra convencerlos de que coman algo, generalmente no es nada que contenga alguno de los ingredientes con los que la mamá del comercial preparó el almuerzo tan felizmente... Pues se me ocurre que, para que esa publicidad sea realmente impactante también para las mujeres modernas, es decir para que de verdad nos sintiéramos identificadas con ella y nos pudiéramos animar a comprar algo que supuestamente nos ayudara a solucionar la vida sin tanta sonrisa prefabricada, propondría algo como lo siguiente:

La señora del anuncio lleva rulos en la cabeza y se acaba de dar cuenta de que, por estar viendo la telenovela del mediodía, se le hizo tarde para poner otra vez el almuerzo, porque el que estaba haciendo obviamente se le quemó por estar en la sala recibiendo la visita de la vecina. En esas, le entra una llamada. La de una amiga que le cuenta que acaba de descubrir que el marido anda con otra. Entonces, ¿cómo le cuelga? Por eso, en el anuncio, la protagonista nunca soltará el auricular, y nosotras, desde el otro lado de la pantalla, nos maravillaremos al ver cómo logra cocinar, hablar por teléfono y aconsejarle a la amiga que deje al marido, todo al mismo tiempo. Como en la vida real. Bueno, cocinar es un decir, porque lo que realmente hace es poner una olla con agua en el fogón, echar un cubo de caldo y revolver con la cuchara. Entonces, nosotras, las mujeres modernas pensaremos que ese caldo debe ser una maravilla y que cocinar lo puede hacer literalmente cualquiera. Nada de decorar la comida con hierbas y cosas de esas porque muchas mujeres modernas están tan ocupadas que no sabemos distinguir entre un perejil y una lechuga. Así que la decoración dejémosla para la cena navideña o alguna otra ocasión que lo merezca y que podamos pedir ya preparada y decorada pero a domicilio, por supuesto. No para un vil almuerzo, por Dios.

El marido llegaría del trabajo, furioso pero porque lo despidieron. Porque lo vieron en otro anuncio de caldos y al jefe le pareció una irresponsabilidad de su parte que anduviera volándose a la casa a almorzar con la familia en horas laborales, como vio que hacía en el otro. Le dice además que no tiene ganas de almorzar y tira la puerta del cuarto con rabia. Ella no le presta atención pues sigue ocupada hablando por teléfono. Los niños entrarían en la casa peleando, con los pies sucios y dejarían hecho una miseria el suelo de la cocina. La última escena es ella comiendo sola, sentada en la mesa auxiliar de la cocina, mientras el marido sigue histérico en el cuarto, los niños ven televisión en el suyo y ella... sigue hablando por teléfono mientras acaba con un plato de algo incinerado del que aún sale humo.

Eslogan de la campaña

«Qué importa que no tengan hambre. Qué importa si ni siquiera les gusta su sazón. Ellos se lo pierden. Qué fácil es fingir que es una buena ama de casa con Misazón, multicolor.» O, mejor algo así: «Mejor comer sola que mal acompañada. O mejor, acompañe sus comidas con Ricosazón tricolor.» Definitivamente, yo sería una excelente *copy* de agencia de publicidad.

O cuando los comerciales son de productos para aliviar la gripe. En ellos el papá se preocupa por la salud del hijo y hasta ayude a la mamá a darle la medicina. ¿Cómo así? Si el papá casi nunca se entera de esos «pormenores domésticos» y casi siempre le toca sola a la mamá. ¿Por qué la gripe solo les dura un rato y, cuando se toman el remedio saltan inmediatamente de la cama a jugar con el perro, en el jardín de la casa? ¿Por qué a uno no le pasa eso? Uno nunca resucita así de milagrosamente en menos de cuatro días. ¿Por qué esos comerciales de medicinas contra la gripe no muestran a todos en la familia enfermos al mismo tiempo que es lo que usualmente pasa cuando en casa hay un virus contagioso rondando? ¿Por qué no nos muestran con el pelo sucio, la sudadera ochentera tipo *Footloose*, de muy mal genio y con una caja de pañuelos desechables al lado?

Y ni qué decir de los comerciales de champú. En ellos, ninguna de las modelos tiene una sola cana, una sola horquilla, como en la vida real. Sus cabellos se mueven con el ritmo de un viento huracanado y aun así siguen igual de peinadas. Cuando a una después de los treinta ya no le gusta andar en moto y pierde hasta el espíritu aventurero por una sola razón: se nos daña el *blower*. Después de cierta edad a una ya no le gusta andar con él en coches convertibles, porque, por audaces y juveniles, corremos el riesgo de que el pelo se vuelva una miseria o que llueva y se nos esponje. Peor aún si estuvimos en la peluquería el día anterior. No nos gusta lavarlo con tanta frecuencia por temor a que se nos empiece a caer o porque el tinte nos dura menos.

Porque con tanto trabajo ya no queda casi tiempo y no queremos perder el dinero que invertimos en el que nos hicimos la semana pasada. O porque cuando cae una sola gota de lluvia, casi ni queremos salir de la casa por temor a que se nos encrespe. Entonces, tener como ejemplos de felicidad a estas modelos que nos pretenden vender una imagen de perfección capilar, no es que nos identifique mucho. No es que se ajuste mucho a nuestra realidad. Además, el pelo les brilla como si se bañaran con aceite de canola y se ven nuevamente felices mientras se lo lavan. Pero si todo el mundo sabe que lavarse el cabello una misma es uno de los planes más aburridos del mundo. Que cuando salimos de la ducha, casi nunca nos queda tiempo para cepillarnos que es lo que a casi todas nos toca hacer para que parezca liso. Que por eso, junto con el teléfono móvil, la peluquería es casi una necesidad básica. Cuando todas sabemos, porque lo vivimos a diario, que por muy sanas que seamos, el pelo se cae y pierde brillo con el paso del tiempo. ¿Entonces a quién quieren engañar con tanta dicha?

Propongo que los comerciales de champú sean un poco más realistas y así más mujeres modernas en el mundo correríamos a comprar sus productos. Que la modelo no tenga el cabello tan largo, ni tan sedoso, mucho menos tan brillante. Que salga de la casa con paraguas para taparse de la lluvia y que desde ningún punto de vista parezca feliz porque está lloviendo, como en la vida real. Más bien que se amargue porque se le dañó el peinado. Que la modelo aparezca, sí, haciéndose el *blower,* después de salir de la ducha y que el comercial, más bien nos enseñe cómo demonios se cepilla una el pelo en poco tiempo para no llegar tarde a la oficina y aún así «divertirnos» en el intento.

Que el eslogan sea algo así como: «No le prometemos nada aparte de hacer espuma. Ni un pelo brillante, sedoso, o liso. Sabemos que lavarse el cabello es lo peor, sin embargo, este producto huele bien.» O algo sencillo y sincero, por el estilo. Lo dicho, ¡soy un éxito!

Qué tal esos comerciales de margarinas o de aceites en los que toda la familia aparece, nuevamente feliz, corriendo sonriente por una pradera llena de pasto verde, flores multicolores y mariposas que revolotean en el fondo. ¿En qué momento de la vida pasa eso? Si las vacaciones en familia ya no se pueden porque ni con el salario de ambos se puede salir a pasear a ningún lado. Cuál pradera si nos hemos vuelto tan citadinos que no conocemos ni el parque del barrio. Y eso que nos queda en la esquina. ¿Y la familia feliz corriendo unida? Por favor. Debe ser porque se vino la lluvia y corren hacia el auto. O porque una banda de atracadores viene detrás de ellos. O porque uno de los niños accidentalmente le tiró una piedra a un panal y las abejas (asesinas) están persiguiéndolos. Por favor que desistan de seguir engañándonos.

De los comerciales más graciosos que aparecen en la televisión actualmente, no podemos dejar de mencionar los de detergentes en los que a las mamás les parece superdivertido ensuciarles la ropa a los niños para demostrarles a las demás mamás lo fácil que se lava la ropa con ese producto. Pero si todo el mundo sabe que no hay nada peor en la vida que lavar ropa. Que se nos dañan las uñas, que los niños la vuelven añicos y que antes sale más barato comprarles ropa nueva que gastar luz y toneladas de detergente para sacar las manchas que no sabemos ni de qué insecto muerto provienen. O los de telefonía móvil en donde todos hablan sospechosamente felices y hasta cantan y bailan. ¿Cómo puede ser esto posible cuando las cuentas que nos llegan mes tras mes siempre son altísimas? Sin importar qué tipo de plan tengamos, siempre nos pasamos y terminamos pagando el doble. ¿Entonces de qué se ríen? ¿Qué tanto bailan?

O cuando se les da por lanzar simultáneamente todos esos comerciales de coches nuevos y lujosos. ¿Para qué? ¿Acaso para recordarnos a las asalariadas que faltan como cuatro años para pagar por cuotas el modelo Dacia 2000 que aún tenemos y que no hemos podido cambiar porque no hemos terminado de pagar el viejo?

No. Ver televisión se ha vuelto también una tortura del consumismo heredado de los países del primer mundo. ¡Protesto!

10

Las brutas también lloran

Y de las telenovelas, ¿qué? En cuanto a los programas que vemos o que nos obligan a ver en la televisión, con tanta programación mala, el caso es peor aún. Afortunadamente, en Colombia, mi país de origen, las cosas han empezado a cambiar y hasta podría asegurar que han mejorado sustancialmente. Respecto a las telenovelas, popularmente conocidas también como «culebrones», al parecer siguen siendo los programas favoritos de la mujer latina, o de las que hablamos español, por lo menos la temática que se ha empezado a manejar en algunos proyectos sirve para abrirnos los ojos y hasta para brindar uno que otro buen ejemplo. ¿Acaso es posible ser tan ilusas?

Yo que trabajé tanto tiempo en ellas, puedo realmente hablar con conocimiento de causa. Por lo menos en nuestras telenovelas, las mujeres trabajan, estudian, se superan y tienen hijos. No como algunas extranjeras, en donde la protagonista, sin importar su edad, siempre es soltera y sufre por el amor de alguien que no lo es. Destruye hogares a su paso, siempre queda embarazada del protagonista y él nunca puede reconocer al hijo, ni siquiera por falta de interés, sino porque siempre pasa algo trágico. Como que a la abuela la atropella un bus de servicio público, se descubre que ambos son hermanos, la ex esposa del protagonista también queda embarazada al mismo tiempo y además intenta suicidarse. Y todo un rollo trágico que supuestamente está inspirado en la vida real. En la vida real de quién: ¿de Jason o de Freddy Krueger?

La vida no puede ser tan trágica. Las protagonistas de las novelas con las que todas soñamos no pueden ser tan tontas, ni tan buenas, ni tan ingenuas. Ni tan inocentes, ni tan torpes, ni tan brutas, ni tan afortunadas, ni tan desempleadas, ni tan bonitas aun recién levantadas. ¿Por qué, por ejemplo, la esposa del protagonista, a la que le bajan el marido, siempre es la mala? ¿Por qué en las telenovelas extranjeras, más que nada, aunque aquí también a veces pasa, dejan plantada a la novia en la iglesia porque él casualmente el día anterior se enamoró a «primera vista» de una pueblerina de minifalda recién llegada a la ciudad? ¿Por qué las telenovelas no son un poco más realistas?

Que las protagonistas tengan mal carácter y que no sean tan santas y tontas como las hacen ver. Como si por ser ingenuas, inocentes y caídas del zarzo todos los hombres cayeran rendidos a nuestros pies. No, que le cueste un esfuerzo real levantarse al tipo. Que no le sea fácil solo porque es bonita y boba. Que el premio no sean ellos solo porque son los que en las telenovelas siempre tienen dinero. Por qué no podría enamorarse, por ejemplo del jardinero que no tiene un quinto pero que es honrado. ¡Y soltero! Qué malos ejemplos los que nos dan. Como si todos los hombres que supuestamente valen la pena tuvieran que ser esbeltos, apuestos y multimillonarios. ¿Como si encima de todo fueran los más atorrantes y sin criterio propio para no darse cuenta de la arpía que su misma madre se encargó de embutirles por los ojos? ¿Para qué nos ilusionan? ¿Como si de verdad se quedaran con la pueblerina para darle mejor vida y no con la pesada, que entre otras ellos mismos eligieron, porque los hace ver mejor entre su círculo de amigos?

Las mujeres nunca tenemos intereses y siempre nos hacen ver como unas interesadas. Como que pretendemos que sean ellos quienes nos arreglen la vida. ¿Qué clase de buen ejemplo puede ser ese? Que sea a la protagonista a la que le bajen el novio, para que la villana ahí sí que tenga motivos de peso para ser mala, porque está despechada y no porque es una caprichosa. Las villanas de las telenovelas, lo digo yo que soy medio experta en el asunto, casi nunca tienen motivos reales para pelear por el protagonista que casi siempre resulta ser un pelele de quinta categoría, que, al final, se merece su suerte de quedarse bien encartado con la más boba entre las dos.

Y a las villanas todo el mundo ama odiarlas. ¿Analicemos por qué? ¿Acaso porque representan a la mujer moderna, esa que generalmente trabaja, es educada, culta, independiente y, casi siempre empieza la historia como la pareja oficial del protagonista? ¿Será porque es una rival digna de cualquier mujer? ¿Será por eso entonces que los libretistas de telenovelas extranjeras a la mitad de la misma se enloquecen y empiezan a salpicar a sus villanas con cosas negativas como la locura, la histeria, se convierten en asesinas, ladronas, obsesivas, posesivas, armadoras profesionales de escándalos para lograr así que, en vez de que el público las admire y hasta se solidarice con ellas, las odie? ¿Para qué hacen eso? No les bastará haberles acabado la vida al hacer que su pareja las deje por una de más curvas pero con menos sesos que ellas. No les parece ya suficiente humillación que la cambien a una por una cretina. Entonces, ¿cuál es el concepto de mujer ideal que nos tratan de vender? No entiendo por qué todo tiene que girar alrededor de la pareja y de lo «supuestamente» fácil que puede ser conseguir un millonario para que nos mantenga.

¿Será un complot internacional de los ejecutivos de

televisión del género masculino, por supuesto, para lavarnos el cerebro y que nos convenzamos de que la historia de Cenicienta es posible? Pues ante el éxito indiscutible de este tipo de producciones entre hombres y mujeres por igual, cabe pensar que eso es realmente lo que el mundo quiere y no las historias complicadas de la mujer moderna y su vida real. Y es que, ahora que lo pienso, no tendría ninguna gracia una telenovela en donde a la protagonista no le interesara casarse. Es más, donde fuera solterona, a mucho honor. En donde si el protagonista le es infiel o duda si quedarse con ella o no, porque anda enredado con otra, mientras decide con cuál de las dos se queda, que ella misma sea la que tome la iniciativa de mandarlo a paseo y se apure a conseguirse otro. Como en la vida real.

Que beba y vaya a fiestas de música electrónica. Que salga a veces en zapatillas y no maquillada y entaconada cuando esté en la casa haciendo el oficio. Que no se deje manipular ni por la mamá de él, ni por la villana, ni por todos los de la oficina que la odian, ni por nadie. Que gane la lotería o que se ponga a trabajar como una burra. Pero no para vengarse de todos los que le quisieron hacer daño a lo largo de toda la historia. Sino para retirarse joven, bella y con mucho dinero y pueda vivir en paz por el resto de sus días. Preferiblemente con otro marido que consiguió cuando se acabó la historia, o con el libretista. Pero esa historia no tiene fantasía, es cruelmente muy parecida a nuestra vida real. Y nuestra vida real, al parecer, no vende. Al parecer, lo que sería todo un cuento de hadas para las mujeres modernas, para la televisión latinoamericana sería un verdadero fiasco de cero ráting.

Entonces, por esto mismo nos venden, a través de los cuentos infantiles, la publicidad, las historias que nos cuentan en la televisión, en donde las protagonistas se ganan las cosas sin el mayor esfuerzo, y entonces surge la idea de un movimiento promachista por conveniencia. ¿Será que después de todo no es tan idiota ese refrán de: «Si no les puedes ganar, úneteles»? ¿Eso es lo que todos quieren y las que estamos equivocadas somos todas las demás? Lo cierto es que mientras la mentalidad latinoamericana exalte valores como la belleza, la ingenuidad, la torpeza, la debilidad y la falta de ambición, lo único que nos queda por hacer si queremos pertenecer a esta sociedad, si queremos algún día lograr lo mismo que las protagonistas de esas producciones, pues tocará recurrir a actuar como ellas. A fingir como ellas que somos brutas para que las puertas de la buena fortuna también se nos abran de par en par. ¡A lo mejor lo que nos quieren dar es un buen ejemplo de cómo lograr que nos mantengan! ¿Será?

SEGUNDA PARTE

¿DIOSAS U ODIOSAS?

11

La guerra de las mozas

Villanas, heroínas lacrimógenas o no, lo cierto es que lo que nunca elegimos o debemos escoger, en su defecto, aclaro, y por cuenta propia, es la posibilidad de amargarnos la vida al lado de un hombre infiel. ¿Acaso el hombre no es leal con nosotras por naturaleza? Pero que, al contrario, sí que podría llegar a serlo con cualquiera o con todos sus amigos, al tiempo. Pues al parecer y según lo demuestran estudios muy recientes, ni ellos lo son, ni nosotras tampoco. O lo peor de todo es que tenemos el talento amplio y suficiente para promover la infidelidad tanto la propia... como la de ellos. Y si me quieren demandar por lo que acabo de afirmar sin tapujos y con la dura franqueza que me caracteriza, pues tomen un número y hagan la fila.

¿Será cierto eso que han popularizado las que se han conformado con ser el plato de segunda de aquellos glotones que gustan comer en dos restaurantes al mismo tiempo? ¿Es realmente mejor ser la otra? Porque al parecer y de acuerdo con las quejas más frecuentes que he escuchado en la mayoría de mujeres, siempre creen que la «otra» es la que está quedándose con la mejor parte. ¿Y cuál exactamente sería esa parte, me pregunto?: con un traidor, un tramposo,

un desleal. ¡Valiente premio! Pero lo cierto que ser la tercera en discordia tampoco debe de ser tan remotamente atractivo. O peor aún, perder tiempo de vida disputándose a un
hombre infiel es lo más cercano al infierno que puede ocu-
rrírseme. En mi caso particular y aunque sigo creyendo que
la fidelidad es un invento humano, pues nuestras necias hormonas desde la época de la prehistoria nos han demostrado
certera y gradualmente que la «exclusividad» y serle fiel física, emocional y hasta mentalmente a una sola persona es
prácticamente imposible, en esta vida he optado por serlo.

Más bien tengo la seguridad absoluta que quienes esco-
gemos serlo lo hacemos más por obligación o por decisión
propia en algunos casos, que por verdadera convicción. Que
los que practicamos la fidelidad lo hacemos más por gusto
y no propiamente porque seamos ciegos, frígidos o muertos
en vida que ya no sintamos absolutamente nada. Porque no
nos digamos mentiras: eso de que no nos sintamos de vez
en cuando atraídos hacia otras personas es absolutamente
falso. Pero la diferencia entre lo que he escogido ser y no
sucumbir así sea por curiosidad ante las tentaciones que
rondan allá afuera es que al menos yo acepto que ser fiel no
sale tan naturalmente como muchas suponemos que debería ser. Por esa simple razón, precisamente, valoro aún más
el esfuerzo de quienes, como yo, han elegido una vida de
verdad para poder darle una oportunidad justa y transparente a la relación. Básicamente por esa misma razón no le
hago a nadie lo que no quiero que me hagan a mí.

Y estoy muy lejos de ser una santa paloma, creedme.
Es solo que si algo tengo muy claro en esta vida es que me
gusta rodearme de personas que eligen como yo ser sinceras. Y eso no quiere decir que no me haya topado con
cada cretino infiel allá afuera, tampoco con ello quiero
decir que ser infiel esté bien, por el contrario, a lo que me
refiero es a que si tengo claro que el único derecho al que
tengo en esta vida para ser feliz es vivir en paz y en armo-

nía, también he decidido a tiempo que nadie, o cualquiera que pretenda despojarme de ese derecho, saldrá automáticamente de mi corazón y de mi vida. Pero volando por la puerta y con su gran maleta de ropa atrás.

Es decir, por sospecha he decidido romper relaciones porque no todo el mundo tiene la virtud de regalarnos esa tranquilidad, esa confianza que algunos necesitamos para creer que vivir en armonía sí que es posible. Según mi modo de ver las cosas, así como hay personas que nos sacan lo mejor, también existen muchas otras que tienen como particularidad sacarnos lo peor. Y no sé si la química entre determinadas personas sea la responsable de ello. Pero lo cierto es que hay químicas que chocan entre sí y en ese preciso instante, es decir, cuando lo constatamos, cuando nuestro deber es huir y dejar huellas en el pavimento si es necesario. Porque una vida llena de dudas, de sinsabores y por ende de reclamos inventados o no, no es, y valga la redundancia, lo que yo propiamente llamaría el ideal de vida en pareja que quisiera tener.

Para el efecto, insisto, mucho mejor estar sola que mal acompañada. Pero lamentablemente en el caso de muchas, demasiadas mujeres en el mundo, disputarse la atención exclusiva de la pareja con una tercera persona es algo así como una necesidad patológica tanto para sentirse las ganadoras absolutas de una contienda, muchas veces fantasmagórica como es el caso de algunas que hasta se «inventan» a la amante, para alimentar sus enfermos egos, o para darles algo de emoción a sus aburridas y tóxicas existencias. En cualquiera de los casos, sufrir de celos enfermizos o permitir que alguien nos intranquilice es según mi juicio un verdadero calvario.

Si tenemos claro que, así la misma naturaleza nos indique que vamos en contra de ella con el tema de la fidelidad impuesta, no nos gusta compartir nuestra pareja con nadie más, ¿por qué tantas mujeres en el mundo seguimos optando por dejarnos guiar por el orgullo herido en vez de mandarlos a la porra y quedarnos solas? Al menos por un rato y mientras aparezca uno igual de leal y comprometido que sí que nos dé la talla. Peor aún ¿por qué esas mismas mujeres eligen vidas llenas de angustia y desasosiego en vez de embarcarse en relaciones más sanas y tranquilas con especímenes que se asemejen más a nuestros gustos y necesidades por sentirnos seguras? ¿Tendrá algo que ver que aparentemente las amantes lo pasan mucho, pero muchísimo mejor que nosotras? Aunque lo dudo seriamente, analicemos las posibilidades.

Teniendo muy claro que cuando, por el contrario, logramos reprimir nuestros impulsos y despejamos de nuestra mente los malos pensamientos que a veces nos asaltan a todos, hombres y mujeres modernas por igual y no nos dejamos llevar por la tentación de vivir una que otra aventurilla, no es porque realmente no sintamos ganas, sino porque decidimos esforzarnos por darle una oportunidad justa a la relación en la que estamos en ese momento. Que algunos aceptamos que no queremos que nos paguen ni con un ojo, ni con un diente, muchísimo menos con la misma moneda si nos llegaran a pillar. O que no queremos que nos midan con la misma vara con que hemos medido al tercero en cuestión y con la que seguramente nos vienen midiendo hace rato o, por la razón que elijamos, impuesta o no es realmente cuando aceptamos que optamos por la fidelidad más bien porque las reglas sociales así lo han impuesto y porque sinceramente nos morimos del pavor de quedar como una vil chancleta tanto frente a los demás como con nuestras respectivas parejas. Por simple, llana y pura vergüenza, para qué negarlo. O porque también es posible, nos nace ser sinceros. Pero no nos digamos mentiras, asegurar descaradamente que nunca, borrachas o no, se nos ha ido el ojo detrás de un tipo buen mozo de vez en cuando sería tan falso como asegurar que ellos no han fantaseado ni una sola vez en sus vidas con una curvilínea peliteñida aparentemente sin sesos.

Una vez aclarado el hecho, me dispongo a aclarar también algo que para algunas sonará aún peor y más escandaloso que mi anterior premisa: las mujeres en la mayoría de los casos somos responsables de promover la infidelidad masculina. Antes de poner el grito en el cielo, de tirar el libro por la ventana o de llamar a tu abogado para que me demande, analiza más bien los hechos que hablan por sí solos. Porque queramos o no, de alguna manera históricamente les hemos dado el poder de estar con dos mujeres al mismo tiempo y que ellos se sientan que encima de todo se lo debemos agradecer. Porque, piénsalo, no existirían hombres infieles si no existieran mujeres en el mundo que estuvieran dispuestas a seguirles el juego de machos irresistibles y conquistadores. Porque sigo pensando que no hay nada más cierto que así como el hombre propone, la mujer dispone. Y si el hombre casado propone una aventura a una mujer que supuestamente se valora un poco, qué hace esa mujer que no le da un buen bofetón. Por una sencilla razón: a muchas mujeres les gusta y disfrutan la sensación de sentirse de alguna forma que con sus encantos pueden quitarle el novio, el marido o la pareja a otra. Es tal la rivalidad que existe entre nuestro género que son muchas las que salen con hombres comprometidos con otras mujeres, sencillamente porque se sienten dueñas y amas de un juego secreto en donde ellas son las que, según ellas, llevan la mejor parte sin tener que esforzarse demasiado como las verdaderas «amas», pero de sus propias casas. Existen casos peores. También existen las que de verdad se enamoran del esposo de otra.

No pienso moralizar a nadie, ni más faltaba. Simplemente expongo un hecho, una realidad que siempre me ha llamado poderosamente la atención. ¿Por qué hay mujeres que se prestan para un juego en donde jamás llegan a ser las principales y se conforman más bien con ser las segundonas? En otras palabras, es como un juego de béisbol en donde el *pitcher* deja que sea el *catcher* quien se gane el crédito por haber ponchado al bateador. O el torero que después de una larga y brillante faena, cuando tiene al toro postrado, le pasa la espada al del burladero para que lo remate y se lleve de paso el rabo, las orejas, los pañuelos blancos y los aplausos. ¿Habrase visto una actitud más conformista e imbécil? Pero lamentablemente es así.

Como también lo es que muchas mujeres no se hayan dado cuenta que a ellos les encanta que nos desgarremos las vestiduras ante la eventualidad de una infidelidad porque eso indica claramente que hemos caído en un truculento juego en el que el infiel es el único que gana, es el que pasa dos veces por el «Go» o la «Salida», porque así mismo tiene dos oportunidades para cobrar recompensa. ¿Entonces por qué les damos gusto, por qué sencillamente no esperar dignamente y pacientemente a que se les pase el gustillo por la aventurilla en la calle y mientras tanto les montamos también sucursal fuera de casa? Es decir, ¿por qué en vez de hacerlos sentir como todos unos machotes, más bien no los ignoramos hasta que ellos caigan en la cuenta de que, por la que nos estarían dejando, o más bien perdiendo, es una simplona que no tiene las armas suficientes para conquistarse a uno solita para ella? O que, por el contrario, es tan hábil que ya le tiene el ojo puesto a uno que no le costaría tanto esfuerzo atrapar: por su parte, el nuestro que a su vez es tan torpe y tiene tan poco criterio que se tragaría por completo el cuento de las dos damiselas desvalidas que luchan a capa y espada por su amor, por sus atenciones y por su cuenta bancaria. Nunca falta además el canalla que galantea con las amigas de la esposa o se empieza a comportar de una forma sospechosa, tan solo para que su pareja se avispe, abra el ojo, sienta celos y esté más pendiente de él. El «sexo de reconciliación» más que nada para los que llevan años casados y de eso ya no disfrutan tanto, es otra de las motivaciones que tienen algunos para avivar una casi extinta llama de la pasión. Y les funciona, que es lo peor.

La razón fundamental de por qué mi propuesta no resulta tan buena es elemental: porque lamentablemente en la teoría sí que funciona, pero al parecer en la práctica no tanto. La psiquis del ser humano es demasiado complicada para entender a simple vista. Si está comprobado que un genio como Stephen Hawking tan solo utiliza el diez por ciento de su cerebro, qué se puede esperar del resto de los demás mortales con cerebros medianamente funcionales. Y lo digo más que nada porque no muchas mujeres en el mundo piensan tan torcido (o tal vez tan al derecho) como yo, lo admito. Porque es más fácil (y lucrativo, para qué negarlo) convertir la vida en un emocionante drama de celos y lágrimas para que ellos piensen que sin su presencia en nuestras vidas (y nuestras manos en sus chequeras) es imposible vivir.

Algunas son bastante hábiles en el asunto y han optado por el ocasional ataque de histeria para poder manipularlos a su antojo. A mí simplemente me da pereza pero, una vez más, a lo mejor por eso sigo sola. Porque francamente no me da la gana, no me apetece ser parte de ningún juego en donde en realidad nadie sale vencedora. Ni la oficial por sentirse traicionada, ni la «otra» por sentirse negada. Uno en el que si aprendiéramos por un instante a ver las cosas de una manera distinta, tal vez nos daríamos cuenta de que los únicos que nos siguen ganando la partida con tanta inseguridad infundada siguen siendo ellos.

Reconozco que a veces resultaría más práctico y divertido desgreñarle el pelo a la amante en público hasta dejarla calva, que pagarles a ellos con la misma moneda e ignorarlos o, simplemente como bien lo dije antes, conseguirnos también un amante. Lo que aún no me queda claro, insisto, es por qué tantas mujeres en el mundo se conforman con tan poco cuando podrían fácilmente apostarle a lo mucho o a quedarse a veces solas por no permitir que la situación termine también por destruir su orgullo. De verdad, hay escasez de hombres allá afuera y cada vez más ellos se aprovechan de ello y de nuestra aparente necesidad de estar con alguien. Con cualquiera, en el peor de los casos.

Aunque en gran parte es cierto aquello que dicen que los hombres son como los teléfonos públicos, que los que sirven están siempre ocupados y los demás están todos dañados, ¿por qué todas por igual insistimos en los que a todas luces no nos convienen? Porque tomando en cuenta que con tanta metrosexualidad y no sé cuantos tipos de supuesta heterosexualidad existan allá afuera, cada vez hay menos hombres con quien salir en el mundo. Y no sé si es porque en verdad últimamente nacen mayor cantidad de mujeres en el mundo, por culpa de las cremas antiarrugas mixtas, para ellos y para nosotras, por culpa de Beckham y de todo su séquito de personalidades imposiblemente atractivas (modelos, jugadores de fútbol y de otros deportes, actores...) que promueven su virilidad tratando de convencer a sus congéneres que es debido a la cantidad de cuidados a los que se someten, y que a algunas nos hacen dudar de su verdadera orientación sexual, que las mujeres en el mundo nos estamos convenciendo cada vez más de compartir a los pocos hombres que quedan y que supuestamente sirven con las demás.

Lo peor de todo es que a ellos, al parecer, les encanta que nos peleemos por ellos, que dejemos de hablar a nuestras amigas para que ni por casualidad se le acerque al que tanto esfuerzo nos costó pescar. ¿Será posible tanta paranoia que nos hemos vuelto neuróticas, inseguras, celosas, posesivas, locas, esquizofrénicas, perdiendo el único derecho que realmente tenemos en esta vida que no es otro que el derecho a la tranquilidad, tan solo porque algún idiota nos ha venido vendiendo la idea de que ya no hay tantos? Y después se preguntan por qué se han popularizado tanto los vibradores.

¿Por qué elegimos conformarnos con la incertidumbre, si por lo que deberíamos estar luchando es por la certeza, por la seguridad a la que también podríamos aspirar? Por aquellos, aunque pocos, hombres quienes también piensan que la fidelidad es algo que valoran y que aprecian porque a ellos también los hace sentir más tranquilos y seguros. O tal vez porque, seamos sinceras, a lo mejor, ya se cansaron de ser infieles y es ahí cuando hay que atraparlos, no antes. Porque si algo tengo muy claro en esta vida es que si no soy la titular de la cuenta, ni me molesto siquiera en invertir en ese banco.

Pero todos no pensamos igual y eso es absolutamente respetable. Por ello exploraremos en este capítulo las ventajas de ser la esposa o, como decimos popularmente en Colombia, la moza. Quién la tiene más fácil, la que aún conserva con cierto orgullo en el clóset y lleno de polillas su traje de novia, como símbolo de que consiguió marido o de que metió la pata, cualquiera de las dos opciones sirve. O el caso también de la que nunca vestirá de blanco pero si de Prada, de Alexander Wang, de Armani posiblemente con el dinero de «su» marido. Y de sus capitulaciones ante la posibilidad de un divorcio, claro está.

Entonces analicemos rápidamente qué es mejor: tener un hombre al lado, seguro, metido en la casa, o metido en la cama... ¡pero de la otra! Según mi amiga Cristina, cuando nos reunimos, nos convertimos a veces en psicólogas improvisadas que, a Dios gracias, jamás nos otorgarían un título universitario por revolucionarias, descaradas y descarnadas. Según ella, es mil veces mejor ser la amante, aunque ella esté casada y además bien, para sorpresa de no pocos, porque ellas obtienen todos los beneficios de la esposa sin tener que cargar con ellos. Y a esa afirmación tan cierta le sumo que las mozas llevan casi siempre la mejor parte por las siguientes razones que enumeraré a continuación. Si igual y admitiendo que en algún momento, la mayoría de ellos, tan infieles como han demostrado ser, en alguna oportunidad nos montaran sucursal aparte con otra, interesante saber cuál de las dos nos conviene más ser. O mejor aún ¿cuál de las dos deberíamos aspirar a ser? He aquí las odiosas comparaciones para sacaros de la duda.

Ventajas de la esposa

Ventaja matrimonial 1. Con la esposa se anima a tener hijos, los reconoce y hasta es posible que hereden.

Eso siempre y cuando la moza no se les adelante y los deje en la ruina primero. Por otro lado, mientras la señora de la casa es la que invierte hasta sus propios ahorros, porque al marido sospechosamente ya no le alcanza para nada, ni para que sus hijos vivan mejor, la amante es la que nunca ha cambiado un pañal y aun así la tienen en la categoría de «mamacita».

Ventaja matrimonial 2. La esposa, al final del día, siempre duerme con él.

¡Gran cosa! Si preferiríamos que se quedara de vez en cuando donde la otra para que no nos cambie el canal en el cual estamos viendo *Amas de casa desesperadas*, para que no nos quite la cobija, para que no nos ronque al lado, para que no nos desordene la cama o para que ni Dios lo quiera nos pida que hagamos el amor justo el día en que fuimos a la peluquería. Aquí sí, punto nuevamente para la moza que encima de todo lo despacha para donde la esposa y seguramente duerme a sus anchas en su cómoda camita, pagada por él, y hasta con otro. Ese sí, el novio oficial.

Ventaja matrimonial 3. La esposa, por ser la oficial, lo acompaña a todos los eventos sociales.

Esto ya es realmente patético porque los eventos sociales adonde ellos frecuentemente llevan a sus esposas son los más aburridos de todos: a la comida en la casa del charlatán de su jefe, al popular asado donde sus amigos golfistas que solo hablan del hoyo en uno que acaban de meter. Las esposas, sobra decirlo, nunca se pillan el chistecito de doble sentido. O a la casa de la suegra, en donde, por la confianza, ellos se encierran a ver televisión mientras nos dejan en la sala a entretenerles a la mamá. A estos eventos son los únicos en donde se tiene la oportunidad de quitarse la sudadera y ponerse hasta bonitas. Eso sí, cosiéndole el dobladillo a un vestido viejo heredado de la hermana, porque nada más que se casen algunos para que salga a relucir la avaricia que tienen reservada especialmente para la esposa. Y si tienen amante, peor, porque encima de todo es que, manteniendo dos hogares, no les alcanza.

Ventaja matrimonial 4. La esposa, más encima de todo si no trabaja, no tiene que pagar nada, pues todo se lo paga él.

Gran mentira, lo paga y con creces, ¿o es que creen que tenerles la camisita planchada, los hijos bien alimentados y vestidos, la casa ordenada, lidiar con su mamá, atender al histérico de su jefe y a los petardos de sus amigos y, encima de todo tenerles el periódico y el cafecito caliente sobre la mesa no es un precio alto, altísimo, por pagar? Encima de todo si la esposa trabaja, así sea medio tiempo, la posibilidad de que esté aportando la mitad, sino todo su salario, en los gastos de la casa es altísima. Somos tan taradas que no nos damos cuenta de que la razón por la cual cualquier perdedor ahora puede tener también amante es porque encima de todo les colaboramos con los gastos de la casa. ¡No hay derecho!

Ventaja matrimonial 5. La esposa tiene autoridad

para armarle un escándalo de padre y señor mío, si es que lo llega a pillar con las manos en la masa.

Es cierto. La esposa ofendida siempre será la única, entre las dos, socialmente autorizada para ejercer su derecho a sacar del pelo a la otra de cualquier sitio público, esté o no él presente. La dueña absoluta de ese cenicero que le lanzó a la cabeza y de ese regalo costosísimo del que será merecedora momentos después de una traición cuando el muy desleal le suplica a llanto herido un perdón que cree merecer. Punto, por fin, para la esposa.

Ventaja matrimonial 6. La esposa siempre gozará de la solidaridad de «sus» amigos y de sus demás congéneres.

Pobrecita. Sigue creyendo en pajaritos embarazados para que veas lo mal que te irá. Los amigos de él no son más solapados porque la cabeza no les da para más. Porque su descaro se lo impide. Casi siempre son los que lo saben todo, los que lo ocultan todo y los que en caso de ser involucrados en tan engorroso asunto son capaces de negar hasta la mamá. No busques lealtad aquí, si es que no quieres perder tu tiempo. Y por el lado de las esposas de sus amigos, te aconsejo que cuanto menos las empapes del tema, mejor. Porque si bien es cierto que lograrás un poco de solidaridad al principio, cuando voltees la espalda lo más seguro es que te echen la culpa a ti de los deslices de tu marido debido a que, según han notado las muy chismosas, ya no te arreglas para él como antes, o que te has dedicado más a ser mamá que esposa, o porque te volviste tan controladora e insoportable que le tocó conseguirse a otra. Te guste o no, en el fondo muchas terminarán complacidas con tu desgracia, pues de alguna forma justificarán sus propios fracasos. Las mujeres no somos solidarias entre nosotras y esa, insisto, sigue siendo la ventaja que ellos tienen sobre nosotras. Del apoyo de la suegra, olvídalo, para la mamá del traidor este sigue siendo su bebé que nunca hace nada malo. La loca histérica siempre, recuerda, siempre serás tú.

Ventaja matrimonial 7. En las fechas importantes la esposa será siempre la homenajeada y a quien le darán regalo fijo.

Claro está que esto sucede, en el caso de la mayoría de parejas, solo los tres primeros años de casados y si no te dejas convencer con ese discurso patético que dice: «Todos los días contigo son especiales, ¿para qué regalos?»

Ventaja matrimonial 8. Siempre queda la esperanza de que el muy perro se canse de sus malas andanzas y que al final de su vida, como lo ordena la ley divina, terminaréis juntos o «hasta que la muerte os separe».

El problema más grande que sigo teniendo con esta irresponsable afirmación es que, al menos en mi caso particular, ni me seduce la idea de aguantar a un marido infiel toda la vida, ni mucho menos tener que conformarme con que al menos estaré a su lado para ayudar a aplicarle los santos oleos o cuando ya no controle esfínteres. ¿Y a mí eso de qué me sirve? Entonces pregunto ¿de qué le sirve a una esperar a estar cansada y desgastada luego de desperdiciar toda nuestra juventud hasta que el muy desgraciado estire la pata o cuelgue los tenis para ahí sí poder llenarse la boca con que por lo menos cumplimos nuestra misión eclesiástica? Punto para la moza que no tiene que, encima de todo, pagar un costoso funeral.

VERSUS DESVENTAJAS (O MÁS BIEN ALGUNAS VENTAJAS) DE SER LA MOZA

Desventaja extramatrimonial 1. El único hijo que le gusta tener con la otra es un perro chandoso que se llame

Nerón, así sea tan feo, que parece engendro de ratón enrazado con murciélago. Para que la pobre no se sienta sola en los momentos en los que, debido a sus obligaciones maritales, le toca atender a la esposa.

Falso. Casi siempre empiezan con el truco del perro o el osito de felpa para ir calentando el ambiente y siempre con la secreta esperanza de amarrarlos. Las mozas tienen tanto tiempo libre que ven demasiada televisión. Demasiadas repeticiones de *Los ricos también lloran*. Pero el punto es para la amante que, por no tener hijos, generalmente luce una figura mucho más envidiable que la nuestra. Pero, si encima de todo, la muy viva se deja meter un gol y se anima al consabido «hijo fruto de una relación extramatrimonial» como reza en los juzgados de todo el planeta, pierde esta ventaja. Lo que la amante debe saber es que si a pesar de mis advertencias, se anima a serlo, pelearle la parte al hijo ilegítimo en un juzgado al ex amante o, peor aun, a la esposa traicionada y a los hijos ofendidos del matrimonio es una tarea de titanes a la que muy pocas se enfrentan porque los resultados generalmente son desastrosos e incluyen gritos, jalones de pelo y carterazos en público. Sin embargo, la gran ventaja que sigue teniendo sobre la esposa es que ante la posibilidad de sacrificar sus aspiraciones maternales por vivir una aventurilla de este tipo, será ampliamente compensada mientras tanto con joyas, ropa, perfumes, viajes, etcétera. Eso si se consigue un amante con dinero y no uno que a duras penas la pueda llevar de vez en cuando al cine o a ver las estrellas. Pero no por romántico, sino por vaciado. Uno a cero para la moza.

Desventaja extramatrimonial 2. Pobrecita, la amante casi siempre duerme sola.

O eso es lo que los muy idiotas piensan. He aquí uno de las grandes ventajas de ser la ocasional. Solo tienen sexo programado, pues como él casi nunca puede, así ella aprovechará para conseguir un novio de verdad que cumpla eso sí con horarios laborales y de jornada continua. En caso de que encima de todo creyera estar enamorada del tipo, lo extrañaría un rato, sí, pero se le pasaría rápidamente apenas se dé cuenta de que jamás le toca lidiar con sus ronquidos, ni con su mal genio en las mañanas, ni con tener que prepararle el desayuno. Punto extra porque ni siquiera le toca tender la cama a diferencia de la esposa que a veces la única actividad real que tiene en la cama es precisamente cuando la tiende.

Desventaja extramatrimonial 3. A la amante, en cambio, solo la llevan a antros, a sitios oscuros en donde por lo menos hay música, bebidas que no le toca servir y muchas posibilidades de remplazarlo con un camarero o, en su defecto, un *stripper* que, según averiguó, se llama Joaquín.

Sea cual fuese el sitio, es la oportunidad perfecta que tienen las «tinieblas» de vestirse a la última moda, de bailar y de sacarle lo que necesitan para pagar su tarjeta de crédito a fin de mes. Hombre borracho y enmozado que se respete es de un generoso... Pero lo bueno es que la moza nunca tendrá que ir a ninguna fiesta aburrida con los petardos de sus amigos y las envidiosas de sus esposas. De alguna manera perversa ella es la única en su submundo, la reina absoluta de todas sus atenciones momentáneas. Y eso en comparación con que no lo atiendan nunca a una sino que por el contrario, ellos por ser los esposos, se sientan con derecho a ser atendidos, de repente suena muy atractivo. A la otra nunca le tocará consentir a nadie, ni repartir picadas, ni hacerse la simpática, ni mucho menos ofrecerse a lavarle los platos a la dueña de casa por cortesía con nadie. La moza sí que lo tiene fácil, ¿no?

Desventaja extramatrimonial 4. La amante no gasta

nada; de hecho, para él, ella se convierte en un lujo, una comodidad que debe costear si quiere seguir disfrutando.

La otra no aporta nada de su salario, si es que trabaja, en minucias hogareñas. Gasta en ella, en su manicura, su pedicura, sus tintes capilares, sus masajes y sus gustos personales costosos o no. Como debe ser. Claro está que si encima de todo es una amante que trabaja, pero también es una regalada, de poca monta e inteligencia, que de verdad llega a enamorarse del muy condenado que encima de todo no tiene ni estatus ni dinero, y la única tierra que tiene es la que trae debajo de las uñas. La que se convence erróneamente de que algún día dejara a la señora de la casa por ella. Tal vez hasta finja dignidad y a él no le acepte, aunque sea por un tiempo, las visitas hasta que se decida por ella. Eso sí, apenas se le acabe el perfume que le regaló o la botella de vino que ya se tomó con otro, ahí sí que volverá a recibirlo, no sin antes hacerse la «víctima». Ahí sí, aplauso para el muy desgraciado, porque encima de todo come gratis.

Desventaja extramatrimonial 5. La moza no vive tan tranquila como todos aparentemente la ven.

Absolutamente cierto. Lo que se ahorra en la renta se lo gasta en sudor y en los servicios de un profesional de la psicología. La amante, a menos que sea la más descarada de todas, que casos también se han visto, vive paranoica, neurótica, sufre de alucinaciones y de frecuentes ataques de delirio de persecución. Más aún cuando sabe a ciencia cierta que la esposa ya se ha enterado y, a su vez ella se ha enterado, valga la redundancia, que en sus ratos libres el *hobby* de la ofendida señora es hacer polígono, karate o *kick boxing*. Siempre ante el temor y la expectativa de que la van a insultar o a golpear en público. Es un precio demasiado alto por pagar. Punto enorme para la esposa.

Desventaja extramatrimonial 6. Si cuenta con suerte el vigilante del edificio donde vive será el único que se congracie con ella después de descubierta su aventurilla con el casado en cuestión.

Aunque también sola, punto para la esposa que puede por lo menos contar con el apoyo de alguna hermana, de una tía o de una compañera de las clases de cocina que toma los jueves por la tarde y que siempre le darán la razón. A la moza le toca pasar el trago amargo sola porque como lo suyo es clandestino y cuanto menos lo sepan, mejor, es muy poco probable que pueda ventilar sus frustraciones sentimentales con alguien distinto a su instructor de yoga que, entre otras, ni siquiera le interesan las mujeres.

Desventaja matrimonial 7. En el caso de la amante los regalos cursis son más que un detalle de fina coquetería, un requisito indispensable para que la relación continúe.

Eso, en el caso de que sea una amante inteligente y lo deje por sentado antes de cometer el error garrafal de darle las llaves de su apartamento, por ejemplo. Los hombres, tan cómodos como lo son, si una les da la uña, se las ingeniarán para quedarse con la mano, el brazo y si nos descuidamos con su independencia también; por esa razón el mejor truco, o la mala maña más útil que he aprendido en los últimos tiempos para que ellos jamás pierdan su interés en nosotras es que nunca debemos darles una seguridad de nada. Más aún si realmente nos valoramos y sabemos perfectamente que no nos sirven los juegos que proponen ni las desventajas que nos imponen. Si de verdad sabes cuánto vales y tienes ubicado tu propio límite pero al mismo tiempo quieres darle la oportunidad de que rectifique y mejore su actitud, lo mejor será dejarle claro que así lo ames, no tendrías ningún inconveniente en empacar y dejarlo atrás. Que siempre se sientan en vilo, al borde del abismo, a punto de perdernos. Además porque no es ninguna amenaza, sino la pura verdad. Lo más efectivo para que marchen como necesitamos que lo hagan, es tener siempre lista una «maleta virtual». Para quedarnos si las cosas mejoran, para irnos si no. Porque, como lo he dicho tantas veces antes, no es suficiente que nos quieran. La clave está en que nos quieran como nos gusta y nos sirve que lo hagan.

Aquel que por equivocación o por simple y llana torpeza tuya, se llegara a sentir a sus anchas dentro de la relación, tanto que siente que darías la vida por él, es muy posible que ya esté pensando en acomodarse... pero con otra. Que los esfuerzos que hace por retenerte a su lado se esfumen, que te volteen la torta y que seas tú la que termine, así sea por orgullo herido, llorando a moco tendido por lo que considerarás su supuesto abandono. Para terminar aclaro que la gran ventaja que tienen las amantes sobre las esposas es que ellas manejan esta información con audacia y, aunque los engañan haciéndoles creer que son los hombres de su vida, los atienden como reyes en los pocos instantes en los que les tocará atenderlos, siempre y muy sutilmente les inyectan altas dosis de inseguridad y les hacen creer también que en cualquier momento podrían dejarlos por otro. Y por ello mis queridas señoras a ellas sí que les corren, ¿qué dije?, les vuelan y les giran jugosos cheques de paso para convencerlas de que no los dejen, cuando lo cierto es que posiblemente ninguna de ellas tuvo realmente la intención de quedarse.

Desventaja extramatrimonial 8. Amante que se respete, por lo menos a sí misma (y son realmente pocas), sabe de antemano al meterse en una relación clandestina que las probabilidades de que sea para toda la vida son realmente escasas.

Por no decir que imposibles. Claro está que en el caso de la moza bruta, que también las hay, algunas realmente creen que algún día dejarán a sus esposas por ellas. Y hay casos de algunas que hasta lo logran para convertirse así en las más brutas de todas. Porque qué encarte tener que cargar con el muy traicionero, con sus cargos de conciencia y con la paranoia que seguramente se le desarrollará cuando se dé cuenta de que lo mismo que le hizo a otra con ella es muy posible que la nueva se lo haga a él. Ante la eventualidad de una muerte prematura, más que nada debido a que la ofendida esposa en un ataque de rabia decidió tomar la justicia por sus propias manos, la moza no hereda nada distinto a odio y mala fama. Lo único bueno es que no le tocará desempolvar el sastre negro apolillado, ese que tiene moho, el que huele a media de futbolista, el que tiene reservado solo para este tipo de eventos, para asistir al funeral de su ex. O el de otra que, en este caso, es el mismo difunto.

Entonces, ante la cruel evidencia y admitiendo que es posible que las reglas sean tan injustas que ellos han aprendido a valorar más a la amante que a la mujer que tienen en casa, ¿cómo no considerar siquiera y hasta entender a las que en algún momento considerarían la posibilidad de ser la ocasional y no la titular? La dueña de una cuenta en donde él hace mucho ya ni siquiera consigna. Imaginaos si ninguna quisiera ser la oficial y lo único que les aceptáramos fueran relaciones clandestinas, ¿sería que así por fin dejaríamos de pelear por ellos entre las unas y las otras? Lo que sí que quiero dejar por sentada es una reflexión: ¡si una mujer le roba el marido a otra, la mejor venganza es que se quede con él! Y recuerda, no gastes energía, sudor y lágrimas reclamándole a una amante en el caso de que te enteraras de que te está siendo infiel. Ella ni te conoce, quien te debe respeto es él. Ahora sí tira del pelo a quien realmente lo merece. Si es calvo, los pelos del pecho, de la nariz o de las orejas surten el mismo efecto. Ella lo único que merece es lástima por su desatino y consideración por quedarse con tus sobras. Y vaya si apestan. Y para finalizar, como consejo, ojalá nunca termines con alguno de esos que tienen sus prioridades tan distorsionadas que prefieren darle mejor vida precisamente a la que NO eligieron para compartir las suyas.

12

Seré tu amante... ¡Bandido!

Por si ya has empezado a replantear tu posición e incluso a ver las cosas más claramente y te ha comenzado a sonar la idea de probar suerte como amante en vez de apuntarte a ser la esposa, porque al fin y al cabo y al parecer, según lo que ellos ampliamente nos han demostrado, ¿tanto esfuerzo, para qué, para que otra se lleve las palmas? ¿Y el dinero, los viajes, las joyas y el marido y todo lo demás? Más bien te invito a que desistas de la abominable ocurrencia, aunque haya sido en broma o por hacerte la graciosa o la interesante. Piénsalo muy bien. Nunca apuestes a ser la otra, pues ser la principal también tiene sus ventajas. ¿Cuáles? No sé bien. Tal vez escriba un tercer libro cuando lo descubra. Si tu caso es el de la esposa o novia traicionada, engañada, tú verás si por educación o por lástima quieres compartir con alguno de ellos (o con varios y así podrías revelarte como impulsora de maridos fieles), la información vital que trae este capítulo que describe a la amante pesadilla, ¡adelante! Esa mujer sin un ápice de autoestima que decide o elige ser la otra, porque aparentemente no tiene las armas suficientes para aspirar a ser la titular, la oficial. La siguiente es una lista de los tipos de amantes a los que ninguna en su sano juicio deberá aspirar a ser, o por el contrario, una que les servirá para saber de antemano a qué tipo de ali-

mañas y de villanas de la vida real nos estaríamos enfrentando allá afuera. También sirve para ayudarlos a ellos a que abran los ojos a tiempo y no terminen por miopes o por tontos enredados con una arpía disfrazada de mansa paloma.

Para nadie es un secreto que ser la amante contiene ingredientes de sensualidad, de emoción, toques de riesgo y aventura, la gran desventaja que también tiene es que el factor «confianza» con su pareja, es decir con el marido de otra, es muy difícil de lograr. Más que nada, por lo que expuse anteriormente, y es que si ellos de antemano saben que están poniendo en riesgo sus matrimonios estables al enredarse con una mujer que es capaz de sostener una relación clandestina, como ellos, de callar, como ellos y fingir como ellos, es muy posible que también duden de su honestidad, que también ha de ser nula como la de ellos.

Sin tener que confrontarlo con la evidencia, sin tener que embarcarse en una patética charla motivacional para tratar de convencerlo de que deje a esa otra porque no le conviene, sin tener que gastar uno solo de tus centavos en contratarle psicoterapeuta para regenerarlo, sin la inconveniente necesidad de tener que revelar tu verdadera identidad o tener que quitarte el disfraz de «ignorante» que tanto te ha lucido todos estos años y que te ha servido para cambiar de *look* y hasta de novios todo a costilla de él y de sus cargos de consciencia, ¿qué tal si mejor y disimuladamente dejas este libro abierto precisamente en este capítulo y que sea él mismo quien descubra con qué clase de guarra está traicionándote? No pierdas tu tiempo confrontando al muy traidor o exigiéndole una explicación. El gran defecto que tienen la mayoría de los hombres es que nunca aprenden de sus errores, ni aunque nos tengan al lado para recordárselos permanentemente. Y gratis. Tampoco desperdicies energía hablándole mal de la amante, ni tratando de convencerlo con argumentos de peso de que la deje. Entiende más bien y de una buena vez que el único amor que jamás podrá ser destruido es el amor prohibido. Cuanto más nos digan que no, más nos empeñamos en demostrar a los demás que sí que se puede. ¿O acaso no recordáis cuando éramos pequeñas y nuestras madres nos prohibían algo, y más rápido queríamos probarlo así fuera por simple curiosidad o simplemente para desafiarlas? Pues lo mismo pasa con los hombres. Básicamente porque ellos no maduran nunca. La mejor táctica para que deje a su amante es no decirle absolutamente nada. Así como lo lees. No hay que desgastarse advirtiéndole que es una mala mujer, o que si sigue con ella tú lo dejarás a él. Te garantizo que así, por el contrario, más se apegará y se quedará con ella.

No te des mala vida y más bien déjalo enterarse solito de la metida de pata que está o estaría cometiendo y que además podría costarle carísimo. He aquí una detallada lista con el tipo de amantes de las que ellos deberán huir si quieren conservar su salud mental y, por supuesto, sus billeteras. O las que algunas bien podrían aspirar a ser si, a pesar de mis advertencias, aún les suena probar ser la «otra». He aquí las más vivarachas de todas:

La Chica 10

La futbolista, la Maradona de motel, la Pelé-le, la Artillera, la que a punta de zalamerías le vive metiendo goles. Más que nada a su salario. La que tras un agitado momento de sensualidad, no tendrá inconveniente alguno en llorar desconsoladamente porque ese mes no tiene con qué pagar la renta. ¡Pobrecita! Y es así como el muy tonto termina gastando una fortuna pagando hasta los servicios de lavandería y el arriendo de su *penthouse* que, incluso, es más amplio y lujoso que en el que vive con la esposa. Esta «llo-riqueadora» profesional, coleccionista de rímel a prueba de agua, proseguirá al quejarse del mal estado del auto convertible con ruedas de lujo que ya le habían obsequiado anteriormente (no sabemos quién) y tan mal lo hará sentir que terminará con su auto y, donde se descuide con el de la esposa engañada también. A la esposa, por supuesto, al verlo llegar de repente en taxi, le inventará que se estrelló, que su auto está en el taller y que por eso, por unos días (o por unos años si encima de todo el infiel en cuestión no es el dueño de su propia empresa sino un asalariado que gana el mínimo) usará el ¡¡suyo!! Lamentablemente allí no acaba la efectiva estrategia lacrimógena de la Chica 10. Aún hay más. Dada la oportunidad, aprovechará de una para agregar que las cosas en su casa están tan mal que ella, con lo poco que gana, deberá buscarse «otros ingresos» para ayudar a su familia. Es así como el muy imbécil y por temor a que lo cambien por otro termina pagando tres casas y hasta los estudios de mecánica del hermanito menor de la otra que, entre otras, es un badulaque. Pero si hablamos de goles, la Copa Mundial se la ganará indiscutiblemente el día en que esta hábil alimaña disfrazada de amante abnegada, sufrida y ni qué decir, necesitada, decida meterle el definitivo de todos: ¡se hace embarazar! Si algo hemos de aprender de estas aves de rapiña es que a ellos siempre hay que llenarlos de inseguridades. Es decir, esposa o no, que siempre estén convencidos de que en un abrir y cerrar de ojos estaríamos dispuestas a cambiarlos por otro, para que ahí sí que marchen por donde es y como nos gusta. Qué fastidio. Pero lamentablemente es la única manera de lograr que algunos de ellos, los más obtusos, se pellizquen y finalmente entienden que jugando con nuestros sentimientos es como más rápidamente nos pierden.

LA MI-MOZA

También conocida como la «melosa». La que despliega tantos cariñitos y atenciones, la que es aparentemente tan dulce que lo tiene al borde de un coma diabético o al menos de una caries. Tal como lo hacen ellos con nosotras, en vez de su nombre de pila, se empeña en llamarlo flaco, gordito, cuchi-cuchi, amorcito, bombón. Lo mejor de todo es que ellos ni se dan cuenta de que están aplicándosela igual como sistemáticamente ellos, a su vez, han venido aplicándosela a la esposa. Que estos no son más que apelativos genéricos y cursis que para nada comprometen a quien los usa por si de casualidad, y con toda la probabilidad, tiene a otro o a otros, distintos a él, en remojo. Tal y como lo hacen ellos, las muy vivas solo lo hacen para no confundirse con los nombres de los demás con los que también anda. Qué torpes, ¿cómo no se dan cuenta? La forma como la esposa bien podría beneficiarse de esta información es utilizando la llamada psicología a la inversa. Que lo haga dudar de su supuesta lealtad (tal como lo hace él) y que de repente le cambie el apodo de H. P. por el de gordito. Fijo él también se imaginará de ahora en adelante que está poniéndole los tarros con otro. Que sospeche, según podemos aprenderlo de las amantes, el viejo truco, aparentemente funciona increíblemente bien.

LA MATERNAL

Esta trepadora es una de las más hábiles de todas. La que tiene complejo de mamá. Pasa por segundos de ser la inagotable «mamacita» dentro de sus sábanas de satín fucsia (¡ughhh!) a hacer el papel de la mamá que lo reprenderá si llega tarde, la que lo convencerá de ponerse una bufanda de colores con la que se verá absolutamente ridículo porque «está haciendo mucho frío allá afuera». La que fingirá que se preocupa por él, hasta lo cuidará cuando esté cansado y hasta se ofrecerá a hacerle un masaje en los pies. La que en, general, hará todo lo que a ti ya no te hace ni le nace. La que se esmerará en fingir que él es su «Papi», así el apelativo venga casi siempre acompañado de un «Chulo». Mucho ojo con esta vivales que pretende suplantar a la esposa y hasta a su propia madre en su labor de consentirlo y terminar de criarlo.

Esta mujer es extremadamente peligrosa porque se las sabe todas. Porque como una araña tal cual, le tejerá una red de la que le será muy difícil zafarse. Un día le da por pedirle que le regale muñecos de felpa y la consabida ropita de bebé para ponerles, cuando se sienta sola. Le pedirá que simbólicamente lo bauticen juntos con el nombre más cursi que se le ocurra. Algo así como «Churrusquis Meléndez» (el apellido de él). Más que nada para engañarlo y que encima de todo piense que ella es la mata de la ternura. Por ahí derecho pasará a pedirle la cunita de bronce en la que mecerá a su nuevo hijo imaginario. La petición del velo y el esterilizador de teteros, está a la vuelta de la esquina, no se preocupe. Tal vez exista la posibilidad de que esté tratando de decirle algo: que le faltan seis meses de embarazo y que ahora sí que el muy tonto metió la pata, por ejemplo. Con suerte ya te habrás dado cuenta de que el secreto está en fingir devoción.

LA CÓMPLICE

Más conocida en los bajos fondos como la «Alcahueta» es aquella que fingirá que todo lo que él le sugiere le parece magnífico, así en el fondo se muera del tedio. Ojo, no confundir con la maternal porque, que yo sepa, ninguno hace planes sensuales con la mamá, a menos que encima de todo sufran de complejo de Edipo. La cómplice es la que, a diferencia tuya que ya le tienes demasiada confianza como para mandarlo a la porra a él y a sus estúpidos planes, si propone un plan aburridísimo como ir a verlo a jugar golf, por ejemplo, ella en cambio no tendrá inconveniente alguno en sacar pompones de porrista y disfrazarse de *caddy* si es preciso. La que a su vez finge que todos sus chistes y sus bromas son ingeniosas y graciosas. La que si le toca, se botará al piso y simulará un ataque de risa con lágrimas incluidas, así ya se lo haya contado varias veces, se lo sepa de memoria y le dé mucha más risa cuando por fin se calle. Así él, más que chistoso, le parezca un petardo sin gracia. Así desde hace meses que ya no se ría con él sino precisamente «de» él.

Esta mujer se le medirá a todo, justo antes de pedirle algo muy costoso. Se ofrecerá a conseguirle amigas a sus otros amigos para armar un buen parche, un combo, una secta, una cofradía. Con la que él sale de su apartamento siempre pensando que es su complemento ideal, la única que lo entiende. Y que a su vez entiende de desfalcos y de cómo vaciar sus cuentas privadas en las Bahamas sin ser detectada. Mucho ojo porque es una amante tan hábil que difícilmente su víctima logrará darse cuenta a tiempo de que toda la información que con ella comparte, pues se ha ganado su confianza, podría ser y será usada en su debido momento en su contra. ¿Qué aprender aquí? Que tal vez tenemos que jugar a golf, ajedrez, póquer y hasta eructar la cerveza si queremos conservar el marido. ¡Qué estrés! Pero lo cierto es que, al parecer, funciona.

LA ¡ENA-MOZADA!

Esta es la más patética de todas y la que aquellas que sigan animadas con la idea de probar suerte como amante algún día, deberán evitar ser a toda costa. Porque encima de todo es tan insegura que de verdad cree y se convence, por puro orgullo de amante herida, de estar enamorada de un hombre comprometido. Este tipo de arpía es una verdadera pesadilla, tanto que ellos terminan pensando: «¿Por qué no me habré quedado mejor con mi esposa?»

Confieso que en las actitudes esquizoides de esta categoría de amante, he basado mi teoría de que ellos las prefieren brutas porque los manejan a la perfección utilizando un arma realmente infalible: el cargo de conciencia. La que lo convence de que está desperdiciando su juventud por esperarlo a él, es decir, la que insiste disimuladamente en que se separe de su esposa. La que se queja de no tener vida, amigos o suficiente tiempo con él para sentirse realmente querida como quisiera. Y como el muy torpe se deja convencer de que es cierto, serán frecuentes las pataletas con las que tendrá que lidiar y en las que por no perder a una mujer tan «sacrificada», actuará en consecuencia y tratará de calmarla las veces que sean necesarias. Con los regalos que sean necesarios. Por eso, el recibo de la joyería en el que aparece una cuenta enorme por unos aretes de diamantes que su esposa jamás se ha colgado en la oreja y que le encontró en el bolsillo, de repente empezará a parecerle altamente sospechoso. Esta mujer sufre, llora, patalea, reclama, se estira el pelo, arma *shows* de celos contra la esposa y contra toda mujer que se le acerque. Ellos terminan pensando que es porque la traen «loquita» y no se equivocan. Porque realmente está loca de atar y es capaz de pasarse de Xanax y llorar una semana seguida con tal de lograr sus objetivos. La buena noticia es que, aparte ser una verdadera pesadilla, este tipo de mujer jamás logra sus objetivos. De hecho, su actitud, sospechosamente parecida a la de la esposa, hace que las dejen y que regresen como perros arrepentidos a sus hogares. Ojalá todas fueran como esta subnormal. Sería tan fácil quitárselas de encima, precisamente porque eso lo hacen ellas solitas. Gracias.

La Psicópata

No quiero asustarte pero esta es, incluso, peor que la Ena-mozada y de hecho es una especie de ramificación o de versión desmejorada de la misma. ¿Alguien recuerda acaso a Glenn Close en *Atracción fatal*? Esta demente es la que aparte de todo lo que describí anteriormente, está tan obsesionada con «tu» marido que del amor al odio pasará en cuestión de segundos. Y las consecuencias, por supuesto, no se harán esperar. La que si muy pronto no logra sus objetivos (básicamente que te dejen por ella y, de paso, a los cuatro hijos del matrimonio), se volverá una mujer agresiva y muy violenta. En vez de recomendarte que aunque sea por caridad, le pagues un psiquiatra o más bien un exorcista, o, por pura lástima, también, hasta me atrevería a sugerirle a quien la padece que la reporte inmediatamente a las autoridades competentes, pues es muy posible que entre los planes de esta persistente orate no esté el que incluye dejarlo en paz. Esta manda anónimos amenazantes con recortes de periódico y la foto de su familia pegada.

Se le aparece sin anunciarse a la oficina así él esté cerrando un negocio millonario con el mismísimo Richard Branson. Averiguará el teléfono de su casa y llamará a altas horas de la noche con la intención de provocar toda serie de sospechas. Ya sabe dónde vive, dónde la esposa juega a *bridge* los miércoles por la tarde, dónde él lava su coche y las direcciones de todos sus amigos. Al principio seguramente a él le parecerá muy divertido que se le aparezca en todas partes, pero cuando la vea en frente de la puerta de su propia casa con un bate seguramente ya no le parecerá tanto. Esta lo amenazaría con quitarse la vida si es preciso con tal de verlo desesperado y jurándole amor eterno frente a un altar forrado en papel adhesivo de flores, en Las Vegas. El favor que nos hace esta loca es que una vez presa o encerrada en un manicomio, nuestros maridos se vuelven más consentidores y detallistas que nunca, pues no quieren volver a correr el riesgo de perdernos. Ahí también podemos aprovechar para pedirles una mamoplastia, un coche nuevo y hasta unas vacaciones exóticas en Grecia. Pero sin ellos, pues como están castigados, así aprovechamos para irnos a descansar ¡pero con otro!

La Amante en Serie

Esta es peligrosísima, señoras, porque más que por deporte, su condición de amante, para ellas es casi una profesión. Lo bueno es que la tiene clarísima y que después de cierto tiempo inevitablemente dejará a «tu» marido pero, por el de otra. Uno más guapo, alto y millonario que el tuyo. Y es ahí cuando te preguntarás si tal vez no estarás en el sitio equivocado y con la pareja equivocada porque, por el contrario y encima de todo, esa siempre estrena mientras a ti te toca conformarte con el mismo traje y hasta perdonarle sus múltiples aventuras para no quedarte sola. Como si de hecho ya no lo estuvieras. Este tipo de mujer es tan hábil que para ella, como en *El aprendiz* de Donald Trump, nada será personal, solo son negocios. Está con el que le conviene y porque le conviene. La que vive lo que tiene que vivir durante el tiempo que tenga que hacerlo, pero que sabe a ciencia cierta que después de uno seguramente vendrá otro a pagarle las cuentas de la casa. Es tan descarada que ni siquiera se esforzará en conseguir un buen empleo a pesar de haberse graduado en medicina nuclear y tener mejores probabilidades que «tu» marido de ser millonaria y, además, por su propio esfuerzo. Ahí está el detalle: el esfuerzo. A esta mujer no le gusta hacer nada, porque a ella todo se lo compran ya hecho. Su diploma, así como sus empleos temporales, serán utilizados solo de fachada mientras cae alguno en su red. Y tal vez deberíamos hasta aprender algo de ella, una regla de oro: si uno confiesa que sabe hacer algo, inevitablemente tocará hacerlo, sin ayuda de nadie. En cambio, si tal como lo hace ella, fingimos que no sabemos hacer nada, ellos gustosos se ofrecerán a hacerlo. Y encima de todo agradecen. Estas son unas verdaderas maestras en manipulación.

LA HER-MOZA

Este tipo de amante es como para dar alaridos, pero de la risa. A través de esta mujer es tal vez la única oportunidad real que tendremos de burlarnos de la amante en público y en privado, como nos provoque. Se enreda con el marido ajeno solo porque tiene un objetivo claro en su vida: que alguien pague por sus frecuentes cirugías plásticas. Lo peor de todo es que ninguna de ellas se da cuenta de que son tan evidentes que casi andan por la vida con un gran cartel en la frente donde se lee: «Amante». Más aún teniendo en cuenta que sus trabajitos de impulsora de productos en un supermercado, de asistente de mago, de animadora de bazares y polladas, todos saben y es evidente que no le darían suficiente para costearse sola las que ella creerá que son mejorías plásticas pero que a nuestro juicio son verdaderos adefesios

Para rematar, todas logran algo realmente patético en un mundo en el que está más que demostrado que la individualidad de cada cual es la que generalmente determina los triunfos y los fracasos de las personas: parecen todas cortadas con la misma tijera. Es como si a todas las operara el mismo cirujano que seguramente responde al nombre de Jack el Destripador. Un verdadero carnicero. Todas usan implantes en los senos y glúteos, lo que las hace ver como patos en desfile. Cuando salen del quirófano, se han hecho tantos retoques que no solo ya no parecen de su misma edad, sino tampoco de su misma especie. Todas se tiñen el pelo de rubio alguna vez como para negar su procedencia. Pero ¿por qué? Si sabemos que son superinternacionales, pues todas son de Madrid. De Madrid, en el departamento colombiano de Cundinamarca. Tienen el pelo largo y también se hacen rayitos. Todas se hacen la lipo. Todas visten el mismo uniforme: *body* ajustado al cuerpo con profundo escote, preferiblemente hasta el ombligo, *jeans* forrados y mucha bisutería barata como para que no quede duda alguna de que alguien está manteniéndolas o sacando a vivir, como popularmente decimos en Colombia. Es como si anduvieran con un cartel de neón invisible en la frente anunciando que siempre están en promoción. Lo peor de todo es que con el paso de los años será difícil diferenciar entre ellas y un maniquí de *boutique* del Centro. Un caso realmente perdido, pues sus frecuentes «desmejorías» las hace el blanco perfecto de burlas. Se pasan la vida arreglando (según ellas) su parte física para ver si algún día se consiguen a alguien que cargue con ellas. Cuando la víctima se aburre, que es casi siempre, seguirán buscando a otro y así dejan pasar la vida hasta convertirse en patéticas cuchibarbies deformes. ¿Qué aprender de este tipo de moza? Que para pedirles una lipo hay que al menos hacer el amor con ellos de vez en cuando, así nos muramos de la pereza.

La Moza-mbique

Este tipo de moza es toda una pieza exótica e importada. Será indetectable precisamente porque probablemente ni siquiera vive en la misma ciudad que la esposa.

Más bien en algún país remoto de nombre impronunciable. Generalmente es una mujer voluptuosa y que, como gran ventaja, no exigirá mucho mantenimiento. A menos, eso sí, que su esposo se anime a mantenerla a distancia. La que rondará por su cabeza como un fantasma sin que jamás pueda comprobar si realmente existe en algún otro lugar distinto a tu imaginación. Este tipo de amante es letal porque, de padecerla, sus efectos secundarios incluyen paranoia, esquizofrenia y un delirio de persecución que te será muy difícil quitarte de encima, así te hayas enterado por terceros que ya dejó a tu marido y se encuentra felizmente casada con el chamán de una isla desierta. Nada podrá sacudirte para siempre este mal silente de la cabeza y en ello radica exactamente su poder desestabilizador.

LA FA-MOZA

Es la que a pesar de que ha salido con todos sus amigos y con los amigos de estos, «está» de moda en los bajos fondos. Con la que todos se mueren por salir para comprobar, así sea por un rato, todo lo que se dice de ella acerca de sus múltiples habilidades, en la cama y fuera de ella. La que los muy torpes se desviven por conquistar para poder ser parte de su harén personal. Tal como pasa con nosotras cuando somos adolescentes que nos morimos por salir con el más patán del curso tan solo para callar la boca a las demás y decir que también fuimos suyas. ¿Habrá un propósito más tarado, descabellado y lamentable que este? El tema es que alguna vez en sus vidas ellos también caen en este juego tan tonto y terminan siendo vilmente pateados y humillados por una gata que no tendrá inconveniente alguno en remplazarlo con su propio hermano si se descuida. A esta, a pesar de que se la comparten y la reparten, nunca se quedan con la mejor parte. De hecho, cuando pasa de moda, la que no se queda con nada, ni con ninguno, es precisamente ella. Esta pobrecita mujer casi siempre se quedará para coserle el dobladillo del traje de novia a su mejor amiga, valga la pena aclarar, si es que se casa algún día.

La Moza-rt

Una verdadera pieza de arte y de colección. De exhibir en un museo. Este tipo de amante finge exquisitez así no sepa diferenciar entre un crep *suzette* y un buñuelo. La arribista, la que pretende a costa de él darse la gran vida. La que no pide, exige. La que tampoco sugiere, ordena. ¿O más bien ordeña? Esta gran ordeñadora profesional es tal vez la más peligrosa de todas porque vacía cuentas con la misma rapidez con la que en la joyería más cercana escoge un anillo como si estuviera en promoción. La experta exprimebobos de la que ni cuenta se dan de que su interés por ellos dura exactamente lo que sus ahorros en el banco, después de haberles sacado hasta el último centavo. Esta interesada mujer lo tiene más claro aún: lo que no da, quita, y lo que no sirve, estorba.

Y luego de torturarla psicológicamente por un buen rato como conclusión son muchos los peligros a los que ellos están expuestos allá afuera. Pero nosotras también, a menos, por supuesto, que decidamos cambiar de bando. Peligros andantes, de curvas sinuosas, de pestañas postizas y de andar cadencioso que silenciosa, pero eficazmente, logran, de ellos lo que las abnegadas esposas modernas, si no se avispan, jamás logran ni por las buenas, ni mucho menos por las malas: que las mantengan.

Entonces, para finalizar, por qué más bien no dejamos tanta pendejada, de ofrecernos a pagar la mitad de todo en casa para sentir que estamos aportando, cuando la realidad es que lo que a él le sobra casi nunca será para llevarnos a Capri, para comprarnos zapatos nuevos, ni siquiera para ayudarle a pagar la cuota de su propio auto. Sino para arreglarnos la vida a otra. Y no estoy diciendo que debamos convertirnos en amantes, no me malinterpreten, por Dios. Vivir en la clandestinidad y aferrarse a un hombre ajeno tan solo para costearnos algunos gustos que bien podríamos darnos solas con el fruto de nuestro propio esfuerzo, no es ni será nunca el ideal de una mujer moderna que se respete. Solo que, si queremos ser medianamente felices con ellos, es sano reconocer que la competencia allá afuera es dura. Como también lo es aprender a tiempo a reconocer las señales de que alguna vivaracha está bajándonos el marido y atentando contra el presupuesto de la casa. Para que podamos defendernos de ellas a tiempo, para que podamos combatirlas con sus propias armas y en su mismo juego, para que, si nos dejan por otra, al menos como consuelo tengamos a mano esta lista para poder burlarnos una y otra vez de la supuesta «rival» y, de paso, una y otra vez también del idiota que lamentablemente cayó en una trampa tan evidente y tan predecible de la que nunca hay salida buena.

¿Ahora sí, estés de acuerdo o no, entendiste que el secreto de las amantes está en fingir que los necesitan para que, así sea para alimentar su ego machista, cedan y las mantengan? Y si tu idea de estado ideal sigue siendo casarte y conformar un hogar, así sea aparentemente, estable, te guste o no, te parezca patético o no, tendrás que admitir que a veces las amantes sí que se las saben todas. ¿Por qué sigues perdiendo el tiempo leyendo este libro y no abres ya mismo una cuenta secreta en algún banco en Montecarlo, me pregunto?

13

Hombres y mujeres somos iguales...
Igual de infieles

¿Qué pasaría si, por el contrario y, con ese afán que tienen algunas por convertirse en «ellos», es decir, en el problema mismo, fuéramos nosotras las que nos animáramos a ser también infieles? Si clandestinamente le apostáramos a traicionarlos de vez en cuando y pagarles ahí sí con la misma moneda. ¿Qué pasaría si nos volvemos realmente prácticas y en vez de amargarnos la vida aprendemos de ellos las reglas básicas de convivencia matrimonial: hacernos las idiotas y conseguirnos un amante? Suena descabellado. Lo es. Lo que deberemos aprender de ellos, que son unos verdaderos expertos en la materia, son algunas reglas doradas para disfrutar de una aventurilla sin el inconveniente de que nos pillen con las manos en la masa... y en la pierna, en el brazo, en el pecho... El tema de la discreción, señoras, para las que se hayan animado a brindarles un poco de su propia medicina, será vital para triunfar. Anotad entonces algunas cosas que hemos aprendido de ellos y de sus reconocidas malas mañas si es que os animáis algún día a entrar también en el juego de la traición. Qué injusticia llamar a una mujer ninfómana, tan solo porque vive tan obsesionada con el sexo como cualquier hombre común y corriente. ¿No?

Lo que ellos no saben es que muchas amantes solo quieren ser una relación clandestina, para no enredarse de por vida con ellos. Y los pobres pensando que son el «premio». Como tampoco saben que, a su vez, muchas esposas, a sabiendas de que el marido anda con otra (casi todas lo saben o al menos lo intuyen), en secreto hasta le agradecen el gesto a la otra, pues esto les deja tiempo y hasta el camino libre para salir ellas también con otro. Preferiblemente uno que sea más agraciado, joven y mejor amante que ellos. Y en el juego de la infidelidad, por parte y parte, creedme que esta no es una tarea para nada difícil. Así como sucede con ellos, que cuanto más comprometidos estén y más brillante sea su anillo de casados, más apetecidos para muchas. La noticia es que para otros hombres allá afuera, no sé bien si por moda o por su latente egolatría, conquistar a una casada suele ser también bastante atractivo. ¿Será que en esto radica la tal igualdad de condiciones que tanto proclamamos últimamente? En tener la posibilidad de traicionarnos todos, ahí sí, ¿por igual? Muchos esposos no han notado, por ejemplo, que las mujeres en el mundo han evolucionado y ven en el hecho de que ellos tengan una amante una conveniente situación de la que pronto algunas sacarán provecho. Sí, las mujeres nos hemos vuelto terribles o más bien prácticas. Sin embargo, casi ninguna se ha aprendido la lección completa y por ello siguen cometiendo algunas indiscreciones. Mejor dicho, en el arte de la clandestinidad ellos siguen llevando una amplia ventaja. A diferencia de ellos, las mujeres tenemos desarrollado a un grado superlativo algo que se llama: cargo de conciencia.

También conocida como «culpa», por esta razón, mientras ellos son capaces de negar un romance, así lo hayan pillado con los pantalones abajo y con la amante encima, a muchas mujeres ni siquiera les han preguntado algo que ya lo están contando todo. Lo dicho, somos rápidas para hablar y lentas y torpes para pensar. Pero algunas han aprendido a superar el problemilla, y poco a poco, han ido aprendiendo, precisamente de ellos, el arte de callar y, por supuesto de negarlo todo. Mi amiga Diana decía: «La infidelidad no está hecha para todos. Si se os complica la vida, si sufrís, si lloráis, si sentís complejo de culpa y hasta lástima por el traicionado, ni lo intentéis siquiera, pues simplemente no estáis diseñadas para ese tipo de mujer.»

Por el contrario, tantas otras mujeres, no sé bien si inteligentes o no, pues si de por sí es a veces una tragedia tratar de lidiar con un solo hombre, ¿qué tal con dos y al tiempo?, han aprendido de ellos no solo trucos para mantener sus romances en la clandestinidad, sino también a disfrutarlos sin tanto cargo de conciencia. Tal como lo hacen ellos.

Supongo que los caballeros que estén leyendo este capítulo deben estar al borde de un colapso nervioso. Más que nada porque está basado en revelaciones que ellos me han hecho como investigación para este libro. Es decir, porque sus secretos, señores, han sido revelados. Y no precisamente por «traidores», como lo llegarían a pensar, sino, por el contrario, por otros hombres honestos y decididamente más evolucionados quienes basados en sus experiencias hoy día pueden admitir que se equivocaron. Que jugaron un juego peligroso y perdieron. Perdieron tiempo y posiblemente a la mujer a la que le hicieron mucho daño pero a la que todavía recuerdan y por la que aún suspiran. Estos hombres y mujeres quienes en el pasado fueron precursores o víctimas de una infidelidad y quienes tan generosamente atendieron mi llamada para dialogar sobre el tema, estuvieron de acuerdo en que la lección más importante que aprendieron no es que felices o no, infelices o no, lo importante es no mirar a nadie más y quedarse con la pareja hasta siempre o hasta que la muerte los separe, como les dijo el sacerdote. No. Lo que aprendieron y que a través de estas páginas ahora lo comparten con vosotros, es que, si se llega al punto en el que la convivencia es insostenible, en el que ya ni admiramos, ni respetamos, ni deseamos a nuestra pareja, lo mejor es ser sinceros y salir de esa relación. Eso sí, advirtieron: antes, mucho antes de embarcarse en una nueva. Porque desenamorarse de alguien no es tan imposible. Muchos lo hicieron hace rato y lo único que hacen es tolerar mientras viven vidas aparte. Lo que inflige dolor y resulta imperdonable es el engaño, la mentira, el doble juego, el querer apretar poco pero, aún así, pretender abarcar mucho. Para resumir, lo que ninguno volvería a hacer tanto por el dolor que causaron como el que en últimas terminaron sintiendo ellos mismos al comprobar su error, es ilusionar y engañar a tres personas al mismo tiempo. Sí. Se incluyeron ellos mismos. Entonces no se preocupen, señores que me estén leyendo, todo lo que aquí aparece no son más que sugerencias sanas para que, en un momento de confusión extrema, no terminéis también padeciendo de sendos cargos de consciencia y de algo peor aún. Algo llamado: arrepentimiento. ¿O verdaderamente os aterra la idea de que las mujeres sean tan liberadas que de traicioneros paséis a ser los traicionados? De héroes a víctimas. Y eso sería un golpe duro a vuestro ego. Lo cierto es que, cansadas, como lo estamos muchas, de tanta traición, de tanta infidelidad, muchas mujeres han decidido aprovechar la confusión que reina entre géneros para adoptar de ellos algunas malas mañas, que, al parecer, a ellos los hace felices y que hasta ahora han sumido a las mujeres en el mundo en la más profunda desilusión. Como nadie ha entendido que el tema es la equidad (cualidad que mueve a dar a cada uno lo que merece con justicia e imparcialidad), insisto y no necesariamente la igualdad (trato idéntico entre todas las personas, al margen de razas, sexo, clase social y otras circunstancias diferenciadoras). En otras palabras y aunque suenen sospechosamente parecidas, estos dos términos no son siameses. Equidad habla de justicia y de darle a cada uno lo que merece. Es decir, no se puede tratar con el mismo respeto, admiración y reverencia a un hombre correcto que a uno deshonesto tan solo porque es político. La igualdad lo que significa es que todos, hombres, mujeres, de la región que seamos, de la religión que practiquemos, del color de piel que tengamos, podríamos ser políticos si quisiéramos. Para resumir, igualdad es asumir que todos somos lo mismo, equidad es reconocer que así no lo seamos (nacionalidades distintas, corrientes políticas diferentes, etc., etc., etc.), de acuerdo a nuestros propios actos y en cómo afecta a nuestro entorno positiva o negativamente, más que a las condiciones y circunstancias que nos rodean, todos merecemos un trato justo e imparcial. Aplicado a las relaciones de pareja, lo que me gusta de poder diferenciarlos es que ni todos los hombres son igual de malos, ni todas las mujeres igual de víctimas. Hay hombres buenos que se topan con mujeres que los utilizan y así mismo hay mujeres de todo tipo y no necesariamente por serlo, si han actuado mal, merecerían un trato preferencial. Con los hombres pasa algo parecido, ni todos están cortados con la misma tijera, ni porque alguno haya sido un patán y nos haya partido el corazón podemos asumir que todos harán lo mismo. Por eso, al César lo que es del César, y al que le caiga el guante, que se lo aguante. Por eso digo que, más que nada en cuanto a actitudes, la última frontera por cruzar ha sido atravesada... y con creces.

La mujer moderna, equivocada o no, ha empezado a descubrir la fascinante adrenalina que producen las relaciones clandestinas. ¿Una forma más de igualarse a ellos? Un poco de venganza, ¿tal vez? Nada hacemos con tapar el sol con un dedo: las mujeres en el mundo también se están volviendo infieles. Entonces, antes de que os sigáis escandalizando, mucho antes de que me pongáis una denuncia o una orden de captura por lo que aquí afirmo, tal como las justificaciones con las que ellos pretenden cubrir sus infidelidades, ¿quién les habrá dicho que es distinto para nosotras? ¿Quién ha dicho que, así como antes era algo impensable, hoy día tener amante es una complicación o un problema o que para tenerlo hay que necesariamente estar mal con el marido? Todo lo contrario, si un amante en nuestros días es como un accesorio, como un arete, es fácil de llevar y aun así es posible estar divinamente con tu «Chiquis». Como ellos. Eso sí recuerda que por muy moderna que seas nunca, nunca deberás cambiar el salario por una comisión. Queda terminantemente prohibido dejar al marido por un peor partido que él, es decir, por el amante vaciado. Eso sí, aunque el marido no cumpla ni años que al menos gire.

El amante indiscreto quedará vetado de por vida y borrado de tu lista de contactos de tu Whatsapp, Messenger, Chat o el servicio de mensajería que esté de moda en el momento de leer este libro. Para ser más exactos, me refiero al intenso, pegamento y dependiente (que también los hay) con complejo de rémora, que ponga en riesgo la maravillosa clandestinidad de la que gozáis por no querer acatar o, peor aún, porque no entiende bien las reglas del antiguo juego de la infidelidad. Es muy posible que tú tampoco las tengas muy claras y que por ello no hayas sabido hacerlas cumplir a cabalidad. No te preocupes, por suerte son cortas y concisas y las enumero para comodidad de todos, más adelante. De quien hablo específicamente es de ese que tiene complejo de locutor radial y que no tiene ningún inconveniente en transmitir a todos sus amigos lo que hace y no hace con una. El que no ha terminado de llegar a su clímax cuando ya está compartiendo la información con todo su grupo de amigos. Una que, entre otras, te deja muy mal parada y con una reputación bastante dudosa. El fastidioso que te llama todo el día y que te llena el correo de voz del teléfono con mensajes tan apasionados e indiscretos que si te descuidas bien podría descubrir tu marido. El que te llama después de las nueve de la noche tan solo para oír tu voz, el que insiste en que no tiene nada de malo que os vean alguna vez en público. El que te quiere exhibir pues, de alguna forma, se siente orgulloso de la situación. De caer en su juego, su ego de macho seductor se inflará, mientras que tu interés por él inevitablemente desaparecerá.

Otra regla de oro y no precisamente motivada por tu sed de venganza, sino porque entendiste lo que dije antes que, si no les puedes ganar, únete a ellos, y así felices los cuatro, es que bajo ningún punto de vista puedes darle demasiadas esperanzas a un amante y correr el riesgo de que encima de todo se enamore de ti. Sería el fin, la máxima vergüenza, pues todas las mujeres modernas en el mundo sabemos que no hay nada más ordinario, macarra y de mal gusto que un amante enamorado. De esos que envían una esquela perfumada, que huele a ambientador de coche, con un poema que escribió y que ni siquiera rima. El que manda a la oficina el Snoopy ese de cerámica lacada con una lágrima suspendida y un cartelito que dice: «¡Soy tuyo!» ¿Habrase visto algo más cursi y empalagoso que eso? De esos que proclaman el domingo como «el Día Internacional del Mozo». Es decir, al que ya atendiste toda la semana y pretende que para verlo que te le vueles a tu marido también el único día cuando no trabaja, no juega a golf todo el día y te toca atenderlo. ¡Qué abuso y qué tamaño de iluso! ¿De dónde sacan estos atorrantes que para tener un amante una tiene que estar infelizmente casada?

Para que no se sigan presentando estos malentendidos y que no vayas a terminar sin el hacha y sin la calabaza, propongo un acuerdo clandestino entre amantes. Reglas del juego bien claras que deberán seguirse al pie de la letra para garantizar el éxito momentáneo de cualquier relación secreta. Sirve para hombres y mujeres por igual. Si quieres pásale este capítulo también a tu marido. Eso sí, si tienes motivos suficientes para sospechar que anda con otra y solo si es absolutamente necesario. No necesariamente deberá ser aplicado solo ante la eventualidad de una relación extra-matrimonial; el siguiente también te servirá para esos «ti-nieblos», sopitas en bajo o aquel ser «impublicable» con el que te fascina estar pero con el que jamás oficializarías nin-guna relación sentimental. Me refiero también al popular descache, como popularmente le decimos en Colombia al hortera con el que en secreto te has estado viendo desde hace más de cuatro meses. Ese personaje que podrá ser un tigre en la cama, pero que preferirías mantener enjaulado. Preferiblemente en un zoológico lejos de la ciudad o del país. Al que no sacarías a pasear ni al parque por pura y física vergüenza. Primero, porque no te conviene delatarte de esa manera exhibiéndote públicamente con semejante guarrindongo. Eso dañaría tu ya de por sí malograda ima-gen y, ni qué decir, tu reputación. Segundo, porque tienes muy claro que la relación que tienen es mucho más emo-cionante solo si se mantiene en secreto. Porque por muy torpes que seamos nadie ha dicho que a todos tenemos que convertirlos en el novio o en el marido. Ni que todos tienen cualidades y méritos suficientes para ser el oficial.

El paso a seguir, entonces, será dejar también claras las reglas del juego para que tu fogoso romance no termine en un incendiario drama. De los buenos, quiero decir, de los malos ejemplos que hemos aprendido de ellos surge el siguiente acuerdo. Me tomé la molestia de hablar con al-gunos amigos reconocidamente infieles para que me con-taran algunos de sus secretos y poder así compartirlos con vosotras, las que aún estéis interesadas. Así que corre in-mediatamente a sacar una copia de esta carta modelo/plantilla que elaboré a continuación y vuela a entregárse-la y que la firme y se comprometa legalmente, preferiblemente ante un notario, antes de que por indiscreto hable más de la cuenta y por ello, valga la redundancia, todos se den cuenta de tu aventurilla con un «impublicable» de esos. Igual, sigo pensando que es demasiado esfuerzo lidiar con uno solo al tiempo para tener que encartarnos con ¡dos a la vez!

EL ACUERDO

Este acuerdo que se firma entre ambas partes está sometido a los principios y a las reglas enumeradas a continuación:

1. No está permitido quedarse a dormir en la casa del otro. Excepción a la regla: a menos que el sexo sea muy bueno y necesitéis repetir la faena a la mañana siguiente.

2. No están permitidos los encuentros en público, excepto para cenar en algún sitio oscuro del Centro o para tomarse un trago antes de los acontecimientos de esa noche y solo cuando sea absolutamente necesario. Es decir, que tu amante sea tan poco agraciado pero tan bueno en la cama que te toque «embellecerlo» a punta de alcohol.

Algo así como que tu amante tenga un «buen lejos» pero que de cerca necesites algo más que tu valor para besarlo, por ejemplo. Recuerda que besar es la mejor forma de acercarse al otro y que por un instante no alcanzamos a ver los defectos de lo que tenemos enfrente. También dicen por ahí que, así como cuando con las luces apagadas, todas las mujeres les parecemos a ellos hermosas, con tres tragos encima a nosotras todos los hombres nos parecen guapos, ricos, interesantes y hasta buenos amantes. Un encuentro público dentro de un auto solo será permitido si uno de los dos tiene una emergencia como el coche dañado, no llegó el taxi que esperaban y ambos sienten que están perdiendo minutos valiosos. De resto, recordad: cada uno por su lado. Es la regla de oro.

3. No están permitidas las llamadas antes de las ocho de la noche en el caso de los «tinieblos». Es decir, los que solo aparecen en la penumbra y cuando es fácil esconderlos por chismosos. Recuerda: no tienen nada de qué hablar. En el caso de los que estén casados, las llamadas no están permitidas después del noticiero de las siete cuando el marido esté ocupado viendo otras tragedias distintas a la que vive en casa. Hay que ser consideradas.

4. Nada de discusiones emocionales sobre temas como: «¿Adónde vamos con esta relación?», «¿me quieres?», «¿volveremos a vernos?» o si existe siquiera la remota posibilidad de que el amor florezca entre ambos. Es una relación sin futuro y esa es la gracia, de la misma, recordad.

5. Ningún plan deberá hacerse con anticipación —esa es la razón y el chiste de que ambos sean el plato de segunda del otro—. Para encontrarse en otra ciudad o país, sin embargo, es una excepción a esta regla. Aún así solo aceptarías una llamada previa para señalar el sitio en el cual se encontrarán.

6. Nada de apelativos cursis y cariñosos para dirigirse al otro. «Mi amor», «bebé», «mi vida», «corazón» o cualquiera que se le parezca está rotundamente prohibido. También lo estará llamarse por su nombre de pila. Busca algún apodo neutral como «gordo» o «flaco», y asegúrate de llamar por igual a los dos para que no te confundas. Sin embargo, hablarse sucio en la cama sí que está permitido.

7. Equivocarse y confundirse con el nombre de «otra» persona durante el sexo está permitido. Las ventajas de un contrato de confidencialidad más no de exclusividad.

8. No está permitido quedarse dormido, abrazarse o arruncharse después del sexo. Recordad, si se acabó, os levantáis, os vestís y cada uno para su casa.

9. Os veréis cuando ambos estéis de acuerdo y solo si

ambos tenéis ganas. Tampoco serán bien recibidas las solicitudes de repetición. ¡No seáis abusivos!

10. Durante el sexo deberéis ser creativos para variar posiciones. Recordad que, cuanto menos contacto visual, mejor.

11. Nada de flores o regalos cursis que os pudieran delatar. El mejor regalo sigue siendo: ¡que no os pillen!

12. Está prohibido tener cómplices o coartadas. Nada de ir a presentárselo a tus amigas o a algún familiar. Cuanta menos gente lo sepa, mejor.

13. Ni se os ocurra enamoraros. Las cosas por su nombre y como son. Nada de escenas de celos si alguno se enamora de otra persona o si alguno de los dos se reconcilia con su ex.

14. Nada de ilusionarse con que es para «toda la vida», para eso tienes a tu esposo o más bien cásate con tu novio, al que has tenido en remojo en una ponchera de Soflán durante años. Ni aceleres una ruptura ni prolongues una tortura. Regla de oro. Se acaba cuando se tenga que acabar.

15. Si no has podido con uno, es muy posible que mucho menos puedas con dos al mismo tiempo. No seas ambiciosa y más bien trata de enmendar tu relación oficial de pareja. Si ni con esto logras apreciarlo, es muy probable que no lo harás nunca. Ahí sí, déjalo en paz o con la otra que él ya tenía. No seas egoísta.

Para finalizar es muy importante que os queden muy claras las reglas a ambos, o a todos: al amante, a ti, al traicionado, en caso de que te pillen y, la amante del que te pilló. Asegúrate también de que el anterior reglamento solo sea modificado por mutuo acuerdo. Si alguna de las partes intentara alterar cualquiera de los términos del mismo, este será automáticamente declarado nulo. Así mismo, él o la agresora, será removido instantáneamente de la memoria del teléfono celular, bloqueado y aislado de toda comunicación hasta que el muy o la muy torpe entienda y acate las reglas del mismo. Lo más curioso es que cuando les leí las reglas a algunas amigas, lejos de sentirse ofendidas por un documento tan masculino, no solo se rieron sino que estuvieron absolutamente de acuerdo. Como quien dice: las cuentas claras y el chocolate espeso.

Pero, ¿qué pasaría ante el evento trágico de que te llegaran a pillar *in fraganti*? He aquí algunas sugerencias para salir bien libradas y quedar como unas reinas. Consejos, por supuesto, también, sugeridos y aprendidos de ellos:

1. No lo niegues, afróntalo. De malas si te dejaste pillar. Admite tu indiscreción. Insistir en negarlo podría, incluso, empeorar las cosas.

2. Decide inmediatamente con cuál de los dos te quieres quedar. Pregúntate con cuál te sientes mejor y tienes más futuro y ante la remota posibilidad de que te perdonen, actúa de acuerdo a tu decisión.

3. Prepárate psicológicamente para pedir perdón si quieres continuar con tu relación. Te puedo asegurar que volver a ganarte la confianza de tu pareja será un trabajo arduo, de mucha constancia y, sobre todo, de paciencia. Si tu caso es, por el contrario, que eres tú quien se ha pillado a tu pareja y es él quien ahora te pide perdón, si decides darle otra oportunidad y quedarte con él, perdónalo de verdad y no a medias. Aprende a vivir con la falta que cometió y no te des peor vida de la que seguramente ya tenías antes de descubrirlo. Reconócelo como el ser humano imperfecto y lleno de errores que realmente es. Piensa que fallar y cometer errores es humano. Como también lo es echarle la culpa al otro. Piénsalo, podría ser incluso, un nuevo y fresco comienzo para tu ya desgastada relación. Olvidar es imposible, pero perdonar no lo es. No lo tortures y no pretendas retenerlo a tu lado para vengarte después. Sin tanto esfuerzo, es decir abandonán-

dolo a su suerte para que se quede con la otra, podrías obtener los mismos resultados más rápida y efectivamente sin levantar la voz siquiera.

4. Si de verdad quieres recuperar la relación que casi pierdes por tu indiscreción, evita cualquier contacto o comunicación con su antiguo amante. Evita la tentación de caer o de confundirte de nuevo. En agradecimiento por haberte perdonado, si es que lo hace, dale una segunda y justa oportunidad a la relación y a tu pareja. Aunque sea por un rato. Recuerda que la tentación solo se dispara más fácilmente si sabemos que probablemente tendremos otra oportunidad más adelante. Es decir, si ni poniéndole tu mejor esfuerzo tu relación oficial mejora, hasta te conviene perderte un rato y dejar al otro antojado. A buen entendedor, pocas palabras.

5. No tires la toalla tan rápidamente. No renuncies a tu relación si aún te quedan esperanzas de salvarla. Es decir, si de verdad te arrepentiste. Prepárate para conversaciones difíciles, llantos, gritos y a dar muchas veces la misma explicación. Ten paciencia y ni se te ocurra hacer tus maletas y ofrecerte a irte de la casa a menos que estés hablando en serio o que tu amante ya te esté esperando en la esquina con el motor de su coche encendido y con dos tiques a Bali en una mano. Si te echan de la casa, como lo haríamos con ellos, no se la dejes fácil. Quedándote le demostrarás que estás dispuesta a sortear la situación y a arreglar los errores que cometiste para que la relación vuelva a funcionar. Si fuera al contrario y la engañada eres tú y en el fondo estás dispuesta a perdonarlo, no lo «premies» dejándole el camino fácil para que vaya a consolarse a la casa de la otra. Allí es cuando ellas aprovechan para quedarse con ellos. Esto, por supuesto, en caso de que decidas perdonarlo y te quedes junto al muy condenado. Para todas las demás, obviad este último punto y sacadlo rapidito y preferiblemente de una patada.

6. Sé honesta. A menos que sepas mentir extraordinariamente bien. Aparte de admitir que actuaste mal o a la ligera, prepárate para contestar las preguntas que le hagan y responderlas con absoluta franqueza. Si dejas hilos sueltos, en algún momento, cuando volváis a tocar el tema, se te armará un lío peor que el de antes. Recuerda que tu única esperanza de que te perdonen es decir la verdad. Tampoco sobreactúes y no cuentes demasiado. Menos es más y, en este caso, mejor.

7. No te hagas la víctima: no lo culpes a él de tu desliz ni trates de ser cariñosa y comprensiva en exceso. Si lo que quieres, por el contrario, es que las cosas se acaben de una buena vez, sé ruda, cruda y hasta cruel. El favor más grande que le puedes hacer a su futuro ex es darle los motivos suficientes para olvidarse de ti y que pueda seguir adelante con su vida. Aclara que te has dado cuenta de que ya no lo quieres, que te has enamorado posiblemente de otra persona y que lo mejor es terminar. Si sabes que no lo quieres al lado y si alguna vez de verdad lo quisiste por compasión regálale su carta de libertad y la certeza de que a conciencia fallaste y no la incertidumbre de que fue por tonta que te equivocaste. Sé contundente, es mi mejor consejo.

¿Acaso las mujeres nos hemos modernizado al punto que hemos entrado a un juego, hasta hace muy poco, casi exclusivamente masculino, con la intención de sacarnos un clavo que teníamos enterrado desde hacía varios siglos? ¿Será esa la verdadera motivación de la avalancha de infidelidades que a sus anchas invade al mundo? ¿Será que ellos conocían el verdadero secreto de la estabilidad matrimonial: tener un amante? Por mi parte, no sé a veces qué hacer con mi novio oficial quien me quita tiempo y sueño por las noches, como para ir ahora a complicarme la vida con ¡otro! No. Definitivamente, la infidelidad no está hecha para mí. Por lo menos no en esta vida.

En el caso de las mujeres engañadas que aún no han aprendido a interpretar las señales, ni entendieron el juego, ni nada, el problema sigue siendo que, en vez de dejarlos, algunas pretendemos jugar el rol de víctimas ofendidas. Pero, lo que no hemos captado en muchos casos es que deberíamos estar agradecidas con la otra por quitárnoslo de encima. Lo cierto es, y se lo abono a las más brillantes de todas, que la pataleta con tirada de puerta, con amenaza de divorcio, con llorada a lo Verónica Castro les funciona, a las que a pesar de todo quieren permanecer casadas o felizmente mantenidas. Lo de la infelicidad emocional es otro tema, pero mantenidas y muy felices de no tener que pagar cuentas. Lo peor es que debido a la tal liberación femenina, a que trabajamos como mulas y encima de todo les colaboramos con la mitad de los gastos de la casa, ahora sí que cualquier idiota, cualquier donjuán de vereda o de caserío se puede dar el lujo de tener una amante. Porque antes, por lo menos era una cuestión más selecta, más exclusiva. Tener moza era un lujo al que solo tenían acceso reyes, príncipes, dirigentes políticos, personalidades de la farándula mundial. Se necesitaba de algo de estatus y mucho de dinero para poder sostener dos hogares al mismo tiempo. Ahora cualquier idiota podría tener hasta dos si quisiera.

En todo caso, para ellos, nos guste o no, tener una amante es costoso. Y no hablo solo de dinero. Así que, para las que insisten en igualarlos, en lo bueno pero más que nada en lo malo también, por medio de un experimento, casi siempre, fallido, por culpa de esa lucha permanente por igualarlos y desquitarse de lo que sea que ellos les hayan hecho antes, mucho cuidado con ir por lana y salir trasquiladas. ¿En qué nos estamos convirtiendo? Y después de estos sabios consejos, directamente extraídos del manual masculino de la infidelidad, sigo pensando que lo mejor, antes de animarse a poner cuernos, es apartarse de tu pareja, pedir un tiempo a solas para replantear la situación y aprovechar para revisar y enderezar los sentimientos encontrados que puedas tener en ese momento y, una vez y absolutamente libre como el viento, hagas con tu vida lo que se te dé la gana, pero sin herir en el intento los sentimientos de los demás que no tienen la culpa de tu inestabilidad. Siendo la mujer liberada que, decididamente soy, insisto en que lo mejor es zarpar de ese puerto. Si tu relación es suficientemente mala como para que tengas que buscar un remplazo temporal, más bien convéncete que tal vez es mejor quedarte permanentemente sola o al menos por un rato. Una vez que te hayas cansado de mentir y de ese juego, lo más seguro es que también te cansarás de esa otra persona con quien lo hayas estado jugando. Lo mismo les pasa a ellos. Pobrecitos quienes hayan decidido convertir sus vidas en una sola mentira. Los que no tienen la valentía suficiente, ni los pantalones para decir adiós y quedar libres para ahí empezar una nueva etapa de su vida. Y aclaro que no tengo nada en contra del matrimonio. Pero sí contra estancarnos y obligarnos de por vida a quedar atrapadas en una mala relación. Sin embargo, no tiene nada de malo soñar con tener alguna vez una aventura. Pero como bien dicen: «Soñar no cuesta nada.» En cambio vivirla a veces cuesta un precio muy alto que muy pocos querrán o podrán pagar.

Y para terminar una reflexión libre que aparece en la ley de Murphy: aprender a detestar al marido en las primeras etapas de la relación le evita a una después una cantidad de gastos, de esfuerzos y hasta un divorcio costoso. Si te preparas de antemano para el inevitable desenlace, ya llevarás años ahorrando por tu propia cuenta y sacando de la de él todo lo demás para depositarlo en la tuya.

14

La pesca milagrosa

Supongamos que tu marido o tu novio tiene otra. Supón ahora que acataste las recomendaciones que te hice y decidiste por fin dejar atrás el «festival del despecho» y posiblemente hasta has optado por quedarte sola. Al menos por un tiempo, no estaría nada mal. ¿Y ahora qué? Mi responsabilidad es advertirte que volver a retomar el camino hacia la estabilidad emocional no será nada fácil. La buena noticia es que estás, por fin, ante la histórica oportunidad de empezar de cero una nueva vida. Con altibajos, es cierto, pero recuerda que la atracción más divertida del parque de diversiones sigue siendo la montaña rusa. Que, en cambio, el carrusel, es decir, el círculo vicioso en el que muchas viven sus vidas no solo es aburrido, sino también predecible y en ocasiones marea y produce vómito. De antemano es bueno que sepas que las que de repente se quedan solteras, por la razón que sea, se convierten en pescadoras. Porque serán muchos los anzuelos que deban echar y mucha paciencia la que deberán desplegar si quieren atrapar algo que realmente valga la pena entre todo el montón de desadaptados y de hombres emocionalmente inestables que pululan allá afuera.

Pescar en río revuelto: es decir, lo que salga sirve. Esa, al parecer, es la filosofía y, al mismo tiempo, el gran dilema de las que aún no consiguen pareja, de las que no han entendido que en este mundo tan competitivo, de bagre para arriba cualquier cosa podría ser ganancia. Pero, ¿sabes dónde están los caballeros?, en otras palabras ¿sabes en dónde pescar, dónde lanzar el anzuelo para capturar ojalá un buen partido? ¿En un avión, un supermercado, en una convención, un cóctel, un gimnasio, en la propia comodidad de tu casa, tal vez? Lo cierto es que conquistar hombres allá afuera se ha vuelto realmente difícil por varias razones elementales: la competencia con las demás que ha ocasionado una sobreoferta de mujeres desesperadas en el mundo; nuestra latente inseguridad que nos ha llevado a conformarnos con los que caen y no con los que queremos atrapar; la desconfianza que, debido a nuestra agresividad feminista, ellos sienten hacia nosotras y que los obliga a conformarse con las que mejor aparentan que son brutas y que sí logran agarrarlos.

Si luego de todo lo que hemos hablado en este libro, de las ventajas y las grandes desventajas que comparten mujeres casadas y solteras por igual ante la posibilidad de compartir sus vidas en pareja, aún insistes en probar suerte como una eventual esposa, novia o algo que se le parezca, al menos trata de ponerlo en práctica con uno que valga tu esfuerzo. Porque en ese gran mar de desilusiones en el que se convierte la vida allá afuera, es muy probable que si no adoptas serias medidas y precauciones a la hora de escoger, en vez del delfín que soñaste te toque conformarte con un mero idiota.

Así que mucho cuidado a dónde saldrás a pescar pareja de ahora en adelante. Para ello deberás primero prepararte tanto física como psicológicamente, porque, muy a diferencia de lo que ellos llegarían a pensar, lo difícil realmente no es atraparlos, porque para ellos tan poco selectivos como a veces son, cualquier cosa que se mueva y bata pestaña sirve; la clave está en conservarlos frescos y consumirlos sin que nos ocasionen una indigestión. Recuerda que el «pescado» mal refrigerado se pudre con gran facilidad. Entonces, si de pesca milagrosa se trata, estos son algunos tipos de especies marinas, en sus respectivos hábitats, que en algunos casos valdrá la pena o no lanzarles un anzuelo con una buena carnada: es decir, tú misma. ¡Buena mar!

El Gupi

Este no vale la pena pescarlo por una sencilla razón: es tan pequeño y al mismo tiempo tan esquivo que te irá mejor si lo utilizas como carnada para poder atrapar o conquistar algo mucho mejor. Si por error o por desesperada saliste esa noche y atrapaste un gupi, o un pez ornamental, de pecera que llaman, hazle un favor al medio ambiente y a ti misma y échalo nuevamente al agua. Este tipo de hombre es el niño, el pequeñín en forma y fondo que no inspira nada de respeto. El que sirve de edecán momentáneo o de anzuelo temporal mientras se acerca algo que valga la pena. Si aun así, decides atraparlo, ve comprando pecera con buzo de plástico y burbujas, porque aparte de adornarte un rato no te servirá para mucho más. Sin embargo, si insistes, a este lo pescas fijo en una chiquiteca, en una fiesta de música electrónica, en el cumpleaños de tu hermanito menor, en una piñata bailable o en una heladería.

El Tiburón

Este es el que nos encanta a todas, la fiera, el rey del océano, pero más por estatus que porque realmente valga la pena. El que ataca porque tiene hambre o si por desgracia fuiste la única que en ese instante se le atravesó en el camino. Porque encima de todo, para comer, es muy poco selectivo. El que intimida, el que inspira respeto, con el que te sientes protegida y muy bien acompañada. En la vida real sería como salir con el exitoso hombre de negocios, el triunfador, el que posiblemente es el dueño de la empresa en la que trabaja alguno de tus patéticos ex novios. Con el que, a pesar de su seguridad que raya en la agresividad, te sentirás orgullosa y hasta agradecida de estar. Lo que no sabe es que, como en la vida real, es menos lo que el tiburón ataca que lo persiguen a él. Por eso, ni qué hacer con tanta «rémora».

A este podrás atraparlo en una convención, en una conferencia repleta de hombres disfrazados de altos ejecutivos en donde, ojo, te será muy fácil confundirte. En un vuelo, eso sí, así te toque empeñar el auto, deberás sentarte en clase ejecutiva, por supuesto. En un banco, en donde él no será el gerente sino el cliente, en un cóctel o en alguna fiesta de amigos ricachones en común. Ni se te ocurra salir a pescar a una discoteca, el tiburón nunca irá a un club a menos que sea el dueño.

LA BARRACUDA

Es un pez bastante engañoso y, por qué no decirlo, interesado. Tal como la barracuda original, esa que con tanta poesía pintaba el maestro Alejandro Obregón en sus obras, este pez se acercará a todo lo que brille y morderá todo lo que se mueva. Es decir, podrías ser una presa segura si te ve como una mujer exitosa, brillante y adinerada. En otras palabras, si brillas con luz propia.

Al barracuda no le interesa ninguna mujer insignificante, de personalidad opaca o que requiera grandes esfuerzos por atrapar, sencillamente no le llamará la atención. El problema es que aunque con sus prominentes dientes, de lejos se ve temible e inspira hasta respeto, en la realidad es un aprovechado de poca monta que aspira a conquistarte para poder vivir a costillas tuya. Es el que una vez haya picado, descubrirá su gusto por no hacer nada. El recostado, el vago, el bueno para nada con el que todas juran estar bien acompañadas, pero la ganancia resulta ser solo para él. A este, si no aprendiste nada y haces caso omiso a mis advertencias, lo podrás pescar en los restaurantes de moda, invitado por sus amigos, por supuesto. En una cancha de tenis de algún club, en el que si es socio es porque a pesar de sus cuarenta años aún sigue viviendo con sus papás y de estos. En un paseo organizado por amigos a una playa desierta en donde él pueda asegurarse que tú no tendrás escapatoria posible, a menos que pretendas volver nadando.

EL PEZ LORO

Capturar a este espécimen tiene su ciencia. Lo único que aún no me queda claro es que, por muy desesperada que puedas estar, ¿valdrá tu esfuerzo? Porque, atención: aunque este tipo te haya conquistado a punta de pura labia, porque si algo tienen de bueno es que son excelentes conversadores, lo más probable es que al poco tiempo descubras que has pescado a un charlatán. A ese tipo de hombre que habla y habla y sigue hablando a pesar de tus bostezos, de tu evidente falta de interés, de tu somnolencia y de haber quedado literalmente dormida sobre la mesa y la cuenta en un restaurante. Este hombre se repite constantemente y callarlo será una tarea realmente difícil. Si lo haces y lo logras, encima de todo podrían salirle subtítulos porque jamás dejará de alabarte, de alabarse y de hablar de todo: de lo que sabe y de lo que no, para hacerse el muy interesante.

Lo malo es que de hablar no pasa porque la acción con este tipo de espécimen es casi nula. Aparte cuando descubre el truco de «Perro que ladra no muerde», ya será un poco tarde. Por torpe seguramente le habrás dado tu número telefónico y jamás podrás quitártelo de encima. Es tal su necesidad de hablar todo el tiempo que cuando te llama y tú ya tendrás plenamente identificado su número para no contestar, es de los que te dejará mensajes, varios y consecutivos en tu móvil hasta que te llene el buzón y no puedas recibir más mensajes. Y por si las moscas no le alcanzó el tiempo para decirte todo lo que te quería decir, le enviará hasta mensajes de texto. Una pesadilla parlanchina de principio a fin. Sin embargo, si quieres probar tu suerte... tu mala suerte con este espécimen, te será muy fácil toparte con uno de ellos: en un cine, por ejemplo, será el tipo que habla durante toda la película. El que seguramente ya la vio y no se resiste de contarle al que tiene al lado el final con todo y revelación de quién es el asesino. El que a punta de chiflidos todos quieren sacar de la sala de proyección, incluyéndote a ti.

BUSCANDO A NEMO

A mí personalmente este me encanta por simpático, por comprometido con la causa, por luchador, por optimista, por paternal. Si por casualidad tienes complejo de Electra, este será el tipo de pez al que deberás intentar pescar, pues posiblemente sea justamente lo que buscas: un papá. Un novio sobreprotector que te indique todos los pasos que deberás hacer si quieres triunfar en la vida. Te brindará consejos, su hombro y hasta un pañuelo cuando quieras llorar. Nunca te dejará sola, ni cuando de verdad quieras estarlo, y ahí radica el problema. Te cuidará tanto de los peligros externos que terminarás hastiada y empezarás a sospechar que el peligro real es interno, pues él estará ya metido y muy bien instalado en tu casa.

No me atrevo a vaticinar que, como en la película animada de Disney, con este tipo de pez puedas lograr el tan anhelado final feliz; lo que sí que te puedo asegurar de antemano es que la travesía será larga y que nunca se rendirá por conquistarte. Prueba a ver, de pronto por aquí te suena la flauta. A este podrás pescarlo en un *baby shower*, en una fiesta infantil, en la sala de espera de su psicólogo de cabecera, a través de una línea de atención de desastres.

La Anguila

Este monstruo marino es de lo más traicionero. Siempre se esconde tras las rocas hasta que alguna víctima malherida, o sea tú, le caigas directamente frente a su guarida. Porque de hacer esfuerzos por conquistarte, más bien poco. Se aprovechará de que alguno te haya dejado el corazón partido para acecharte y convencerte de que es la respuesta a todas tus plegarias. Se conformará con ser el clavo que te sacará el otro clavo que probablemente aún tienes incrustado en el corazón. Lo malo es que es tan poco frentero que tras fingir que cuentas incondicionalmente con él, pero cuando de verdad necesites que te proteja, muy seguramente ya se habrá retirado a la cueva de donde decepcionada desearás que nunca hubiera salido.

Es cobarde a pesar de su aspecto temible y nunca te defenderá de nada ni de nadie, y mientras tanto, tú terminarás convencida de que del único que deberás protegerte es de él mismo. Aunque no vale la pena, créeme, este es su hábitat preferido: cualquier antro o bar de mala muerte en donde le quede fácil camuflarse y hasta esconderse de ti, si encima de todo terminasteis hace apenas dos días y ya está con otra.

El Delfín

¿Adorable, cierto? Tal vez el más amigable y juguetón de toda la fauna marina. Aplicado, sin embargo, en un plano más real, es también el popularmente conocido: hijo pródigo. El que aparentemente no mata una mosca y el que a sus padres están apostándole todo, así sea un vago de miedo con muy pocas probabilidades de triunfar en la vida. Sus padres, generalmente personajes prominentes con el que a cualquier niña de bien y con aspiraciones le gustaría emparentarse, lo tienen tan eclipsado, tan acomplejado, porque nada de lo que haga será suficientemente grandioso, que generalmente desfogará toda su mala energía con la que primero se le atraviese en el camino. Es decir, tú.

Será difícil lidiar con el delfín; peor aún, con sus padres y con su familia entera que lo tendrán en un concepto tan elevado y esperarán tanto de él, que todo lo que le pase les parecerá poco, todos sus logros si es que los llega a tener les parecerán pequeños, y todas sus novias les resultarán interesadas, tontas y feas. Aunque en el fondo es un buen tipo, ¿quién quiere echarse a la red a toda su exigente e inconformista familia? Si decide rescatarlo de un atunero (es decir, de su familia) podrás atraparlo en alguna fiesta, la discoteca de moda o en la oficina de su papá.

El Pez Espada (Marlin)

Este pez, aunque hermoso también es inmensamente esquivo y, en ocasiones, hasta agresivo. La razón principal es porque todas las mujeres, incluyéndote a ti, se le acercan tan solo para convertirlo en un vil trofeo de pesca. Porque será más lo que les guste tu apariencia física que lo que realmente tengas en la cabeza. Aparte, lo más seguro es que por escapar y no caer en tus redes, o en las de las otras que hacen fila para lucirse con un espécimen así de suntuoso a su lado, luchará con todas sus fuerzas para que ninguna lo atrape. Y vaya esfuerzo descomunal el que te tocará hacer si insistes en andar del brazo o, en este caso de la aleta, del «Chico Trofeo» de moda. Es decir, pura apariencia pero poca sustancia. Así que si te animas, ve preparando los tanques de buceo, la careta y el arpón si es preciso. El único problema aquí es que cuando por fin lo logres atrapar, al poco tiempo ya no le encontrarás ninguna gracia distinta a adornar una de las paredes de la sala de tu casa. Es decir, cuando ya estés cansada de la persecución, exhausta de hacer tantos esfuerzos por llamar su atención, cuando por fin el muy resbaloso caiga, es muy probable que ya hayas perdido tu entusiasmo por él. Solo recuerda que, cuando desistimos en conquistar a alguien, no es únicamente porque hayamos perdido el interés en esa persona, es porque nunca sentimos que le interesábamos a ella. Hasta te sentirás orgullosa de ti misma por tu perseverancia, por la constancia y todo el tesón que desplegaste persiguiéndolo hasta pescarlo.

Eso sí, advierto que la sensación de triunfo te durará muy poco. Al rato querrás zarpar nuevamente en tu lancha bimotor fuera borda y salir a pescar algo más interesante que el bonito pero aburrido y superficial que tienes en casa. Al rato, también te embarcarás en tu poderosa lancha con motores de propulsión a chorro para salir a pescar algo más interesante. Lo cierto es que como dice José José: «Hasta la belleza cansa, el amor acaba.» En un gimnasio, en la peluquería o durmiendo en una cámara hiperbárica haciéndose una oxigenoterapia lo encontrarás fijo.

LA RÉMORA

Por Dios, ¿y este cómo logró colarse en esta lista? ¿Acaso se te olvida qué es una rémora y cuál es su función al lado del más temido de los peces en el planeta, el majestuoso tiburón? Ni creas que es el mejor amigo o el guardaespaldas que le ayuda a cuidarse de sus enemigos, que no son muchos pero sí poderosos como él. La rémora es lo que en Colombia llamamos «el gorrero», es decir, el más vividor y mantenido de todos. El que no hace ningún esfuerzo por conseguir lo propio pues tiene quien lo haga todo por él, ¿para qué arriesgarse a fatigarse? El que vive a costa de sus amigos y que por ello frecuenta los mejores sitios (invitado por alguien que le paga la entrada), se pone la mejor ropa (regalada), asiste a las mejores fiestas (colado). Este nunca tiene un peso partido por la mitad en qué caerse muerto; sin embargo, no se pierde ni la cambiada de una llanta. Está en todas. Por esa razón es tan fácil confundirse y terminar con una rémora, porque te será muy difícil distinguir entre el dueño del circo y el payaso. Pero una vez hayas entendido el chiste, normalmente de mal gusto, te darás cuenta también de la patética realidad. Todo es prestado, donado o regalado; por esta razón, de repente salir con el amigo «necesitado» pero aprovechado te parecerá poco menos que atractivo. Dejarse ver del brazo de uno que lo único que genera es lástima es el proyecto menos atractivo y satisfactorio de todos en los que te habrás embarcado hasta ahora en toda tu vida. Y eso ya es mucho decir. ¿En dónde pescarlo? En todas partes, especialmente cuando el grupo es grande, la cuenta cara y el trago abundante.

EL MERO... MACHO

O mero idiota, como prefieras llamarlo, es ese espécimen tan celoso y obsoletamente machista que al mes de haberle aceptado la primera invitación, ya estarás anotando en alguna parte el número de emergencia de la estación de policía más cercana a tu casa, por si las moscas. Este inseguro hombrecillo es un cobarde en público y un insolente atarván en privado; te sacará literalmente canas verdes de la desesperación. Porque te armará pataleta de celos en donde le provoque y por eso empezarás a preferir no salir nunca de casa para no discutir más y no tener que embarcarte en otra pelea a gritos frente a todos y en plena calle. Pero ¡ojo! Si de casualidad el muy acomplejado empezara a sospechar y a convencerse de que si ya no habéis vuelto a salir no es porque hayas comenzado a padecer de agorafobia, como le dijiste, sino porque no quieres que te vean en público con él. Lo cual entre otras es totalmente cierto pero, ¿para qué fomentar otra trifulca? Así que, prepárate para sentirte como una tonta por estar perdiendo tu valioso tiempo al lado de semejante energúmeno. Síguele el juego y convéncelo de lo contrario hasta calmarlo y que su explosión de ira no vaya a escalar posiblemente hasta los golpes. Algo que ya ha hecho antes según te acabas de enterar gracias a su ex novia quien ahora es tu amiga.

Ten cuidado de no tolerarlo por mucho tiempo después de haber descubierto su secreto: que hace un par de años tuvo que pasar unas noches en un calabozo por protagonizar un episodio de violencia doméstica. Este tipo de alimaña ni siquiera vale la pena pescarlo porque aparte de que es enorme, también se convertirá rápidamente en un enorme dolor de cabeza para ti y todos tus amigos a quienes acusará de ser tus cómplices y por eso es que ha intentado tanto, pero en vano, alejarte de ellos. Ese delirio de persecución que raya en la locura senil será el detonante que te llevará a abandonarlo, preferiblemente a su suerte y en la puerta de la estación de policía más cercana. Este adefesio lo pescarías seguro en un bar, un billar, en cualquier sitio donde vendan muchas cervezas y en donde haya muchas mujeres para atrapar con sus dudosos y poco confiables encantos.

EL BAGRE

No puede ser que este se haya colado también en nuestra lista. Bueno, tocará describir también a esta Pez-adilla. Es un burdo, eructador profesional, contador de chistes pesados, animador improvisado de verbenas que erróneamente está convencido de ser el alma de todas las fiestas. El tipo maleducado que valorará más estar con sus amigotes contando anécdotas tontas que sabe de memoria, de paseos que hicieron juntos ya hace años y que incluyen relatos bastante descriptivos de borracheras, enlagunadas, caídas y, por supuesto, vomitadas. Mientras relata en engorroso detalle semejantes asquerosidades, tú te revuelcas del asco y del fastidio. Te cuesta disimular a pesar de que estás acompañada («sitiada» en una mejor forma de ponerlo) por las novias y compañeras sentimentales de los demás bagres como él, pues para rematar andan en gavillas. No puedes irte en tu coche pues las llaves las tiene él y no quieres que sospeche que te vas. Así que te consuelas llamando imaginariamente a un taxi en el que emprenderás la huida. Pero antes, mental y visualmente también, ubicas la puerta por donde saldrás sin ser vista. Preferiblemente y para siempre, de su vida también.

Nadie en su sano juicio saldría con un atarván de estos a menos que, por supuesto, esté desesperada por salir con alguien, o con lo que sea. Sin embargo, no te sientas mal por haber tenido un desliz con un engendro de estos. No estás sola. La mayoría de las mujeres en el mundo, así lo neguemos, alguna vez hemos caído bajo y hemos salido con un «impublicable». Y advierto que es sano admitirlo, pues, entre nuestro gremio, negar a un error es casi tan grave como negar una cirugía plástica mal hecha. Lo malo es que antes de quitarle las escamas de su disfraz de hombre amable y gracioso, hasta pudimos haberlo convertido en el novio oficial. A este, por si aún te interesa, lo pescas en algún estadio de fútbol haciéndole barra al equipo que a ti precisamente no te gusta ni quieres que gane. Sin embargo, te parece tan admirable su pasión, su convicción y la manera tan graciosa como le hace bromas a todos, quienes, entre otras, ríen a carcajadas con sus ocurrencias. Por un instante te confundirás y creerás que estás ante toda una estrella de *rock* o algo así. Lo que no sabes bien es si esos miles de seguidores que ahora tiene en su cuenta de Twitter están allí porque realmente les gusta y aprecian lo que hace, porque le siguen el juego y se divierten a costa de él, es decir, criticando o burlándose de él, o si lo siguen porque lo quieren linchar por bocón, pesado y por patán.

El Ceviche

Este no es nada, pero tiene de todo. Más que nada defectos, generalmente adoptados de los demás. Uno que sin lograr desarrollar jamás una personalidad propia adopta un poco de aquí y un poquito de allá y hace colectas de actitudes, opiniones, gestos e ideas de todos sus amigos. No es fuerte ni es débil, ni es chistoso ni tampoco el más circunspecto del grupo, ni el que aporte un argumento interesante ni tampoco será el que proteste por algo con lo que no esté de acuerdo. Es algo así como el bajista de un grupo de *rock*, el menos indispensable. En el que si por casualidad este se disuelve, seguramente quedará desubicado, en la mitad, sin puesto y sin grupo. Porque la voz líder siempre se podrá lanzar de solista y el guitarrista ya tendrá una nueva banda conformada pero ¿y el bajista, qué? Pues el ceviche es el bajista de su grupo de amigos, el que no aporta mucho. El que simplemente está ahí haciendo lo que debe hacer pero sin lucirse mucho. A algunas mujeres les parece tierno pero, no nos digamos mentiras, a la mayoría de nosotras, quien nos gusta realmente es la estrella de la banda, ni el que carga los cables, ni el que casi nadie recuerda su nombre. El Ceviche es un poco parecido al «Peor es Na» que describí en mi primer libro. Es decir, ese que uno usa de carnada para que se nos acerquen otros. Porque cuando estamos solas, así estemos untadas con miel de pies a cabeza, no se nos acercan ni las moscas . Para resumir el «Peor es Na» es ese que una convierte en el novio oficial mientras aparece alguno que realmente valga la pena. El ceviche, como les decía, es muy parecido a este otro adefesio pero con un ingrediente adicional: limón. Este en cambio es tan ácido, por no decir también que amargado, que terminarás como yo, suponiendo que si es así es seguramente porque, como lo dije antes, es un poquito de todo y al final no es realmente mucho de nada.

Y aunque si la tiene es porque tú se la conseguiste, de igual manera al parecer la cabra quiere seguir tirando para el monte. Es decir, no tiene alma de estrella pero sí que tiene actitud de estrellado. ¡Ah, el ceviche! Dicen que le ponen mucha leche de tigre, pero este hombre es tan blandengue que creo que lo podrás encontrar haciendo la larga fila que dice «Acceso General» a la entrada de un concierto, a pesar de que su entrada diga claramente «VIP».

El Camarón

Algunos también lo llaman la cucaracha del océano. El que a pesar de saber bien, come y elige muy mal. Por ello nunca, léase nunca, deberás cometer el error de mostrarte orgullosa, menos en público, por haber pescado a un bicho de estos. Tu currículo de conquistas podría verse seriamente afectado y, lo peor de todo, luego de haber bajado de categoría y pescado en los bajos fondos, es muy poco probable que vuelvas a ascender en la cadena alimentaria.

A este tipo de hombre le dará lo mismo salir contigo que con la cocinera de un restaurante de tamales. Con una *stripper* que con una princesa. Con la empleada de una multinacional o con una empleada doméstica. Es tan poco selectivo que sus malas andanzas y sus frecuentes desatinos serán el tema de conversación y de las burlas de sus amigas. Y eso es algo que ninguna mujer soporta. Mejor dicho, sabemos que estamos saliendo con un adefesio cuando ni la mejor amiga quiere coquetearle al novio de una. En ese caso, recuerda que mejor muertas que humilladas, si no quieres seguir perdiendo la poca categoría que aún podría quedarte después de salir con un atarván de estos, deséchalo cuanto antes. O al menos cuando la embarrada aún esté fresca. ¿Dónde pescar a uno de estos? En un cóctel, por supuesto.

EL ATÚN

El que en público es un encanto. El más popular de todos, el que a todas nos gusta precisamente por serlo. Pero lo que solo sabe quien conviva a diario con él es que vive fastidiado y encerrado en su casa renegando y criticando a los mismos que piensan tan bien de él. En otras palabras, el atún es el hipócrita del mar de tontazos escurridizos que, en un ataque de desesperación y obnubilado tu criterio, podrías intentar pescar allá afuera. El que no te saca ni a la esquina porque todo y todos le parecen una verdadera lata. Tú incluida, por supuesto. El que si no estás en casa se molesta porque no has llegado, pero que si de casualidad lo esperas a que llegue de la oficina con una sonrisa de par en par, de esas que, si te descuidas, hasta se te podrían resfriar los dientes, empezará a sospechar de tanta amabilidad. Precisamente porque es lo mismo que él hace. Con todos es adorado y en privado no es más que un amargado. Al atún nadie lo entiende. Lamento informarte que ni él mismo.

Lo peor es su habilidad para hacerte la vida imposible. El muy infeliz, posará de amante y defensor de los animales en público y solo para que lo vean y porque le conviene, se ofrecerá a pasear a tu mascota. Lo que no sabes es que, en un descuido, incluso sería capaz de regalar tu perro, porque en secreto, tras su falsa sonrisa, no aguantaba la batidera de cola de *Frupi*, con la que de paso tiraba todo al piso. Cuando no estén presentes hablará pestes de todas tus amigas. A tu madre, si llegara inesperadamente de visita, la trataría como a la propia, pero tan pronto se fuera, obviamente encantada con el yerno tan maravilloso que supuestamente tiene, te reclamaría y exigiría que limitaras sus visitas. Te hará quedar mal frente a tu jefe y estallará en un ataque injustificado de celos si te ve ojeando una revista en la que en las sociales aparece fotografiado alguno de tus ex novios. Se quejará de que la sopa está fría, la cena muy caliente y de que tú te has vuelto hasta frígida. No te sacará ni a la esquina, ni por iniciativa propia, ni mucho menos con gusto, porque no aguanta a tus amigos, ni tus planes, ni mucho menos tu compañía. Ni siquiera tiene la consideración de conseguirse una amante para que se entretenga en ocasiones, por lo menos para que te deje en paz de vez en cuando, porque literalmente le da pereza hacer cualquier tipo de esfuerzo. La única razón por la que no te deja es por no tener que repartir ni compartir contigo nada de lo que hayáis adquirido mientras estuvisteis juntos, si llegáis a separaros. Si a pesar de todo te animas, a este lo pescas en una convención literaria fijo. En un ascensor es más fácil identificarlo: será el que no quiera salir del mismo así ya haya llegado a su piso.

Es una variación del atún. Es decir, otro tipo de ermitaño pero encima de todo baboso y vive tan malhumorado que será muy difícil de soportar. El ostra es peor que el atún porque el primero, aunque sea un hipócrita, al menos en público disimula su molestia, este, en cambio no. De frente le hará mala cara a quien le provoque, te guste o no. Por esa razón y para no tener que justificarlo o tener que darle explicaciones a nadie de por qué lo aguantas, optas por no salir mucho y complacerlo quedándote muchos, demasiados, fines de semana encerrada con él en casa. Lo que no sabes es que a él le encanta el plan porque es así y allí donde puede aprovechar para torturarte psicológicamente. Cuanto te tiene a solas, lo único que saldrá de su boca serán comentarios soeces sobre lo que traes puesto, lo poco interesante que te has vuelto y cómo se te ha ensanchado la cadera. Se cree un intelectual y solo por eso ni siquiera lo es. El petardo, el fantoche que se creerá más inteligente que tú, más interesante que el resto de la humanidad con la que no querrá tener mucho contacto para que no lo contaminen. El que no se aguanta ni a sí mismo. El que tiene conflicto con todo y con todos los que lo rodean. El que no tiene amigos y que tampoco te permitirá tener ni una sola amiga mientras estés con él. Mejor dicho, ve preparando la pluma para firmar contrato de exclusividad y para decirle adiós a todos tus sueños de ampliar tu mundo y conocer más allá de las cuatro paredes en las que restringirá tu vida, si por error terminas encartada con un bicho de estos.

Lo peor es que sus habilidades comunicativas son tan escasas que por más que lo intentes jamás lograrás interpretar ni mucho menos satisfacer ninguno de sus deseos. Para rematar, aparte de imponerte esos ridículos votos de silencio y que te ignore por semanas enteras, también es parte de la dinámica de terminar aprisionada entre la caparazón de una ostra. En una relación con un energúmeno así, terminarás preguntándote inevitablemente: ¿por qué en vez de ser tan ignorante y fastidiosa, no me comporto y agradezco estar al lado de un hombre tan culto? ¿Culto? ¡Más bien oculto! Si aún así te animas, lo consigues seguro en una biblioteca, en un retiro espiritual, en un paseo familiar en donde él será el que se ofrezca a asar la carne precisamente para que nadie le hable.

El Cangrejo

Con este no hay futuro posible porque cuando por fin sientas que habéis avanzado en algo, y que la tan anhelada propuesta matrimonial es un hecho y está a la vuelta de la esquina, el muy condenado se arrepentirá e insistirá en dar varios pasos atrás. Duda hasta si te quiere o para qué era que te quería. No sabe si masticar un chicle o viajar a Nueva York. Inevitablemente te obligará a dudar si quieres o no malgastar tu vida al lado de alguien que nunca sabrá lo que quiere. Mucho menos cómo conseguirlo. Te tocará empujarlo porque nunca se le ocurrirá nada. Su filosofía de vida será meterle a todo pura cabeza, pero de la acción nada. O, peor aún, cuando se le ocurra tomar alguna iniciativa, casi siempre será esconderse de nuevo en el hueco de donde lo sacaste y del que, a estas alturas, desearías nunca haberlo animado a salir. A este lo encuentras fijo todavía en la universidad tras haberse graduado, tras haber estudiado varias carreras, tras haber hecho varios Phd, másters y Postgrados y no es porque quiera prepararse mejor, sino porque es tan indeciso que no sabe nunca lo que quiere hacer con su vida, mucho menos sabría qué hacer con la tuya. Es decir, no se quiere graduar porque nunca quiere salir de allí. Porque en el pasado es donde mejor se siente, precisamente porque ya pasó. El presente le asusta, y el futuro, más aún juntos, le aterra. Si a pesar de mis advertencias te animas a capturar a un perdedor de estos, que conste que te advertí al menos que es muy poco probable que junto a él logres progresar en la vida.

Y es así, queridas compañeras de tragedias y desgracias sentimentales, que, en ese gran mar o río revuelto con amplia vida subacuática que nos daría la impresión de estar rodeadas de buenos prospectos para pescar y que es la vida o el hábitat de la mujer soltera y disponible, una se encuentra las más curiosas alimañas e incomprensibles criaturas submarinas que hacen de la conquista una verdadera pesca milagrosa. O infructuosa. Tal como lo anoté anteriormente, en donde para sobrevivir, a veces toca conformarse y acatar la regla de oro: de bacalao para arriba cualquier cosa es ganancia. ¿Alguien pidió pollo?

15

¿Cómo conquistar y no hacer el ridículo en el intento?

Socialmente hablando, salir con alguien se ha vuelto tan complejo que no hay que precisamente «entregar las llaves» en una rumba para evitar estrellarse de frente contra el mundo. Accidentados, malheridos y muy adoloridos quedan frecuentemente quienes no han aprendido a leer las señales que permanentemente estamos enviándonos entre hombres y mujeres en el difícil deporte de la conquista. Especialmente, si encima de todo, para estar en ambiente, nos hemos pasado de tragos y estamos que nos caemos de la borrachera. En el caso de ellos, es peor aún. Pobres, aparte de tener que lidiar con nosotras y nuestros múltiples traumas e inseguridades, también les toca cargar con nuestras burlas. O en el de nosotras, ¿cómo saber si un hombre realmente está interesado en nosotras para no seguir perdiendo nuestro tiempo y malgastando nuestro costoso perfume? ¿Cómo no caer en el equívoco de pensar que si un hombre nos llama, no es porque se quiera casar con nosotras, sino porque le caímos bien, o porque a través de nosotras quiere que le presentemos más bien a una de nuestras amigas? ¿Cómo saber si estamos metiendo la pata y estamos interpretando mal sus señales? Aquí os digo cómo.

Somos complicadas y logramos confundirlos: eso ya lo sabíamos. Muy a diferencia de lo que muchos de ellos aún piensan, para tantas otras de nosotras sí que es posible ser simples amigos sin que queramos meternos en sus camas. De hecho es tan cruel la guerra allá afuera contra las demás mujeres que nos hemos visto casi obligadas a cambiar nuestros parámetros y convertirlos a ellos en nuestras nuevas mejores amigas. Y si el hombre en mención, además y por fortuna, es gay o tiene madera para serlo, mejor, porque ahí sí la dicha es doble: nos da consejos sentimentales, nos asesora en moda y belleza, nos acompaña de compras, comparte sus cremas ante una emergencia o cuando las nuestras se hayan acabo, nos acompaña a salir de fiesta y hará todo eso sin la presión de que espera algo «más» de nosotras después. ¿Meterse a nuestra cama? Ni de riesgo, a menos, eso sí, que hayas organizado una fiesta de pijamas a la que él será una más de tus invitadas. Y en el caso de los que no lo sean, también es posible ser sus amigas sin tener que enredarnos sentimentalmente con ellos. Somos muchas las mujeres que consideramos que una amistad entre un hombre y una mujer podría ser más edificante, pues ellos son más leales, más francos y hasta mejores consejeros sentimentales que muchas de nuestras congéneres. Lamentablemente, ni es la constante, ni una norma nueva a seguir, ni es algo que la mayoría de ellos logren entender desde el principio. Al menos sin oponer resistencia. Es por eso que las buenas intenciones que tengamos con ellos al ofrecerles nuestra amistad se quedan solo en eso, y es muy probable que, de hecho, sean malinterpretadas. La mayoría de los hombres solo se animan a ser amigos de mujeres que les parezcan físicamente atractivas, es decir, con las que una vez superado el curso práctico de consejeros emocionales, crean que tengan la posibilidad de terminar entre sus sábanas. ¿Entienden ahora por qué aseguro que las mujeres hemos evolucionado mucho más que ellos?

Es la cruel realidad. Muchos nos creen tan atrasadas que insisten en acercarse solo como excusa para enredarse sentimentalmente con nosotras, así en nuestra mente no exista más que la posibilidad de una amistad. Y ni qué decir cuando pasados de tragos les da por ser sinceros. Creedme que es una de las pocas oportunidades que tendremos de que lo sean realmente, pues los tragos, al parecer, no solo embellecen sino que alimentan la autoestima, la franqueza y el coraje. Entonces no será extraño que, si en secreto se han enamorado de nosotras, con tragos, metan la pata y se les dé por declararnos su amor erróneamente pensando que les hemos dado alas para soñar que tienen posibilidades con nosotras.

Muchos de ellos nos leen mal y por eso se animan a insistir a nuestro pesar en sus intenciones románticas, pues les parece imposible creer que podamos ser solo eso: amigos. Mientras tanto, en nuestras casas, con nuestras amigas, lo más posible es que estemos burlándonos de sus avances «galanescos» y de las pocas probabilidades que tienen de conquistarnos. Entonces, el tortazo del fracaso del seductor rechazado se hace sentir más fuerte si le sumamos las contraindicaciones que afloran, generalmente al día siguiente, en medio de una resaca de la que creen no poder recuperarse nunca más.

Es en ese momento en el que el hombre se siente que hizo el papelón de su vida, en el que caminó por el *Hall de la Infamia*, en el que si reflexiona, se da cuenta del gravísimo error que acaba de cometer, aparte del oso que también hizo al declararte su amor de rodillas anoche en ese club. Lo peor es recordar que no solo se delató delante de todo el mundo, que lo rechazaste tajantemente frente a todos, sino que además ahora, ofendida porque jamás le diste pie para eso (bueno, eso creerás tú, o él, que para el efecto es lo mismo), tú ahora no le quieres pasar ni al teléfono. Y como muchos de ellos son lentos para entender, muchísimo menos a las mujeres, o tercos para aceptar una derrota, a lo mejor tardará en caer en cuenta de que no solo perdió una valiosa oportunidad para conquistarte realmente algún día, sino que además es muy posible que te haya perdido a ti también como amiga. Entonces es cuando se preguntará si tal vez es por eso que en el lado opuesto de su cama no estás tú, como pretendía tras semejante despliegue de romanticismo del que aún le duelen las rodillas, sino la camisa que no recuerda bien cómo se quitó, ni por qué tiene encima manchas y restos de cosas que ni él mismo se acuerda que comió la noche anterior. Eso sin mencionar, el apestoso olor a evento popular masivo, una mezcla entre alcohol, cigarrillo y perfume barato que no le permite ni arrepentirse en paz siquiera. Tú, indignada, te sientes traicionada y, obviamente, juras que nunca lo volverás a ver. Por lo menos igual a como lo veías antes. La pérdida es de ambos a la larga. La desilusión, también. Ni él podrá volver a soñar con ser tu novio y tú habrás perdido al que creías y querías como un buen amigo. Pero ¿cuál es la responsabilidad tuya en todo esto? ¡Ninguna si estás cien por cien segura de que las señales que enviabas ni tenían intenciones románticas y ni siquiera eran para él! Pero, la pregunta es: ¿lo estás?

¿Y si las cosas fueran diferentes? Es decir, al día siguiente te das cuenta que exageraste en tu reacción ante su confesión y que lo maltrataste verbal y emocionalmente sin razón. Igual, estaba borracho, así que piensas que es muy posible que ni se haya dado cuenta. ¿Pero que pasaría si no solo se dio cuenta sino que sospechas que esa es la verdadera razón por la cual no te ha llamado en tres días? Si de repente te das cuenta que nunca te habías fijado en él, pero ahora que sabes lo que siente por ti, la idea de ser algo más que amigos no te molestaría. La avalancha de preguntas en tu confundida cabeza no se hará esperar: ¿y si en su sano juicio ese hombre valiera la pena? ¿Será que, por tonta, o por miope, acabas de desechar a un buen partido?

¿Cómo saberlo? ¿Acaso el alcohol no solo desinhibe sino que nos hace alucinar? ¿Acaso salir con alguien se ha vuelto tan complicado que frecuentemente tenemos que recurrir al «embellecedor» por excelencia, a las bebidas alcohólicas para adquirir la valentía necesaria para abordar al sexo opuesto? O, peor aún, ¿acaso surtiendo el efecto contrario al deseado, este nos aleja tanto de la realidad que terminamos haciendo el oso al interpretar erróneamente las señales que nos envían?

Como dice Andrew Stanway, autor de *Las relaciones amorosas,* no hay que ser ningún Einstein para darse cuenta de cuándo hemos dado en el blanco o de cuándo, popularmente hablando, hemos «levantado». Según el autor, el organismo libera no menos de 250 sustancias, entre hormonas, ácidos y olores, al estar frente a una persona que le resulte atractiva y le basta tan solo cuatro segundos forjarse una opinión sobre ella. Para que lo racional se convierta en irracional, la prudencia en torpeza y la serenidad en nerviosismo, es labor de una y, en el mejor de los casos, mutua. Sí, pero es que para ellos aprender a interpretar dichas señales bajo el efecto del alcohol es muy difícil. Interesante, más bien, si estando sobrios aprenden más bien a disfrutar de la conquista evitando la vergüenza máxima que es, encima del rechazo en público, convencerse de que sus artimañas seductoras no están surtiendo efecto en nosotras y que muy seguramente volverá acompañado a su casa, pero de un bofetón. Eso en el caso de ellos, pero en el de nosotras, ¿será que sí sabemos conquistar o interpretar siquiera las señales que ellos también nos envían?

Lo cierto es que existe una gran diferencia entre hombres y mujeres. En lo único en que aparentemente somos iguales, cortados con la misma tijera, es en que nunca hablamos el mismo lenguaje y en que cada vez es más difícil entender las señales que mutuamente nos enviamos. Eso hace que el juego de la conquista sea aún más difícil si bien no menos interesante. Mientras las mujeres sigamos interpretando mal esas señales y mientras ellos sigan pensando que cualquier pequeño gesto o actitud es precisamente una señal de «sigue», inevitablemente hombres y mujeres por igual estaremos condenados a no entendernos jamás.

ELLOS: (SIEMPRE ENTIENDEN EXACTAMENTE LO CONTRARIO A LO QUE QUEREMOS TRANSMITIRLES)

Escenario uno:
«Encuentro cercano del primer tipo»

Te conoce en una fiesta de amigos. De esas en las que por lo menos hay luz y no el típico bar de mala muerte en los que ya muchos solteros nos hemos acostumbrado a ver a las personas «fosforescentes», tan solo para darnos sendas sorpresas, generalmente desagradables, al día siguiente. Es una fiesta distinguida, elegante. Se logra detallar mejor la pinta y hasta sostener una conversación medianamente interesante con cualquiera. Y eso es precisamente lo que tú haces, hablas indiscriminadamente con cualquiera que se te acerque. No estás propiamente en plan de conquista pero tampoco rechazas la idea de conocer a alguien interesante y por eso tu actitud tan sociable. Bueno, eso crees tú. En la otra esquina, un tipo te mira con insistencia puesto que le has llamado la atención. Tú, te das cuenta y solo le sonríes de vuelta sin ninguna intención distinta a la de ser amable. Pero al parecer él no lo ha entendido así porque se acerca, con dos copas en la mano y una actitud de galán que envidiaría el mismo Casanova. Está claro que tú no has hecho nada para merecer que el muy desubicado ahora no quiera despegarse de tu lado en toda la noche. Ya ni siquiera te provoca ser amable porque al parecer para que entienda que no estás interesada en él, sino en otro que precisamente está detrás de él, que para rematar lo está tapando y no te lo deja ver, te tocará ser grosera. Pero ni así. Lo que más te llama la atención es que cuanto más lo rechazas, más insiste en quedarse. «¿Pero quién es este engendro?», piensas mientras sacas tus propias conclusiones. «¿Un masoquista, un tarado?» A lo mejor ni lo uno ni lo otro y la respuesta es aún más sencilla: es un hombre común y bastante corriente. Lo que él haga o crea que tiene licencia para hacer no interesa. Revisemos más bien tus acciones y analicemos qué estás haciendo mal o qué podrías hacer para que deje de molestarte de una buena vez. O, si por el contrario, te gustó que se acercara, cómo haces para enviarle las señales correctas para que él entienda que no solo estará bien que se te acerque sino que además no quieres que se vaya. Menos a hablar con alguna que domine mejores y más eficaces técnicas de conquista que tú. Entonces, ante este posible escenario que planteo, solo recuerda: rojo: significa que no te interesa y quieres que se vaya; amarillo: que no te disgusta pero tendrá que hacer muchos esfuerzos para impresionarte, si es lo que pretende; verde: te encantó tanto que solo esperas que no solo hayas llamado su atención sino que además tú también le encantes a él. ¿Lista?

Rojo: Hace media hora que se acercó y no se va de ningún modo. Cuanta peor cara le pones más conquistador se torna. Es como si creyera que te estás haciendo la difícil y no que estás a punto de llamar a la policía para que se lo lleve a la fuerza ante la falta de otras posibilidades. Muchos hombres creen que eso les funciona. Tal vez sí, pero con alguna muy desesperada y necesitada o una que haya bebido muchísimo más que él. Pero, a los que sí que les sirve la táctica de ser fastidiosos y ganarnos a punta de psicología barata con la que logran al menos picar nuestra curiosidad no solo se plantan allí a amargarnos el rato sino que tienen algo especial que logra que al final cedamos. Algo como sentido del humor, funciona, por ejemplo. Como también sirve que aunque no sea guapo, tenga confianza en sí mismo. Pero si ni lo uno ni lo otro y de verdad quieres que se esfume y te deje seguir disfrutando de la fiesta, las siguientes son algunas sugerencias de lo que puedes hacer y lo que podrías lograr que por fin entienda. Digo, en el caso de que no sea un tarado de verdad.

1. No sonrías mucho. Sé amable pero nada del otro mundo. Eso sí, sigue sonriendo con todos los demás. Una de tres: o te creerá excesivamente circunspecta y aburrida, o que eres una coqueta empedernida o, si tiene algunas neuronas aún sanas, podría entender que simplemente no estás interesada.

2. Contesta con monosílabos que no pasen de «Sí» y «No». No le preguntes nada ni elabores ninguna de tus respuestas porque eso le dará la suficiente información y, por ende, también pie para que te siga poniendo aún más temas de conversación.

3. Finge un malestar y excúsate para ir al baño. Para que sea creíble, quédate un rato escondida allí. Pero como no quieres perderte la fiesta sal y si se te vuelve a acercar, dile con tu mejor expresión de asco, que acabas de devolver toda la comida. Langostinos gratinados y todo. Si es un baboso, seguro que saldrá huyendo. Su intención era conquistarte, no hospitalizarte. Si aún así se queda, dile entonces que estás teniendo una reacción alérgica. A él. Seguro que así entenderá.

4. Págale previamente al mesero si puedes para que se te acerque cuando se lo indiques y diga algo como: «Señorita o Señora (tu nombre aquí), su marido acaba de llamar, me pidió que le dijera que no se demora en llegar. Bingo! Lo malo de esta opción es que el muy bocón podría dañarte después la velada con alguno que sí que te guste, diciéndole que ni se te acerque porque eres casada.

Amarillo: Si sigue ahí es porque aunque no te gusta, tiene su gracia. Bueno, al menos no es un cretino como el que describí antes. También te sirve de carnada pues el que realmente te gusta no te hace el más mínimo caso y para que reaccione es bueno que te vea aparentemente ocupada o al menos entretenida. Cualquiera de las dos funciona. ¿Qué hacer para seguir siendo amable y conocerlo mejor sin que él crea que de verdad tiene alguna posibilidad contigo, si esa, al final, no es tu intención? Para que no se aburra y se quede un rato más. Por lo menos hasta que el que te gusta te vea con él? Toma nota:

1. No hables solo con él, incluye a más personas dentro de la conversación. Rápidamente entenderá que te cayó muy bien pero nada más. Eso además lo mantendrá entretenido y lograrás tu cometido: que el que te gusta te vea bien acompañada pero que le quede la duda de si llegaste con él o no.

2. Preséntale a alguna de tus amigas y déjalos hablando solos. Si realmente le gustas y es de los que fija una meta y la cumple, en este caso, conquistarte, seguramente volverá a abordarte en el transcurso de la reunión.

3. Hazle señas a alguna amiga para que te «salve». Si te gustó así sea un poquito, no lo deseches y deja la puerta abierta a la posibilidad de que se vuelvan a ver. Déjaselo saber diciéndole que te encantó conocerlo y que esperas verlo en alguna otra oportunidad. Despídete con una sonrisa. De esas que seguramente nunca olvidará.

Verde: ¿Cuál otro que te gustaba antes ni qué ocho cuartos? Habla con él a tus anchas y diviértete como una enana. Pero solo si es genuino. Es decir, porque solo así te importará un comino si el «otro» te ve o no. Y es bueno que te des esa oportunidad porque piensa, si al otro lo conoces hace mucho y nada que te concreta nada, a lo mejor este era la señal que necesitabas para que no sigas perdiendo tu tiempo y te concentres mejor en alguno que sí que quiera lo mismo que tú. Y además contigo, lo cual es incluso mejor. Si quieres saber que le gustaste al nuevo en la misma medida, solo dile que necesitas ir al baño o a buscar algo a la cocina. Si cuando regresas sigue allí esperándote y no está ya hablándole a alguna otra, ya sabes que el interés es mutuo. Si por el contrario, no pasaron cinco minutos desde que te ausentaste y con las dos copas que traías en la mano, una supuestamente para él, lo ves muy entusiasmado con otra, haz como si no lo hubieras visto, dale la espalda y cuando no te vea, tómate al tiempo si puedes, las dos copas. Lo interesante es darte esa licencia. Solo así podrás saber si vale la pena seguir conociéndolo o no.

Escenario dos: «La temible llamada telefónica»

Te llama al día siguiente para invitarte a salir, ahora sí, «oficialmente».

Rojo: No le contestas en todo el día. Cuando lo haces impostas la voz y finges ser otra persona. Le dices que no puedes salir con él el viernes por la noche porque tienes programada una operación de cambio de sexo. Agrega que aún así, si quiere, que te llame la próxima semana cuando estés más alentada y ya no te llames Carmen sino Raúl. Te aseguro que jamás volverás a saber de él.

Amarillo: Se lo pones difícil y no le contestas de una vez. De hecho, deja que te llame un par de veces y, en vez de responderle, devuélvele tú la llamada. Seguro que le alegrará escucharte, con lo que le costó contactarte. Con esto además, lograrás mantener el control. Es decir, el mensaje que estarás enviando es que eres una mujer ocupada pero muy educada, algo que le encantará. También le estarás diciendo que solo contestas cuando quieres y siempre y cuando quieras, eso lo entusiasmará a impresionarte aún más. Y lo último que entendería, en caso de que hayas tenido el buen juicio de darle tu número telefónico a uno medianamente inteligente, es que aunque no estás desesperada esperando su llamada junto al teléfono, sí que estarías dispuesta a verlo otra vez y conocerlo mejor, algo que lo intrigará aún más. Si te invita a salir, el día que te diga y a la hora que a él le vaya bien, no serán las mismas que a ti te sirvan. Si te dice a las ocho, dile que a las ocho y media porque tienes un compromiso previo. Si te dice que el viernes, dile entonces que mejor el sábado porque ese día corres una maratón y te toca madrugar. Lo que allí le estás diciendo es que sí que te gustaría verlo otra vez pero que no es tu prioridad. Si le gustas lo suficiente, te aseguro que insistirá hasta que lo sea algún día.

Verde: No te gustan los juegos y, al parecer, a él tampoco. Le dices que sí de una y así le haces saber que te morías por verlo. Lo conociste el viernes, ya es domingo y a duras penas os habéis separado un par de horas. Una de dos: o el flechazo es mutuo y fulminante o le acabas de poner todo en bandeja de plata para que, sin ningún compromiso, disfrute de un buen fin de semana sin haber tenido que hacer grandes esfuerzos. Si cuentas con suerte, lo segundo podría gustarle, pero lamentablemente a la mayoría de ellos, no. Lo que no les cuesta no lo valoran y poco después les aburre. Lo que quiero decir es que esto no garantizará que conserve su entusiasmo en ti si te siente tan dispuesta y fascinada. Yo de ti, iría mucho más despacio si lo que quieres es que no desaparezca el lunes con la misma rapidez con la que apareció en tu vida ese fin de semana.

Escenario tres: «Te pasa a buscar a tu casa»

Él ha preparado una noche idílica y ha hecho de antemano reserva en un restaurante. Después de perfumarse y ponerse su mejor pinta, pasa a buscarte una hora más tarde para que tú no vayas a pensar que estaba desesperado por verte. Típico de ellos.

Rojo: Te importa un comino. Ni siquiera te acordabas de la dichosa cita. mejor, así te dio más tiempo para arreglarte y para llamar a la más chismosa de tus amigas para contarle que saldrás con alguien esta noche. No solo le contarás a las demás y quedarás como una reina sino que además la información podría llegar a oídos de alguno que sí que te guste y avivar así su interés en ti para ver si se anima alguna vez a invitarte a salir. Más aún ahora que sabe que tienes a otro pretendiente. Te pones cualquier cosa tapada y a duras penas si lo saludas. Le dices que la bufanda es porque tienes gripe. Acto seguido, le adviertes que no quieres estar mucho tiempo fuera de casa. Si es verdad y es un tipo correcto, hasta te propondrá que salgáis mejor alguna otra noche. Si es un baboso corres el riesgo de que lo interprete como que prefieres el plan de quedarte en tu casa, con él, esa noche. Por eso insisto: OJO con las señales y, más aún, a quién se las envías. En el coche no musitas una sola palabra y cada vez que él te pregunte algo, tú subirás el volumen de la radio. Tampoco te darás cuenta adónde pidió reserva para llevarte porque tú estarás muy ocupada chateando con alguien con tu celular. En el restaurante una de dos, o no pidas nada y sigue chateando, para que le parezcas una maleducada, o pide de más, incluso ordena un par de platos para llevar. Para que le parezca tan costoso y tú tan abusiva que sea un hecho que nunca más te vuelva a invitar.

Amarillo: Te arreglas pero solo porque a ti te gusta verte y sentirte bien. Un hombre solo entenderá que hemos caído en sus redes si exageramos en el arreglo personal. Demasiado perfume, demasiada laca, demasiado escote, demasiada corta esa minifalda. Si aún así sales como para ir a bailar sobre una mesa en un bar exclusivo para hombres, él podría pensar alguna de estas cosas: o creerá que eres una desatinada y tu gusto deja mucho que desear, o le gustará que lo seas, pues al fin y al cabo pensará que en efecto te gusta y así tendrá más posibilidades de lograr su cometido y meterse en tu cama, contigo. Actúa relajada y mantén viva la conversación, pregúntale muchas cosas y escucha con algo de atención. No le cuentes todo de ti como hacen muchas y después se arrepienten y no juegues la carta de «yo también», ante cualquier cosa que te diga. Demuéstrale que ni eres igual que él, ni pretendes serlo. Nunca. Le quedará claro que eres una mujer con mucha personalidad y mucho criterio y si realmente le gustas, eso lo entusiasmará más. Lo malo es que si es a ti a quien te gusta y es él quien no está muy seguro, esto podría espantarlo porque podría pensar que no tienen nada en común. Por eso, si efectivamente estáis de acuerdo en un par de cosas, es bueno hacérselo saber si quieres que te vuelva a llamar. Si al final de la cita te das cuenta de que no estáis de acuerdo en nada, espero que de ti misma, antes que de él, salga como conclusión que una relación con alguien tan diametralmente opuesto a ti, no es una opción que quieras contemplar siquiera.

Verde: Tú ya estarás instalada en su casa mientras al teléfono ordenáis comida a domicilio. Creo que así es muy posible que la señal que le estás enviando sea muy fuerte y clara: llegaste para quedarte. Solo esperemos que esté sintonizado en la misma frecuencia que tú y que no salga corriendo al verte prácticamente instalada ya en su casa.

Escenario cuatro: «La ropa que trae puesta delata sus intenciones contigo»

No tendrías por qué saberlo pero sí que podrás intuir si realmente le interesas si se ha esmerado en su arreglo personal. Lo notarás además si es un deportista, porque se puso zapatos con medias. Si es un ejecutivo, se habrá cambiado el traje con el que trabajó todo el día y saldrá de su casa a buscarte recién bañado, y ojalá perfumado. Si es artista, podría ser que se peine, se ponga una chaqueta sobre la camiseta de Andy Warhol que trae puesta o que se haya bañado. Bueno, eso ya en un caso MUY extremo. Que hayas salido con un grafitero callejero, por ejemplo. Pero si no eres de las que nota ese tipo de cosas, aquí te doy tres señales claras para saber si no le gustas o él no te gustó a ti así se haya esforzado (Rojo), si hay posibilidades (Amarillo), o si está realmente muy entusiasmado contigo. Y ojalá que tú también con él.

Rojo: No le dices nada cuando lo ves evidentemente arreglado. De hecho, si no te gusta ni un poco, le dirás que los pantalones le quedan medio grandes, que tu ex novio tenía una camisa igual a la que trae puesta y le preguntarás si esas medias no le dan calor? El problema es que si en efecto sí que te llama la atención, criticarle lo que trae puesto podría conllevar a dos cosas: o le gustas tanto que lo toma con humor y te promete que para la próxima vez remendará el pantalón, le pedirá a tu ex novio la dirección donde compró esa camisa que tanto te gusta para que sea idéntica a la de él y que evitará las medias y saldrá en sandalias. Si solo le gustas un poco y, después de tu comentario, casi nada, también es posible que se moleste. La última vez que revisó había invitado a salir a una mujer que le gustaba no a una estilista personal para que le asesorara en el vestuario. Define lo que quieres con él y actúa de acuerdo a la forma como quieras que reaccione. Es decir, que te vuelva a invitar a salir o que se excuse para ir al baño, no vuelva y le deje al camarero el dinero para que tomes un taxi de regreso a casa.

Amarillo: Llegó con la misma ropa con la que trabajó todo el día. Si no se excusa, no te hagas muchas ilusiones porque estará claro que no hizo el más mínimo esfuerzo por impresionarte. Peor aún, si aún así te gusta y logran establecerse dentro de una relación, eso mismo marcará la que será la dinámica entre los dos: él nunca moverá un solo dedo para complacerte y tú siempre estarás insatisfecha sintiendo que podría hacer mucho más por ti. Si se excusa, es un buen indicativo de que lo pensó al menos. Otra cosa muy distinta es que no pudo. Y en un mundo real, esas son cosas que suelen pasar. Si es deportista y llega sudado y con su uniforme de práctica, más le vale que la invitación sea a verlo jugar un partido de tenis. Si no, lo que bien podrías pensar es que o no le gustas tanto como creías o le gusta más el tenis que tú. Lo cual, en otras palabras, también quiere decir que tú jamás serás la primera en su lista de prioridades. Allá tú si prefieres que la única cosa amarilla y peluda con la que compitas no sea alguna con el pelo teñido, sino con una pelota. Pero si te dice que no alcanzó a llegar a su casa a cambiarse porque no veía la hora de verte, hay esperanzas. Y si, encima de todo, había previsto que no alcanzaría a cambiarse pero lleva algo elegante para hacerlo en el coche, en una estación de gasolina, o en tu casa, si lo dejas, más prometedor aún.

Verde: ¿Qué ropa? La tuya hace dos días que no la encuentras y, al parecer, lo mismo pasa con la de él. Mucho cuidado. Sé que posiblemente eres de esas mujeres directas a quienes no les gustan los rodeos. Pero si no tienes la fortuna de haberte encontrado con un tipo evolucionado y experimentado a quien le guste tu espontaneidad y tu arrojo, solo ten presente que a la mayoría le atraen pero casi nunca se casan con una mujer así. Personalmente no le veo nada malo pero si lo que quieres es una relación estable, tal vez deberías hacerte desear un poco más en vez de «arrojarte» sin prevenciones, ni paracaídas a los brazos de alguno que te haya gustado, sin saber antes lo que habrá ahí para ti.

Escenario cinco: «La primera cena»

Te lleva al mejor restaurante de la ciudad. Dentro de sus posibilidades, claro está.

Rojo: Una de dos: o te lleva a un restaurante elegantísimo y a ti te da pereza el lugar, él y hasta ordenar, porque es tan poco tu interés en esa cita que de hecho cenaste algo antes de salir. Casi al borde del bostezo, además, le dices que pida por los dos. Si es un tipo medianamente decente, agradecerá tu gesto de confianza y se esmerará en impresionarte. Si no lo es, le molestará que seas tan mandona. También que no tengas iniciativa y tan poca personalidad. Si no te gusta, este truco es perfecto para que nunca te vuelva a llamar. Pero si es al contrario, no será bueno que de entrada crea o sepa que eres una controladora que lo único que haría en una relación es dar ordenes. Y a menos que hayas dado con un pusilánime, te aseguro que a casi ninguno se animará a volver a invitarte a salir ante semejante prospecto. O podría llevarte a un restaurante horrible en el que nadie sé de cuenta de si vas vestida elegante o si llegaste en calzones. Ahí podrías pensar o que no tiene un quinto en qué caerse muerto o que sus gustos gastronómicos son algo peculiares. Para cualquiera de las dos opciones, es una gran oportunidad para salir corriendo y no volver nunca a mirar hacia atrás.

Amarillo: Adonde te lleve estará bien y él lo notará. Además, solo te estás dando una oportunidad pero sin ninguna expectativa presente ni ningún compromiso de por medio, así que de lo que estarás más pendiente será de su conversación y del rato agradable o no que te haga pasar. Con una actitud así, lo más seguro es que lo dejes impresionado. A los hombres les encanta una mujer descomplicada y que tenga la habilidad de sacarle el lado bueno también a lo malo. Pero OJO: si no te gusta, acabas de firmarle un cheque en blanco para que lo cobre acosándote e invitándote a salir todas las veces que se le ocurran y que pueda. Casi ningún hombre dejaría escapar a una mujer que sea capaz de disfrutar de una hamburguesa, mal servida, en una pocilga y aún así declarar que le pareció deliciosa. Así que si solo saliste con él por cortesía y para que dejara la insistencia, es mejor que apliques los consejos que aparecen en la categoría «Rojo».

Verde: Aún no encuentras tu ropa y eres tú quien lo invita a cenar. Sobre tu cuerpo. Porque lo viste en la última Playboy, sacas crema chantilly, unas fresas, una botella de champaña y le dices que como no había uno solo limpio, que puede usar tu cuerpo como plato. Si le gustas mucho, se sentirá en el cielo. Pero, en cambio, si no, podrá pensar dos cosas: o que es muy afortunado por haber conocido una mujer desinhibida con la cual pasar un rato (palabra clave: «rato»), o que eres una loca alborotada que seguramente practica las mismas estrategias de conquista con todos. Sea como sea, no saldrás bien librada. Podrás ser el plato o la pieza de la vajilla que escojas, pero un poco más adelante si quieres tener mejores posibilidades de continuar una relación con él. Pero, si no te importa lo que pase después de ese fin de semana, adelante, y apuéstale más bien a ser un plato, pero desechable.

Escenario seis: «La bailada»

Después de cenar, se van a otro sitio a bailar, tal como lo tenía planeado.

Rojo: Se encuentra con unos amigos y con su ex novia. Se acerca y los saluda. Después de media hora, regresa a la mesa y, a ti, si es que no está muy borracho. Tú te derrites con el gesto y de repente te empieza a parecer hasta atractivo. Qué diferencia con el patán con el que salías antes, quien si ese hubiera sido su caso, seguramente se habría ido con su ex novia sin siquiera voltear a mirarte. Que, entre otras, si mal no recuerdas, eso fue exactamente lo que hizo y la razón por la cual lo dejaste. Bueno, lo digo figurativamente pues técnicamente fue él quien te dejó a ti allí sentada. Él nota tu cambio repentino. Si no te gusta, será clave que no exageres y que de alguna forma le hagas saber que solo te portas mejor con él, no porque te guste, sino porque agradeces y aprecias que es un verdadero caballero. Si te gusta y tú a él, punto adicional para él. Y tú que creías que no existía la más remota esperanza. Lo dicho, uno nunca sabe. Pero si tú no le gustas a él y ha notado un cambio brusco en ti, es decir, que hayas pasado de ser una roca a convertirte en toda una piedra preciosa, lo que posiblemente pensará es, primero, que eres bipolar. Segundo, que no eres tan especial como creía pues actúas como hacen todas las mujeres que solo muestran interés si sienten que cerca está rondando la competencia.

Amarillo: Si te gusta, que haya regresado a la mesa enseguida no te genera ni frío ni calor. Actúas normal porque, al final del día no es algo con lo que pueda impresionar a una mujer decente como tú. Por el contrario, respeto es lo mínimo que esperarías de un hombre que también se precie de serlo. Si no te gusta pero tú a él sí, quedará maravillado ante tu actitud. Pensará que eres una mujer madura y muy segura de ti misma y eso hará que le gustes incluso aún más. Lo que el pobre no se imagina es que en secreto mantenías los dedos cruzados para que se reconciliara con esa ex y así tú habrías tenido la excusa perfecta para terminar con la tediosa cita , quedar como una princesa, y salir corriendo a tu casa para no perderte el final de temporada de *Modern Family* (Familia Moderna). Si él te gusta y tú no a él, lo más seguro es que lo notes porque de ahí en adelante se le habrá amargado su noche, no dirá una sola palabra durante el tiempo que transcurra mientras te lleva a tu casa y muy posiblemente en vez de ir inmediatamente a la suya, se vaya directo adonde su ex para tener sexo de reconciliación. Sabrás que no especulabas cuando leas en el diario, una semana después, el anuncio de su reciente compromiso matrimonial.

Verde: La que por desgracia te ve, no te saluda y te saca por los pelos de su apartamento es su ex quien ha llegado de sorpresa y con la intención de rogarle que vuelva. Hasta ahí llegó el idilio. Y tu ropa que, entre otras, nunca la pudiste recuperar. Insisto: por muy entusiasmada que estés y que las señales directas y contundentes que le envías te estén siendo correspondidas, no sobra conocerlo mejor antes de mudarte a su apartamento. Una nunca sabe qué pasado esconde ni qué tan presente siga estando en su vida.

Escenario siete: «El detalle del seguro del auto»

Os habéis animado a ir a otro lugar. No queréis despegaros todavía, pues os lo estáis pasando muy bien. Él, muy galante y caballeroso, te abre la puerta del coche. Hace mucho frío afuera.

Rojo: ¡Al diablo con la gallardía! Que se la guarde para alguna a quien él sí que le interese, no a ti que estás muerta del frío. Si no te gusta, aunque ruda, la buena noticia es que al menos no morirás de una hipotermia. Si te gusta, así como tú a él, lo único que podría salvarte de semejante grosería es que, una vez dentro, tirites copiosamente y finjas que efectivamente estás al borde de convertirte en una paleta de Häagen Dazs. De resto, si dejaste de gustarle en algún momento entre en el que abrías la puerta y en el que después gritabas oprobios contra el tiempo y contra él, entonces pensará que eres una maleducada, una malcriada resabiada e impulsiva. En secreto también podría desear que de verdad te congelaras pero ojalá en el mismísimo ¡Polo Norte!

Amarillo: Te aguantas el frío y esperas a que lo haga. No muchos hombres lo hacen y la verdad a ti te encanta. Y así aún no tengas claro si lo volverás a ver, como la mujer moderna que eres, no es algo que exiges pero sí un gesto que valoras, incluso entre tus amigos. Así estás acostumbrada que te traten pero no por eso dejas de agradecerlo. Si, por el contrario, no esperas a que te abra la puerta porque realmente tiene un frío de los mil demonios. Sin embargo, tienes la educación de quitarle el seguro a la puerta del lado del conductor, es decir, la suya, suponiendo que es él quien conduce. Ese simple gesto, en el caso de que ya te haya empezado a gustar un poco más, neutralizará cualquier mala imagen que haya podido tener momentáneamente de ti. O, también, podría pasar que ese ínfimo detalle le indique que puede avanzar en sus planes de conquista porque si se te ocurrió es porque te gusta y por eso te importó hacerlo. Si no te gusta y tú a él sí, podrías indicarle que te interesa y que si no lo dejaste un rato más allá afuera para que muriera congelado es seguramente porque querrás volverlo a ver. Súmale que podrías quedar encantado porque ha visto que eres una mujer de carácter que no necesita que nadie haga nada por ella. ¡Reto aceptado! Si se va por ahí, la mala noticia es que nunca te podrás quitar a ese fastidioso «admirador» de encima, porque, valga la redundancia, realmente te admira. Tu pesadilla apenas comienza.

Verde: Con lo calientes que estáis no existe el más remoto peligro de que contraigáis una hipotermia ni nada que se le parezca. Tampoco tiene que abrirte la puerta del coche porque cuando trató de hacerlo tú ya estabas adentro. Tenéis sexo allí mismo en el estacionamiento. Si te gusta mucho y tú a él, ambos, sin decirse nada, pensaréis que el uno es lo mejor que le ha podido pasar en la vida al otro. Si él te gusta pero tú a él no, así habrás desperdiciado la oportunidad de «humanizar y normalizar» tu imagen ante él. Más aún ante la altísima probabilidad de que esa sea la última vez que lo veas y que ese haya sido el final de esa relación que no fue. Si no le gustas tanto y sus intenciones tampoco eran buenas, esa fue la despedida.

Escenario ocho: «La amiga estatua»

Como apenas os estáis conociendo, no le viste nada malo a decirle a una amiga que llegara adonde estáis cenando durante la cita que él con tanto esmero preparó. Él, en cambio, al parecer, sí. «¿Porqué?», piensas. Si tú no le has dado ninguna esperanza todavía.

Rojo: Tu amiga llega, se sienta sin saludarlo a la mesa. No tiene ni idea quién es el que está contigo porque tan poco entusiasmo tenías cuando te invitó, que hasta se te olvidó contarle. Y eso que es tu mejor amiga. Se toma hasta el trago de él y sin que se lo hayas presentado siquiera, se pone a hablar horrores de su ex novio, con quien acaba de romper hace un par de horas. A ti se te olvida que está ahí, por momentos él también se siente invisible, y empiezas a darle consejos e ideas de venganzas que escandalizarían a un asesino en serie. Él te escucha impactado, ya ni siquiera le importa que tu amiga haya llegado tan inoportunamente y se haya bebido todo su trago, lo que le cuesta asociar es a la mujer que invitó a salir con la que ahora habla de una forma tan despiadada. Si no te gusta, ni modo. Que se entere de una vez que no le convendría insistir en conquistarte porque donde te falle, eso mismo es lo que le pasaría. Ha quedado advertido y eso podría incluso servirte para que desista de la idea. Si le gustas demasiado, le parecerá excitante que seas tan buena amiga, tan fogosa y apasionada. En su mente te comparará con la «muerta en vida» de su ex novia quien una vez lo pilló hablando con otra y solo se limitó a ponerse a llorar. Es la hora que lo llama por teléfono y le suplica que la perdone por haberlo espiado. De repente tú le pareces demasiado sexy y eso hará que le gustes aún más. Te habrás convertido para él en un potro que bien vale la pena intentar domar. Buena suerte con eso, pobrecito. Si te gusta y tú a él no tanto, esa sería la estocada final para ambos. Era lo que a él le faltaba para cortar los lazos que había venido forjando contigo y tú te habrás clavado así tú solita el cuchillo.

Amarillo: Le adviertes que tu amiga va a llegar y le cuentas que es casi tu hermana y que no la puedes abandonar cuando apenas acaba de cortar con su novio. Cuando llega, se la presentas y tratas de hablar de otra cosa que no sea lo que acaba de pasar. Pero si tocar el tema es inevitable porque tu amiga, encima de todo, literalmente además, ha empezado a llorar, tu no lo excluyes de la conversación y hasta le pides su opinión sobre el tema. Si no le gustas, la situación es un poco loca pero a él le sirve para que la cita quede ahí y que te dediques mejor a tu amiga necesitada. Tú no tendrías ninguna excusa para molestarte si además se va, porque recuerda que fue tu idea invitarla. Si no te gusta y quieres que la cita acabe allí mismo, tu amiga «llorona» es el sofisma de distracción perfecto para hacerlo. Lo malo es que él podría quedar aún entusiasmado pues además de guapa e interesante, acaba de constatar que eres una mujer solidaria y de armas tomar. Bueno, no en el sentido total de la palabra, esperemos. Si los dos os gustáis, él entenderá la situación, se quedará para apoyarte y, como la cita quedó en pausa, te invitará a concluirla en una fecha próxima. Tú aceptarías encantada. Creo que yo también. Nada más atractivo para cualquier mujer moderna que un hombre maduro y ecuánime que no salga corriendo ante una crisis como la que se le presentó.

Verde: Le cuelgas a tu amiga, así se note que la está

pasando fatal. Él te dice que por él no te preocupes y que, si es urgente, que a él no le molesta que la vuelvas a llamar. O incluso que le digas que llegue adonde estáis. Tú ni siquiera caes en la cuenta de que, con un hombre así, te acabas de ganar la lotería. Estás tan afanada por volver a la parte en la que le coqueteas descaradamente, que le pasas el pie por entre la bota de su pantalón debajo de la mesa y en la que hablabais sobre cuál sería la próxima posición que intentaríais una vez que hayáis regresado a vuestra casa, que no has notado siquiera que un hombre así es realmente muy difícil de encontrar. Si le gustas, pensará que estás muy interesada en él y se alegrará. Pero en el fondo no le gustará que no hayas sido compasiva con tu amiga. Será el campanazo de alerta que lo despierte de su letargo. Lo que abrirá la caja de Pandora en donde tenías encerrados todos los defectos que él antes no veía. Si no le gustas tanto, le parecerá que no eres una persona íntegra y si eso le haces a tu amiga que te necesita, no quiere ni imaginarse cómo serías con él en el caso de que estuvierais en una relación. Si no le gustas, al menos para nada bueno, no le importará tu amiga, ni tú una vez hayáis acabado de practicar todas esas posiciones que dijisteis que ibais a hacer. Lo peor es que ni le importará desaparecer de la noche a la mañana. Si tú misma le demostraste que no te importan los sentimientos de los demás, es posible que piense que a ti tampoco te molestaría que él simplemente deje de buscarte.

Escenario nueve: «El excenario»

La conversación va viento en popa. Él siente que ha conquistado mucho terreno pero tu ex, bastante tomado y evidentemente molesto, se acerca a la mesa con cara de pocos amigos.

Rojo: Si te gusta y te asustas porque allí está tu ex

podrían pasar dos cosas: si tú también le gustas, lo interpretará como que todavía no estás lista para estar en una nueva relación. Qué pesar pero a lo mejor así evitará terminar metido, sin querer, en un triángulo amoroso en el que él jamás hubiera querido estar. Tu nerviosismo lo único que hace es delatar los sentimientos que aún albergas por él. Y suponiendo que quien te invitó a salir es un hombre inteligente, no le costará mucho darse cuenta de que aún te importa y, si además es maduro, se retirará de la contienda. Si no le gustas, te llevará a tu casa gustoso. No porque entienda la situación y quiera apoyarte en tu decisión. Le importa un bledo. Más bien es la excusa perfecta para dejarte en su casa y volver al sitio en donde estabais y en el que vio cuando os ibais que iba entrando una manada de rubias alborotadas. Si no te gusta, pues que piense lo que quiera.

Amarillo: Mientras vuelan ceniceros y botellas por el aire, él corre a llamar a la seguridad del lugar. Cuando regresa, tú y el patán de tu ex novio ya os habéis reconciliado y os besáis apasionadamente. Para rematar, es él quien sale volando del lugar como un perro, supuestamente por buscapleitos. Te llama al día siguiente con la excusa de averiguar cómo estás. La realidad es que quedó enamorado. Pues como a ellos una les gusta es cuando estamos acompañadas u ocupadas con otro... ¿Si no le gustas lo suficiente, te llamará al día siguiente con la excusa de que quiere saber cómo estás? Una de dos, o es un verdadero caballero y solo pretende brindarte su apoyo y dejarte abierta la posibilidad de que lo busques si algún día lo llegaras a necesitar, así en el fondo sabed que, al menos con las mismas intenciones románticas que traía, no te volverá a llamar. O, sin más, desaparecerá porque nada de lo que digas le interesa realmente. Está conforme con lo que vio y con eso le basta. Si le gustas tanto como pensabas y además a ti también te había empezado a gustar, una vez que hayas intentado en vano arreglar las cosas con tu ex y nuevamente constates que es un cretino y que por esa razón es que habíais terminado, es muy posible que te vuelva a invitar a salir. Pero no esperes que eso suceda a la velocidad que tu quieres. Tal vez se demore, tal vez, aunque os sigáis gustando, ambos os quedaréis con las ganas. Si le gustas pero sus intenciones no son muy buenas que digamos, te buscará no porque es valiente y le importa un comino tener que pelearse con tu ex si le toca. Más bien, querrá saber por qué un hombre es capaz de pelearse con otro así, por ti. Elementales como lo son, la mayoría, todos los caminos hacia la respuesta que busca, lo llevarán a las habilidades en la cama que ahora se imagina que debes de tener.

Verde: Suponiendo que ya se te pasó la calentura original y tras semanas de no saber nada de él, con quien viviste un tórrido romance aquel fin de semana, él se da cuenta que el silencio y la distancia han logrado maravillas en ti. Ahora estás más calmada. Igual de divertida pero precavida y decididamente menos dispuesta a arrojarte sin ningún reparo a sus brazos otra vez. Tu ex se pone pesado y busca una confrontación que nunca se dará porque tú simplemente lo ignoras, tú misma llamas a seguridad si insiste en molestaros y tú misma le dejarás claro que te respete a ti y a la persona con la que estás y que nada tiene que ver en sus asuntos. Él queda realmente impresionado. Tanto que es muy posible que, con ese simple gesto, la imagen que tenía de la mujer fácil dispuesta a todo con tal de estar con alguien, de repente se le haya borrado y que, de ahí en adelante, te siga invitando a salir para conocer bien a esta mujer que lo intriga y que lo ha desconcertado. Querrá averiguar más y hacer más esfuerzos por acercarse a ti. De allí en adelante serás tú quien decidirá si lo quieres como a un amigo o como algo más. Con un simple cambio de actitud no solo le estás diciendo, sin decirle, que no te molestaría estar con él otra vez, pero solo si tiene buenas intenciones. Si no, que tome un número y haga la fila junto a tu ex.

Escenario diez:
«El celular a altas horas de la madrugada»

Estáis en plena cita, cuando tu teléfono móvil empieza a timbrar insistentemente. Lógicamente te pones nerviosa.

Rojo: Contestas y le pides que te acompañe afuera en donde puedas escuchar mejor. Él oye claramente cuando dices con quién y dónde estás. Como para rematar cuelgas diciendo el nombre de tu ex, si no le gustas, a él lógicamente le parecerás una ridícula, además predecible, que solo lo hiciste para darle celos a tu ex. O también podría pensar que fue por darle celos a él. Qué ilusa, es lo que piensa. Aprovecha la coyuntura y se irá. Si a ti no te gusta, te parecerá perfecto y llamarás a tu amiga para darle las gracias por haberse hecho pasar por tu ex en esa llamada. Si ambos os gustáis, creo que la acabas de embarrar.

Amarillo: Tú sudas nerviosa y no contestas. Tratas de apagar el aparato pero timbra con tanta insistencia que alcanzas a pensar que es una emergencia y te excusas para ir al baño para poder contestar. Regresas a la mesa descompuesta, pides un trago doble y te lo tomas como si fuera agua. Le pides que te lleve a casa pues se te presentó un inconveniente. Cuando llegáis el «inconveniente» está estacionado en la puerta de tu casa. ¿Qué hacer? Si te gusta pídele que te espere en el coche y le explicas qué vas a hacer. Te acercas molesta a tu ex y durito, para que desde el coche oiga cuando le digas que te deje en paz, que no te busque más y respete tu decisión de seguir adelante tu vida sin él. Si le gustas, le encantará haber presenciado eso. Si no le gustas, simplemente encenderá el motor de su coche y se irá a toda velocidad.

Verde: No contestas, estás demasiado ocupada besando a tu nueva conquista. Si la insistencia es tal que el teléfono sigue repicando, le explicarás quién es y le preguntarás si le molesta si apagas el teléfono. O, si prefieres y por suerte tiene el mismo sentido del humor que tú, ofrécele que conteste él. Ahora, si es él quien se molesta te reta a que contestes. Por mucho que te haya gustado, evita problemas en el futuro con un energúmeno celoso como ese y respóndele que lo harás, pero en persona y en tu casa. Dejas un billete sobre la mesa con lo que cubrirás lo que hayas consumido y te irás. La señal que habrás enviado es muy clara: no tienes tiempo para perder con un inseguro.

Escenario once: «La ida al baño»

Mientras esperáis la cuenta, tú te excusas para ir al baño. Regresas más arreglada, peinada y posiblemente perfumada que antes.

Rojo: Si no le gustas pensará que estás desesperada y que haces demasiados esfuerzos por agradarle. Si le gustas, pero él a ti no y es demasiado evidente, pensará que no solo le gustas sino que además es casi seguro que esa noche te irás a casa con él. La ilusión, y de paso la sonrisa, se le quitarán tan pronto le digas que no te lleve a tu casa sino que te deje en un bar, adonde quedaste en encontrarte con unos amigos y encima de todo no lo invitas.

Amarillo: Si ambos os gustáis, solo sonreiréis porque es evidente que así es y sin deciros nada reconocéis que es parte del juego delicioso de la seducción.

Verde: No vas sola al baño, le pides que te acompañe. Tenéis sexo sobre el lavamanos, mientras veinte personas afuera amenazan con tirar la puerta abajo. Y si ni aún así le queda claro que estás fascinada con él, lamentablemente es una señal desperdiciada que, por lo visto, el jamás entenderá.

Él, por la emoción, toma un poco más de la cuenta. Maldita costumbre. Tú, aunque le has seguido el ritmo, estás un poco más medida. Si eres como yo y no soportas a un borracho, te preocupará la odisea por la que deberás pasar con un hombre pasado de tragos, de ahora en adelante. ¿Qué hacer para transmitirle efectivamente si serías capaz o no de verlo otra vez, después de esa noche?

Rojo: Le pides (o, más bien, le quitas) las llaves y te ofreces a conducir su automóvil hasta su casa, en donde no se querrá quedar a pesar de tu insistencia. En vez de esa opción, tú optas por pedir un taxi para irte. En la portería le dejarás las llaves con una notica que diga simplemente: «Gracias. Espero que mañana amanezcas bien.» Él entenderá que la noche fue un fiasco y que te debe una disculpa, en el caso de que le gustes, si no, creerá que, peor aún, fue un desperdicio de su tiempo, su dinero y de su noche pues es evidente que eres demasiado maternal, convencional y ortodoxa para su gusto. Y si a ti no te gusta, así la hayas pasado mal la noche anterior, sentirás que te has salvado de uno que otro accidente de automóvil, de incontables mañanas suministrando aspirinas y preparando caldos de pollo para la resaca. En otras palabras, te salvaste de un borracho y de una vida de miseria junto a uno que no sabrá la diferencia entre tener el control o perderlo. Por lo pronto, a quién sabrá que perdió fue a ti..

Amarillo: Aprovechas su estado lamentable para irte con el camarero que tiene más y mejores músculos que él. Te imaginas que la resaca será de tal grado que jamás se dará cuenta de tu ausencia. Y no te equivocas. Por eso, si le gustas, al día siguiente te enviará rosas y una nota de disculpa. Si no te gusta, tirarás la nota y le llevarás esas mismas rosas a tu mamá que está de cumpleaños. Si no le gustas, no aparecerá mínimo en un año. Si ambos os gustáis, te quedarás con las rosas, le agradecerás por el detalle y lo perdonarás porque se nota que está arrepentido. Vuelves a salir con él pero mantendrás los ojos bien abiertos a menos que quieras acompañarlo a todas esas reuniones de Alcohólicos Anónimos.

Verde: Al día siguiente estarás allí, en su apartamento para servirle la sopita de pollo que con tanto esmero y dedicación le preparaste con tus propias manos. O para marcarle al servicio a domicilio más cercano. Él, aún confundido, se derrite de amor por ti. Si te gusta, sostendréis un idilio etílico y permisivo en donde una vez hayas aceptado su condición, la única opción que habrás dejado abierta es aguantarle sus frecuentes borracheras. Si no te gusta, ni siquiera estarías cerca para servirle nada, a menos que sea en la cabeza. Tampoco te molestará saber cómo amaneció y es muy poco probable que quieras volver a saber nada de él. Y si le gustas demasiado, él a ti no pero se te quedó algo en su coche la noche anterior y solo por eso debes llamarlo y posiblemente hasta pasar por su casa. Si aparte de prospecto de borracho, también es un iluso, pensará que solo buscas una excusa para verlo. Si para rematar te lo dice, sin contestarle nada, directamente ponle ese plato de sopa, con o sin caldo de pollo adentro, directamente en la cabeza. La señal que le estarás enviando será bastante clara: «¡La próxima vez será con una olla!» Más claro no canta un pollo. Digo, un gallo...

Escenario trece: «El día siguiente...»

Aparentemente todo salió bien la noche anterior, tanto que amaneció con unas ganas locas de llamarte y verte de nuevo. Se decide y te llama.

Rojo: Le contestas en un tono jovial, le agradeces por una noche increíble y le preguntas, tranquila, cómo amaneció. Él se confunde al no encontrarte furiosa. Definitivamente piensa que él a ti no te gusta. Y no se equivoca. Pues esa será exactamente tu reacción en caso de que no te guste y no te importe ni cinco si de plano amaneció o no. También lo será si eres una mujer muy comprensiva y te alcanzaste a preocupar tras verlo tan mal o si estás en casa ocupada con tu novio con quien te acabas de reconciliar.

Amarillo: En tu teléfono, te contesta un tipo que te trata con familiaridad y dice ser el mesero del sitio en donde estuvisteis la noche anterior y te cuenta que encontró su cartera... ¡vacía! Aunque sea con la excusa de reclamarte, te volverá a llamar. A ellos les fascina que seamos «necias». Si le gustas mucho, tras tomarse deportivamente tu supuesta «pilatuna», también te perdonará que hayas usado su dinero para pagarle una ronda completa de *shots* a todos los que estaban, conocidos suyos o no. Posiblemente así mismo haya olvidado que lo único que hiciste por él fue meterle un billete en el bolsillo de su camisa y pegarle un Post-It (una nota adhesiva) en la frente con su dirección para que el taxista supiera dónde depositarlo mientras tú te quedabas con sus amigos, con los nuevos que hiciste tras tanta generosidad y con el mesero que le acaba de contestar. No te prometo que te vuelva a llamar, pero al menos así, para una próxima ocasión, si es que la hay, aprenderá a respetarte. También entenderá que si quiere estar con una mujer como tú, deberá aprender a administrar su fiesta porque bajo ningún punto de vista permitirás que te dañe la tuya.

Verde: No tiene que llamarte, con darte un codazo basta, pues aún estás en su casa. Al verte ahí, durmiendo plácidamente, se le ocurre, encima de todo, que eres una muy mala influencia. Por ello, empieza a añorar a su ex novia y no sabe cómo sacarte de su casa porque ya le pareciste demasiado loca, atrevida y ni qué decir, fácil. Lo dicho: cuanto más fácil le pongas las cosas, más fácilmente se aburrirá de que encima de todo le acolites todo. El único control que sabe manejar es el remoto de su televisor y por eso querrá volver a estar con una que, a diferencia tuya y tu pésima estrategia, no quiera dejarle la rienda suelta para tener que amanecer como si lo hubiera arrollado un tren. La señal que has enviado le ha quedado muy clara: estás dispuesta a aceptarlo tal como es porque de verdad te encanta. Ahora, el asunto aquí no es tanto lo que tú quieras sino lo que también quiera él. Y si lo que quiere es una relación estable con una mujer que sepa manejarle hasta sus frecuentes pataletas, puedes ir olvidándote de volverlo a ver. O tal vez sí. En las páginas sociales de una revista casándose con su ex novia, que evidentemente por la cara de rectora de colegio que tiene, no es ni divertida, ni sexy, ni permisiva, ni de mente abierta como tú, sino que más bien se parece a su mamá. Ahí es cuando por fin entiendes por qué demonios nunca te volvió a llamar.

Ante los hechos una sola pregunta sigue rondando mi cabeza: ¿qué es lo que ellos no entienden acerca de las señales que enviamos las mujeres cuando de conquistar se trata, si no es tan complicado como creen? A buen entendedor, pocas palabras. En cambio, nosotras tan inseguras como somos, siempre necesitamos mucha más información de la que aparentemente nos están dando. Mejor dicho, si no tenemos al tipo durmiendo de esmoquin, arrodillado y con un anillo de diamantes, es muy posible que jamás nos enteremos de que es muy en serio su propuesta matrimonial. ¿Porque será que para nosotras el amarillo no existe? ¿Por qué creemos que si no nos vamos a un extremo (Rojo) o al otro (Verde, aunque sea clarito), no tendríamos con ellos ningunas posibilidades? Así suene a que no es «ni fu ni fa», sigo prefiriendo la opción amarilla. Porque lo que indica es que ni eres una desconsiderada imposible de complacer ni una regalada excesivamente fácil de ilusionar. Más que nada porque te ilusionas sola. La señal que envías y que tú por supuesto aplicas es «conduzca con precaución». Y eso mismo es lo que nos falta a la mayoría de mujeres a la hora de salir a conquistar o al momento de abrir nuevamente la puerta para permitir que sean ellos quienes nos conquisten a nosotras, algo llamado: cautela. Es decir, sí que es, y muy cierto, eso de que para no tener que lamentarlo, la clave está en prevenir antes de intentarlo. La clave para conquistar sin hacer el ridículo o sufrir en el intento es ni rechazar sin clemencia (bueno, y con tu amiga Clemencia presente, también) a todos los prospectos que se te acerquen porque una nunca sabe si entre ellos habrá alguno que rompa el molde al que habías estado acostumbrada y logre cambiar el curso de tu vida y dirigirte hacia la relación estable que siempre soñaste pero que nunca tuviste realmente con quién construirla. Ni tampoco será lanzarte sin condiciones a los brazos del primer perdedor que te ofrezca una Pepsi y que se cruce en tu camino. Por eso insisto: amarillo. ¡Y que viva la ictericia! Entonces, para nosotras los escenarios románticos cambian, así sean los mismos, y la intención siempre es otra mientras no nos imaginemos lo contrario.

TERCERA PARTE

SOLAMENTE SOLAS

16

Radiografía del cavernícola moderno (¿qué tienen «esas» que no tengamos «nosotras»?)

Si es cierto que la mujer moderna ha evolucionado al punto que la «dependencia masculina» no es considerada ¿cómo diríamos?, necesaria. Que ni siquiera es remotamente útil en la mayoría de los casos y que en estos tiempos modernos que estamos viviendo sí que es posible sentirnos a gusto solas. Pero eso solo sucederá una vez que hayamos entendido que no es que los hombres no valgan la pena, sino que conseguir uno bueno para compartir nuestras vidas cada vez es más difícil, por no decir que prácticamente imposible. Y no es, como lo escribí en un libro anterior, que de verdad nos tocará convertirnos a la fuerza y en contra de todos nuestros principios en brutas o fingir que lo somos para poder competir con aquellas que sí que dominan a la perfección el arte de la manipulación masculina. Lo que sugiero, advierto, es más difícil aún. Enfocarnos en conseguir un hombre inteligente y evolucionado. Preparad lupas, porque las necesitaréis. Es igual o más arduo que encontrar una aguja, o cualquier cosa, en vuestros bolsos. Pero de que es muy probable encontrarlo algún día, lo es. Y la razón por la cual sigo pensando que la vida acompañados podría ser mejor y que, al menos una vez en la vida, debemos intentar experi-

mentar en carne propia lo que es estar en una sana relación de pareja, es porque he hecho un descubrimiento que nos cambiará a todas la percepción que hasta ahora teníamos de ellos y que hoy compartiré con vosotras: a punta de flechazos y rechazos, sí que hay un hombre nuevo y moderno allá afuera. Antes de que os atragantéis con esa aceituna del martini que bebíais mientras leíais este libro, antes de desternillarse de la risa, antes de perder el oxígeno y caer desmayadas en el piso sin tener siquiera quien os dé respiración «boca a boca», inhalad profundo, dejad de ser tan negativas y pensadlo solo un instante. Es muy posible que algunos hombres hayan evolucionado también. ¿Será que estamos tan entregadas a esa lucha ridícula contra ellos que a todos consideramos ya nuestros enemigos, en vez de darles la oportunidad a algunos que bien podrían ser los héroes que nos rescatarán de tanta soledad? Es tan tan real y viable que en este capítulo os explicaré por qué. Es solo que, con tanto feminismo mal asumido, esos que sí valdrían nuestro esfuerzo, se están quedando con las que, según nosotras, no han hecho méritos suficientes. Pero ¿qué tienen esas, según nosotras, galafardas, mediocres sin aspiraciones, que a los hombres los privan y a nosotras también, pero de la rabia? Tal vez mucha más paciencia y visión que muchas de nosotras.

Aunque el proceso de la evolución masculina frente a la latente modernidad femenina es lento, algunos de ellos sí que intentan al menos amoldarse a las reglas de interrelacionamiento de géneros que supone el siglo XXI. Ante la duda, no os culpo, considerad por un instante lo siguiente: si existe la mínima posibilidad de que esto esté sucediendo, entonces ¿cuál es el afán de seguir luchando contra ellos o, contra nosotras mismas, en su defecto? Si por conveniencia o por necesidad, nos da igual, he constatado después de hablar con muchos hombres, que lo cierto es que muchos de ellos, en el mundo entero, ya han empezado a entender el peligro. Son conscientes de que si no actúan a la altura de la nueva mujer en el mundo, serán ellos los que tendrán que comprar de ahora en adelante poderosos vibradores. O muñecas inflables que, en resumidas cuentas, viene siendo más o menos lo mismo. Es decir, de seguir así, como estamos, la de medidas perfectas y aparentemente sin neuronas con la que pasan sus ratos de ocio, no sería su plan B, sino su único plan. Punto. Palabras más o palabras menos, ellos también estarían conformándose con la que les tocó y no con la que escogieron. Sin nuestra ayuda, sin un poco más de tolerancia de nuestra parte, de ingenio y de inteligencia para lograr nuestro objetivo, lamentablemente las mujeres modernas perderemos la histórica oportunidad de volver a conformar junto a ellos lo que, valga la redundancia, también históricamente se conoce como «hogar» o al menos como una sana relación de pareja. Pero descuidad, señoras, hay esperanzas.

Volvamos a un tema que, aunque intentamos en vano desplazar a un segundo plano en la escala de asuntos importantes en la vida, nos atañe y sí que nos sigue interesando a la mayoría de mujeres modernas en el mundo: los hombres. ¿Cómo entenderlos, cómo conquistarlos, cómo conservarlos, cómo mandarlos al mismísimo demonio cuando ya no los aguantemos, cómo convivir con ellos sin que ello suponga una despiadada competencia de géneros por el poder en la relación? Si lo que afirmo no fuera cierto, sería muy poco probable que desperdiciáramos nuestra vida alquilando o comprando las diez temporadas completas de *Sexo en Nueva York* para consolarnos a través de las fracasadas aventuras románticas de Carrie Bradshaw los fines de semana. Así mismo, si las mujeres fuéramos en realidad tan fuertes y tuviéramos corazones tan duros, las compañías fabricantes de chocolates en el mundo estarían quebradas, pues ninguna mujer gastaría fortunas enteras hundiendo sus penas (y su figura) engullendo dulces como una morsa hambrienta. De la misma manera que seguramente se declararían en bancarrota los fabricantes de pañuelos desechables Kleenex, los de alcohol, los de música de despecho y los de los zapatos que adquirimos compulsivamente o más bien coleccionamos como aliciente para intentar superar una ruptura sentimental.

Porque, nos guste o no, tengamos la valentía de admitirlo o no, lo cierto es que los hombres y la buena o mala relación que logremos tener con ellos nos sigue de alguna manera pegando fuerte en el corazón. Y que te quede muy claro que la importancia que ellos tienen en nuestras vidas no se la estoy dando yo. Se la has dado tú cada vez que has llorado por amor, cada vez que te has imaginado cómo sería tu vida en pareja, con la consabida recortada de vestido de novia y todo. También se la diste aquella vez que renegaste cuatro horas seguidas de alguno que te partió el corazón, o en aquella ocasión en la que convocaste a tus amigas a una reunión extraordinaria para contarles los detalles de una nueva conquista que te traía palpitando con fuerza el corazón.

Cuando de hombres se trata y de lo poco que hemos aprendido a entenderlos y a convivir con ellos, nos hemos vuelto literalmente monotemáticas. La importancia, insisto, seguimos dándosela nosotras cada vez que con nuestras distintas actitudes admitimos que la vida acompañados bien podría ser más plena, aunque no sepamos bien ni por donde empezar. Entonces, si eres de las mujeres que aún niegan que semejantes cursilerías aún puedan existir en nuestro mundo de mujeres modernas, tengo muy malas noticias: sí que existen y en cantidades alarmantes. Y si a pesar de mis aclaraciones eres de las que insiste que el tema de los hombres es una gran estupidez y prefieres, incluso, quedarte sola, también estarías en todo tu derecho de hacerlo. Eso sí, no fastidies a las demás, a las que siguen siendo creyentes de un culto que se llama: estabilidad emocional. Recuerda más bien sintonizar tu vida en la nueva frecuencia: FR (Felizmente Realizada) correcta. Esa en la que ya no quieres ser una AM pero tampoco criticas a la que aparentemente es una FM. Es decir, si quieres tener una existencia feliz sin envidiar a nadie tal y como lo discutimos en un capítulo anterior, los deseos de una no tienen por qué competir con los de todas las demás. Porque si bien es cierto que con esfuerzo algunas hemos aprendido a valernos solas y a ponerlos a ellos en un segundo y hasta en un tercer lugar en nuestra nueva escala de valores, cada vez somos más las mujeres en el mundo a las que nos interesa encontrar una fórmula o la manera más efectiva y beneficiosa, obviamente para nosotras, de convivir con ellos en armonía. Es más, tú misma que me estás leyendo, si no fuera este tu caso: ¿cuál sería el punto para seguir leyendo este capítulo?

Por esta razón y tras investigar a fondo sobre el tema, me atrevo a asegurar que ha comenzado a existir allá afuera un nuevo espécimen al que llamaremos: el hombre moderno. Ese ser medianamente evolucionado que nos interesará pescar de ahora en adelante y el que bien podría convertirse, ya sea en el centro de otro descarnado debate entre nosotras o, si prefieres, más bien el foco de atención de nuestro nuevo proyecto de vida: atraparlo. Conquistarlo, domesticarlo, convertirlo, amansarlo o amaestrarlo. Todo sirve. Para que, sin mucho esfuerzo y sin dañarnos una sola uña, terminemos convenciéndolos de que somos lo mejor que se les ha atravesado en la vida. Como lo hacían antes nuestras madres, nuestras abuelas y las que de alguna manera lograron establecerse dentro de un verdadero hogar. ¿Para qué engañaros? Tan prevenidos como también lo están contra nosotras y contra algunas posturas feministas radicales que hemos elegido adoptar, someterlos ante nuestros encantos no será tarea fácil.

Algunos, por supuesto, pensarán que entre eso, es decir nosotras, y un gato negro, no se sabe qué es peor que se les atraviese por delante. Pero ese hombre pesimista ni siquiera será en el que concentraremos nuestros esfuerzos. Apuntémoslos más bien a uno que al menos nos venda la ilusión de que, bien administrado, si así lo quisiéramos, bien podría hasta ofrecerse a cargar con nosotras y con todas nuestras deudas algún día. Como antes. Sí, así como los caballeros las prefieren supuestamente brutas, nosotras los preferimos millonarios. O por lo menos con ingresos.

Y realmente muchas de nosotras no queremos sacrificar nuestra preciada libertad por convertirnos en perfectas mantenidas. En la mayoría de los casos, el mío incluido, el precio de lo uno no compensa el tedio de lo otro. Pero mientras nos sintamos respaldadas, apoyadas, protegidas y bien representadas, sería mucho más fácil aceptar la simple idea de «renunciar» a algunas cosas como: las salidas a altas horas de la noche a emborracharnos, por ejemplo, los viajes solas con amigas a una playa nudista en el Mediterráneo, poder cambiar de novio con cierta frecuencia, mandarlos a «su» casa cada vez que nos provoque dormir solas... Lo cierto es que tener una buena relación de pareja con un hombre que nos venda la ilusión de que sí que vale la pena, bien valdría nuestro esfuerzo. Pero ese hombre al que me refiero, no es propiamente producto de mi imaginación. Es aquel con el que muchas de nosotras seguramente nos hemos topado y al que ya seguramente hemos rechazado por taradas. En medio de la cotidianidad de nuestras vidas de mujeres cosmopolitas, y aunque nos resistamos a creerlo, habita y convive con nosotras allá afuera uno que también ha cambiado. No mucho, la verdad. Pero ahí va. No seamos tan impacientes, ni tampoco exigentes, que algo es algo y, en este caso, es mucho más que nada.

Este hombre al que me refiero es el que se ha visto obligado a cambiar para también subsistir en un mundo del que cada vez se siente menos dueño. Me refiero a un hombre que se siente compitiendo contra un tubo de ensayo por haberse convertido, sin su aprobación ni su conocimiento, en un vil donante de esperma. Porque ya ni para reproducir estamos necesitándolos. El hombre actual, ese con el que seguramente se toparía la orgullosa mujer de mundo que aquí describo ya no es el que, dada la oportunidad, nos ultrajaría en privado o en público. Más que nada por temor a ir preso. A que lo insultemos con el mismo volumen y alevosía o a que lo sustituyamos rápidamente por uno menos abusador y mejor amante que él. Así este sea de baterías, ocho velocidades y responda al nombre de «el pulpo eléctrico». Por las mismas razones y temiendo tal vez las mismas consecuencias, ese mismo hombre medianamente evolucionado que describo tampoco es el que nos levantaría la mano para golpearnos a menos que algunas prefieran seguir en la línea del sadomasoquismo. El que es muy poco probable que nos obligará a quedarnos en casa a pesar de querer y de sentirnos preparadas para trabajar como él. De hecho, este sueño de hombre que a lo mejor sigamos dudando que realmente exista (qué depresión) considerará que la mujer también desempeña un papel importante en la economía del hogar. Más que nada, como lo dije antes, si tiene una amante y el salario no le alcanza para mantener dos hogares. Como tampoco es el que nos maltrataría sicológicamente a menos que se lo permitamos o que sepa realmente lo que le conviene. A punta de fuertes golpes a su ego machista, y uno que otro florero volador, ese mismo hombre ha tenido que modernizarse por temor a no quedarse solo o, en algunos casos, a conformarse con la que no quiere al lado porque las inteligentes e interesantes con las que él quisiera estar huyen de su machismo patológico, inmaduro y obsoleto. De repente la frustración es mutua y la necesidad de estar con nuestro equivalente también lo es.

Entonces me pregunto: ¿acaso existen allá afuera algunos de los hombres que aquí describo, o más bien debo admitir que me pasé nuevamente de tragos y he empezado a desvariar? Es muy posible pero luego de los resultados arrojados por mi encuesta casera, me inclino mejor a creer que, al parecer, sí que los hay. No en grandes cantidades, tampoco exageremos, pero sí que los hay. Aprender a encontrarlos, he ahí el bendito dilema. Pero como avance científico, lo que sí que puedo asegurar es que ese tipo de hombre, hasta ahora imaginario o no, que aquí describo sí que es posible. Lo único es que nosotras debemos construirlo. ¿Cómo? Para las que somos madres, desde el hogar y a través de una crianza modernizada que los prepare a ellos para respetar y valorar al nuevo tipo de mujer con el que se encontrarán allá afuera. Porque, tal como pasa con el tema de la ecología, a muchos no les interesa, pues el ser humano es tan egoísta que no piensa en lo que ha de venir o en las futuras generaciones, sino en lo que vive en el presente nada más. ¡Que el mundo se va a acabar! Y ahí sí que empezamos a sacar cuentas: «Para cuando se acabe, yo que ya tengo 35 y si estamos hablando de aquí a 50 años, pues a mí qué me importa. Es decir, ya para qué». O «¿de qué me preocupo si con esta forma de fumar yo ni estaré viva?».

Es precisamente ese pensamiento codicioso lo que evita que muchos en el mundo eduquen mejor a sus hijos, a los que nos suceden, para poder así cambiar las reglas de este estúpido juego llamado: «guerra de los sexos». Lamentablemente he sido testigo de que somos las mismas mujeres las que si tenemos la oportunidad de ser madres de hijos varones de alguna forma les inculcamos exactamente lo que nunca nos ha gustado que nos hagan a nosotras. Celebramos que le peguen a las niñas y no los corregimos porque consideramos que son actitudes propias del género masculino. Porque erróneamente y por ignorancia creemos que es ahí donde queda ampliamente demostrada su virilidad. Y lo peor de todo es que llegan incluso a sentirse orgullosas de ello. Por supuesto, solo hasta que les toca, en un futuro no muy lejano, ir a llevarles unas manzanas y ropa limpia a la cárcel. La mamá machista que aún pulula a sus anchas en el mundo es la que, si su hijo le pega a su esposa, lo que primero que piensa es: «¿Quién sabe qué hizo para merecérselo?» Esa que no se toma la molestia de enseñarles desde pequeños que, si bien es cierto que fuimos creados o diseñados con una información distinta, en cuanto a los derechos que tenemos hombres y mujeres, por igual, debe reinar siempre la equidad. Y eso, señoras, se aprende también en casa. Entonces dejemos por un momento de ser avaras y desconsideradas y entendamos que así no nos toque vivirlo en esta vida, ni siquiera en carne propia, sí que es posible cambiar el curso de la historia. Que si comenzamos por sembrar hoy, así no seamos nosotros, los de nuestra generación, los que recojamos la cosecha, por lo menos nuestro paso por este mundo dejará sus buenos frutos. Ahora que soy madre entiendo que sí que me importa lo que pase en el mundo, porque una vez que yo desaparezca, quedará mi hija, sus amigos, tal vez un marido el cual aspiro que la trate con dignidad y respeto, a lo mejor los hijos que quiera o que no quiera tener, es decir mis posibles futuros nietos, y por esa sencilla razón y por la ilusión que me embarga cada vez que me la imagino sola, sin mí para que la proteja, pero igualmente segura en un mundo que yo ayudé a construir mejor es que lucho a diario por convertirla en una mejor persona. En una mujer interesante, de mente abierta, que no solo no se asuste con los cambios sino que luche con todas sus fuerzas por ser parte de los mismos. En un ser tolerante y comprometido con el respeto. Hacia ella, hacia los demás y hacia el mundo que la rodea en general. ¿Será mucho pedir? Yo creo que no. Así que permiso, ¡que para allá vamos! Al menos mi hija y yo y todas las que quieran acompañarnos.

Pero para las que no son madres todavía porque no han querido o porque aún no han sentido que es el momento ideal, les sugiero ser un poco más selectivas a la hora de escoger una pareja. Que no sigan perdiendo el tiempo con los que ya han demostrado ampliamente que no tienen ni las ganas ni las intenciones ni mucho menos la voluntad de cambiar. El secreto para tener una relación estable con alguno de los ex cavernícolas que se habrán convertido en hombres realmente modernos que han comenzado a existir allá afuera no es otro que tener un poco de paciencia y llevarlos a las buenas por el camino hacia el altar más cercano, tal como lo hacían nuestras abuelas. Y así, señoras, lograríamos maravillas.

Y lo que propongo en realidad ya no es tan difícil. Por si no os habéis dado cuenta todavía o por si no habéis gozado de los buenos consejos de una bisabuela, o de una tía que no haya terminado su vida sola y repartiendo estampitas de san Antonio para que os haga el milagrito y os consiga novio a todas sus sobrinas aún solteras. Los hombres bien lidiados suelen ser más dóciles de lo que muchas aún piensan. Lo que pasa es que nos acostumbramos tanto a rechazarlos y a combatirlos que ahora muchos de ellos no quieren esforzarse por estar con mujeres como nosotras: tan inteligentes para algunas cosas, tan brutas para otras. Como para manejar nuestras vidas personales, por ejemplo. Entonces no es que con todos los que nos estamos enfrentando sean mentalmente impedidos. O que ninguno haya adquirido con el tiempo también la capacidad para admitir, reconocer y hasta apreciar nuestra inteligencia. Es que de repente sienten que esta, sumada a una gran cantidad de capacidades y habilidades que apenas estamos descubriendo que también tenemos, por alguna razón que desconocen aún, juega casi siempre en su contra. En contra de sus intereses sentimentales y de su propia autoestima.

Esto supone entonces un cambio radical de actitud de ellos hacia nosotras. Algo así como que los hace replantear si hacer un esfuerzo tan grande para estar con mujeres tan complicadas y desmedidamente agresivas como lo somos hoy día realmente vale su tiempo y su esfuerzo. Más aún, teniendo en cuenta que allá afuera siguen existiendo millones de mujeres en el mundo que por ser definitivamente más astutas que otras, estarían dispuestas a fingir que sin ellos no les sería posible existir. La competencia allá afuera es desleal, señoras. Sabedlo a tiempo y empezad a hacer vuestros propios correctivos del caso.

Porque mientras no hagamos algo, fingido o no, por permitirles a ellos acercarse a nosotras sin prevenciones (o engañados con que no matamos una mosca, da igual), lamentablemente algunas, en contra de sus propios anhelos, así estos sean un «secreto de estado», seguirán engrosando las largas listas de mujeres exitosas pero amargadas en el aspecto personal que aquí expongo o que más bien denuncio. Y teniendo en nuestras manos la posibilidad de escoger bien, propongo que se implemente la casa por cárcel, para las que siguen insistiendo en quedarse con lo peorcito que hay en el mercado. Entonces si, según lo he detectado, es precisamente ahí donde radica el problema, mi propuesta de repente suena más que lógica: ¿por qué en vez de seguir peleando, les permitimos a ellos que sean los que peleen, pero por nosotras? ¿Por qué no dedicar nuestros esfuerzos más bien a ser emocionalmente inteligentes y permitirles nuevamente que nos conquisten? ¿Por qué insistir en condenarnos a vidas vacías y solas cuando bien podríamos vivirlas, así sea ocasionalmente acompañadas? Bien acompañadas, quiero decir.

No los voy a defender, ni más faltaba. Más aún cuando todavía reposa fresco en mi memoria el recuerdo de Horacio, un abusador de poca monta que si me descuido termina viviendo de gorra en mi casa y con mi empleada. Casos del recostado metrosexual que pretende a punta de zalamerías aprovecharse de nosotras las independientes abundan. Más aún cuando algunos de ellos a veces son tan astutos que interpretan nuestra aparente soledad como una oportunidad para vivir a nuestra costa. ¿Y quién ha dicho que la mujer moderna debe conformarse con el que le ofrece compañía pero que no está dispuesto a hacer el mínimo esfuerzo por nada más? ¿Será entonces ese el mensaje erróneo que muchas mujeres exitosas estamos enviando sin saberlo? ¿Que de ellos lo único que nos sirve es su compañía porque aparentemente para nada más los necesitamos? ¿Porque en todo lo demás nos hemos encargado hábilmente de suplantarlos? Aclaro que muchas queremos sus «compañías», sí, pero escrituradas a nuestro nombre y con nosotras en la gerencia. Pero, insisto: ¿por qué conformarnos con tan poquito? ¿Por qué conformarnos con los que aparecen y desaparecen cada vez que les da la gana y aún así les agradecemos?

La razón es clara, no le deis más vueltas al asunto: el problema, señoras, somos nosotras. Las prepotentes, agresivas y en muchos casos resentidas mujeres independientes. Porque quienes hemos cambiado las reglas del juego somos precisamente nosotras, no ellos. Porque desde el colegio, más aún los de la generación de los treinta en adelante, nunca los prepararon para afrontar al tipo de mujer en que nos hemos convertido. De sus propios hogares seguramente venían con una información distorsionada de madres hogareñas y aparentemente sumisas que sabían cómo encender una estufa y además la usaban para hacer cosas como comida. No como nosotras hoy día que nunca estaríamos a menos de cien metros a la redonda de un horno y que cuando lo hacemos es porque nuestro gato se quedó atorado en el lavadero. Ellos, pobrecitos, vienen de abuelas, tías y hasta hermanas que servían el almuerzo y de mujeres que consentían a sus maridos. En otras palabras, una información que muchos traían incrustada en el cingulado anterior de sus cerebros que poco a poco han ido comprobando que no solo es obsoleta sino que los está alejando cada vez más de la nueva mujer que ahora somos. Una para la que cocina es sinónimo de restaurante, que muchas veces no necesita a un marido sino a un amigo que además sea un buen amante, que al único que quiere consentir, y eso, de vez en cuando, es a su gato y que de sumisa tiene lo que él tendrá de malabarista. La única forma en la que la mayoría de mis amigas independientes le servirían la comida a sus maridos, si los tuvieran, sería en la cabeza y tras una discusión. Pero, en cambio, ellos, los de la generación de los treinta, que es la que me atañe, los pobrecitos vienen seguramente de hogares en donde el divorcio no era un asunto de todos los días. De hecho ni siquiera era una opción. Razón por la cual muchas mujeres de la época vivieron en carne propia las infidelidades y los abusos de sus respectivos maridos pero por temor a quedarse:

a. solas.
b. en la calle.

Como también es muy posible que hayáis soportado con admirable estoicismo la situación y que los hayáis aguantado hasta que:

a. El muy condenado se cansara de hacerlo (opción muy poco probable) o si se volvía por fin impotente.
b. Hasta que la amante se consiguiera uno más joven y adinerado que él y le tocara regresar derrotado a su lado.
c. Hasta que muriera y tuviera al menos la posibilidad de hacer justicia y hasta de heredar.

Pero la realidad es que hoy día, cuando ya nadie se aguanta a nadie, cuando divorciarse es casi tan fácil como cambiarse de ropa interior, las cosas para ellos son muy distintas. De hecho, de seguir las cosas como están en la actualidad, lo más cercano que estaría un mal marido de que le sirviéramos el desayunito en cama sería que durmiera literalmente en la cocina. Pero el tema no es ese y la agresividad que nos hemos visto tentadas a practicar para no terminar como algunas de nuestras madres, según nosotras y nuestra particular visión de la situación: desprestigiadas, humilladas, amargadas y viudas pero, eso sí, en algunos casos, y como aliciente, ¡millonarias! El tema es que, admitámoslo, la mujer que ellos idealizaron desde el colegio porque era la que ya conocían desde sus hogares no es la misma con la que deben enfrentarse ahora en la vida real. El problema es que en medio de fórmulas químicas y personajes históricos que debían distinguir, estudiar y aprenderse de memoria (así, en muchos casos de los únicos de los que nos acordemos después del colegio y dependiendo del grado de frustración con el que vivamos, sean solo Old Parr y Johnnie Walker) nadie nunca les enseñó ni los preparó psicológicamente para la mujer del siglo XXI. ¡Pobres!

En la universidad algunos ya empiezan a captar el mensaje. Especialmente cuando el compañero que se sienta junto a él en clase de ingeniería mecánica responde al nombre de Helena y saca mejores calificaciones que él. Más aún cuando las que ya están a punto de graduarse prefieren ser novias de los que ya se graduaron varios años antes y no con viles varados y ansiosos estudiantes universitarios como ellos. Cuando una conversación típica ya no se centra en «¿quieres ser mi novia?» sino en «¿quieres ser mi socia?». Hemos avanzado, señoras, y mucho. Por esto, el hombre machista que descarta de plano la posibilidad de modernizarse no lo tiene nada fácil. De hecho lo tiene cada vez más difícil. Pero ¿dónde está la mujer abnegada y sumisa de otras épocas? Esa que ellos podían conquistar con una sonrisa (bueno y con un par de docenas de cartas de amor, un anillo de compromiso de diamantes y un abrigo, preferiblemente de *mink*). La que gustosa aceptaba sus galanteos, la que siempre aspiraba a que la relación terminara en campanas de boda, hijos y un perro *french poodle* que se llamara *Fifí*.

¿Qué pasó con esa mujer a la que lamentablemente no encuentran, a la que ni siquiera ya saben dónde buscar? ¿Se extinguió? ¿Acaso murió por culpa del machismo? Es muy posible que ellos mismos se hayan encargado de ahuyentarla. Pero lo cierto es que con algo de urgencia la necesitan de regreso, pues sus egos antifeministas, causa de la mayoría de sus inseguridades, las reclaman de vuelta. Lo malo es que no se hayan dado cuenta de que seguimos aquí, solo que en versión *remix*: ¡mejorada y recargada!

¿Entendéis ahora todos los beneficios que hemos logrado en el asunto de las relaciones interpersonales? Nuestra ventaja radica más que nada en un recién adquirido poder de elegir. Bien o mal, ya ese es asunto de cada una, pero que no se diga y, quiero ser absolutamente clara en esto, que todos los hombres allá afuera son lo peor, unos buenos para nada, que ninguno vale la pena, que todos son iguales (básicamente porque algunos son peores) o que no merecen ninguna oportunidad, porque estaríamos cometiendo un grave error de juicio y nos estaríamos otra vez quedando solas y con los crespos hechos, por gusto. Pero cuál gusto si está más que comprobado que el ser humano, en general, nace solo, es cierto, pero rápidamente entiende que la vida acompañado podría ser incluso más plena. Y si lo hiciéramos, es decir, si insistiéramos en descalificarlos, lamentablemente estaríamos repitiendo sus pasos y discriminando contra un sexo cada vez menos fuerte, tal y como ellos lo hicieron en la antigüedad. Y si, la verdad, ya lo hemos superado y lo consideramos irrelevante pues solo queremos mirar hacia delante, entonces para qué seguir dándonos y dándoles malas vidas si al final del día, así digamos lo contrario, la verdad es que, de alguna forma, seguimos necesitándonos. A pasos agigantados que asustan a los menos evolucionados, también notamos que la brecha entre los géneros, en cuanto a gustos y actitudes, cada vez es más corta.

El hombre moderno del que les hablo, por ejemplo, ya celebra su metrosexualidad y se siente orgulloso de ello. (Aunque admito que me sigue pareciendo sospechoso que algunos pretendan que compartamos con ellos nuestros esmaltes de uñas y hasta las máscaras de huevo y aguacate para la cara.) Algunos especímenes incluso están dispuestos a explorar su parte femenina y no me refiero precisamente a salir con sus primas. Algunos también ya se han cansado de pelear, de luchar contra la gran corriente en la que nos hemos convertido y prefieren vivir con nosotras en paz y armonía. Otros, incluso, ya han alcanzado el punto máximo evolutivo que es admitir que también nos necesitan, que nos aceptan más modernas, independientes y con criterio propio y que para ello están dispuestos a sacrificar sus egos machistas. Y ese, señoras, de ahora en adelante, es el hombre que nos interesará pescar. Nuestro objetivo militar y la única batalla en la que valdrá la pena embarcarse. Pero no saquéis los tanques de guerra todavía, porque detectarlo en medio de la horda de cretinos que también aún pululan allá afuera no será una tarea fácil, pero será nuestra misión de ahora en adelante, en el caso de que decidamos aceptarla.

Ya casi para finalizar y aclarando que aunque ellos ya han comenzado a admitir que por sus propias actitudes machistas han venido perdiendo gran parte de su terreno y el control sobre muchas de nosotras, tampoco cantéis victoria todavía. El trabajo que tendremos que hacer para seguir ayudándolos a evolucionar a nuestra par apenas comienza. Aunque ya hemos avanzado en el tema, tanto que hasta algunos ya se enteraron, a las malas en algunos casos, de lo poco que los necesitamos para todo lo distinto al aspecto sentimental, y solo porque enamorarnos de un espejo, y que además nos corresponda, es casi imposible. Es decir, si ya han sido entrenados a las patadas a entender que ninguna mujer moderna o medianamente inteligente que se precie de serlo, estaría dispuesta a dejarse obligar a nada por ellos, la pregunta sigue siendo: ¿por qué toda esta agresividad en la que pretendemos envolver nuestras relaciones de pareja también con los que ya casi ni suponen ninguna amenaza para nuestros intereses? ¿Por qué insistir en vivir resentidas contra todo un género cuando a diario comprobamos que los hechos muchas veces son aislados y que definitivamente no todos los hombres siguen siendo la misma pesadilla que, en cambio, tantos otros sí que lo fueron alguna vez? De verdad, ¿para qué insistir en quedarnos solas todas cuando ya sabemos que la unión es la que realmente hace la fuerza? Aprender a diferenciar y a separar las manzanas podridas de las sanas, ahí está el secreto. Recuerda: «¡Divide y reinarás!» Nada que hacer, eso sí, con los que se resisten al cambio y a nuestros encantos. Esos a los que de cariño llamo los patéticos «Punto G». Los que si después de los cuarenta aún temerosos del compromiso no se han casado y viven con sus padres: o son gilipollas o algún día serán gais.

Así como tampoco queda mucho por hacer con los que a pesar de toda la información que a diario reciben y que les indican que la mujer moderna es distinta, insisten en tratarnos como en la época de la conquista (sin conquista incluida, por supuesto, pues ni siquiera son de los que envían flores, nos abren la puerta del auto o nos invitan a restaurantes franceses). O como en la de la Inquisición, porque les fascina la queja constante, el cuestionamiento de cada una de nuestras actitudes acompañada por la consabida represalia en nuestra contra. Y su favorito: llamarnos «brujas». Con este tipo de hombre, lamento informaros que no hay mucho qué hacer. Bueno, pensándolo bien, tal vez sí. Aparte de ponerle los cuernos, dejarlo por su mejor amigo, también podrías dejarlo pero en la calle. Si encima de todo eres muy creativa, podrías, incluso, armar toda una campaña para desprestigiarlo y hasta quitarle el puesto en la compañía en la que trabaja.

Pero, insisto, aunque es tentador, para qué negarlo, no hay necesidad de ser tan agresivas, básicamente porque el hombre que aquí describo y que es realmente el sueño de algunas, con algo de astucia, bien podría convertirse en la realidad de muchas. Sí, es posible moldear a un hombre según nuestras necesidades, como también lo es intentar al menos ser felices en pareja. Porque este hombre poco a poco ha ido entendiendo que la mujer no solo es capaz de ejercer los cargos más importantes, incluso ganar más que él, y valorará, si por gusto propio decides ejercer la más noble y satisfactoria labor de todas: la de compañera. Así que no todo es malo, entonces ¿por qué tanta paranoia? Si bien es cierto que algunos hombres no tienen remedio y es mejor dejarles el camino libre para que le terminen amargando la vida a otra, la realidad es que mi propuesta de negociación se basa en una nueva corriente de seres humanos cuyas tendencias sociales los lleva a ser más honestos en cuanto a sus propias expectativas para poder así suplir las necesidades de cada cual. Todo lo demás no sirve, ¡no insistas!

Pero, supongamos que, por el contrario y, a pesar de las advertencias, insistes en ser tan tarada de darle una oportunidad a un energúmeno de esos que se resisten al cambio, el problema sigue siendo tuyo, ni de las demás mujeres ni mucho menos del resto de la humanidad. Porque lo cierto es que allá afuera existe todo un mundo nuevo por explorar, uno en el que lo imperdonable para las mujeres que hemos tenido la oportunidad de estudiar, de culturizarnos, de viajar, de escoger, es que sigamos escogiendo mal, o que, en su defecto, nos abstengamos de hacerlo bien por temor a terminar mal como algunas de nuestras antepasadas o mujeres que sospechamos que fueron mucho, pero muchísimo menos afortunadas que nosotras. Sin desconocer que en el mundo sigue reinando la injusticia, que el machismo en algunos lugares aún vive, que muchas millones de mujeres siguen siendo golpeadas por la pobreza, la falta de oportunidades, la discriminación y la violencia misma, sin la intención de sonar excluyente, la realidad es que he decidido enfocarme en dos tipos de mujeres a través de este libro: en las que han sido bendecidas con los privilegios que nos ha traído el feminismo y en las que, a veces por pura intuición, han decidido cambiar. Así mismo, también está dedicado a todas aquellas mujeres comprometidas en ayudar a otras, precisamente a cambiar. Y, en general, todas están realmente invitadas a vivir ese cambio sin importar su condición económica, social o cultural. Es, en definitiva, una invitación a hacer una modificación profunda, sistemática y a consciencia de mentalidad, de actitud, de vida. Uno para que, sin perder lo que hasta ahora hemos logrado algunas, muchas, y ojalá en un futuro no muy lejano, todas, no retrocedamos ni un solo paso y más bien con las armas que ya tenemos y hemos aprendido a usar, aprendamos también a darnos mejores vidas y a celebrar nuevamente nuestra feminidad sin tanta agresividad. Para que aprendamos a escoger bien. Palabras más, palabras menos: a que pasemos de comer gelatina a comer *mousse* de chocolate.

17

El arte de terminar una relación
sin tanto drama

Después de estar tan mal, ¿cómo terminar bien una relación, suena imposible? No, si tenéis en cuenta algunos truquitos que compartiré con vosotras a continuación.

Aparte de parir, sacarnos una muela y los consabidos cólicos menstruales, no hay un dolor más intenso y profundo que el que sentimos cuando nos parten el corazón. Cuando pisotean nuestro orgullo y por la ventana salen volando sin control nuestras ilusiones. Esa sensación de vacío permanente en el estómago que nos lleva a sentir que nos ahogamos, que nos falta el aire. El dolorcito fastidioso en Do sostenido que se nos incrusta en el alma y en la mente obligándonos a concentrarnos en imágenes dolorosas y en recuerdos amargos que, por más que lo intentemos, rehúsan a salir de nuestra memoria.

Si a esto le sumamos una característica muy femenina que es la muy masoquista actitud de autoflagelarnos y que se resume en leer y releer «sus» cartas de amor (las de hace más de tres años), ver una y otra vez fotos de cuando supuestamente éramos felices (bueno, al menos yo), llamar a nuestras amigas socialmente activas para que nos cuenten si lo han visto por ahí, qué tenía puesto y con quién andaba del brazo y la típica llorada a moco tendido al escuchar las veces que sean necesarias la canción que te recuerda a tu ex, la que le dedicaste justo antes de haceros novios, y todas esas cosas vergonzosas que hacemos y que a su vez hacen que terminar una relación sentimental sea no solo doloroso, sino también, en la mayoría de los casos, una experiencia infame que ninguna en su sano juicio querrá experimentar alguna vez en su vida. Más aún si con quien tengamos o necesitemos terminarla lleva mucho rato desequilibrándonos tanto física, como económica, mental y emocionalmente.

Sí, terminar una relación no es para nada fácil, para qué engañaros. Se necesitan nervios de acero para intentar seguir adelante con nuestras vidas, peor aún con el corazón roto y el orgullo por el piso. Pero muchas de nosotras ya nos hemos convencido de aquello que dicen que «no hay mal que dure cien años ni cuerpo que lo resista». Me refiero a las que también ya saben que después de una ilusión, si lo queremos, lo permitimos y al menos no los esperamos con un bate en la mano y llenas de resentimiento tan solo para darnos el gusto de ahuyentarlos, al poco tiempo seguramente llegará otra con mucha más fuerza y claridad que la anterior que tenían. Pero, ¿alguna vez te has puesto a pensar en cómo asumen ellos una ruptura sentimental? Es decir, por pura curiosidad, porque la consideración nos es esquiva cuando creemos tener motivos de sobra para partirles algo más que el corazón, la cabeza, por ejemplo. En serio, piénsalo, ¿no te genera siquiera un poco de curiosidad saber qué sienten los hombres cuando somos nosotras quienes tomamos la iniciativa de fugarnos o, en su defecto, mandarlos a la porra?

Porque, aunque las mujeres nos quejamos de todo y de todos, por deporte, por costumbre, a diferencia de épocas anteriores, ahora somos nosotras las que en su mayoría desechamos hombres en el camino cuando sentimos que la relación no nos llena o no es siquiera lo que esperábamos. Un tema que siempre me ha llamado la atención, considerándome un buen ejemplo de la mujer «revólver» que no es propiamente esa que está lista a agredir y disparar ante la más mínima provocación del sexo opuesto o, en su defecto, a alguno de sus representantes que, a estas alturas, aún crea que puede ofender a una mujer porque supuestamente no hay nadie cerca para defenderla. Me refiero a ese tipo de mujer que reflexiona y cuestiona. A la que le gusta pensar más allá y con sus ideas revuelve las cosas, las reinventa, si puede, y despierta a las demás. En fin, el tema que me genera curiosidad es, si ya sabemos que la constante es que si no atinamos bien y logramos conseguir un hombre bueno con el que podamos aspirar a vivir hasta que la muerte nos separe, al menos sin que se terminen matando antes, ¿para qué enredarnos sentimentalmente con alguno que nos cae bien para luego obligarnos a anularlo para siempre de nuestra lista de amigos, novios, ex amantes, o lo que se le parezca? Si lo pensáramos mejor antes de meter la pata, no preferíais mejor no tocar a ninguno que valga la pena conservar en nuestras vidas?

En otras palabras, ¿para qué dañar algo bonito que ya tenemos, aunque esto no incluya ninguna intimidad, por aventurarnos en las inciertas aguas del sentimentalismo? Hace muchos años en mi vida de mujer independiente me di cuenta de que muchos de los hombres más valiosos con los que he compartido momentos (a veces fragmentos) ya ni siquiera pertenecen a mi larga lista de conocidos. Hasta hace muy poco, no entendía bien por qué me enredaba con los que según mi juicio valían la pena para que al terminar una relación me viera obligada a sacrificar hasta el placer de su amistad.

No sería mejor entonces enredarnos con los modelos «papel higiénico», esos que nos impactan tan poco, que son tan desechables que encima de todo nos importa muy poco mandarlos a freír espárragos. ¿Acaso el amor lo daña todo? Al revés, según he descubierto, es el odio y el resentimiento que los embarga a ellos tras una mala terminada lo que hace que nunca más quieran volver a nosotras, ni como amigos. Tal como sucede con nosotras. O pensadlo bien con la mano en el corazón, ¿acaso no es lo mismo que sentimos contra ellos cuando son ellos, valga la redundancia, los que terminan mal una relación con nosotras? Es decir, cuando nos ponen los cuernos y nos enteramos de la manera más cruel, cuando se convierten en seres hostiles y agresivos sin que sepamos bien por qué, cuando se vuelven tan poco detallistas que con dolor alcanzamos a adivinar que su actitud no es más que una estrategia maquiavélica para deshacerse de nosotras.

La traición, señoras, viene en una amplia gama de formas y colores, es un hecho. Así mismo, la experiencia constata que quien traiciona mal, del traicionado recibirá a su vez una reacción peor. ¿Entonces cómo decirles adiós bien, sin que ello nos reste posibilidades para volver a tenerlos en nuestras vidas como amigos al menos. ¿O como una posible «repesca» en el futuro? La clave está en terminar bien. Sin tanto drama.

Pero, ¿en qué momento debe terminar una relación? Cuando, a pesar de las señales obvias, por fin descubrimos una traición, cuando presas del tedio decidimos buscar nuevos rumbos o, tal vez, cuando cansadas de tanto drama, con llanto herido, portazos y escenitas cursis de despecho, nos obligan a partir cobijas. ¿Por qué llegar a los extremos y elegir terminar mal cuando es mucho más conveniente para ambas partes admitir que sencillamente no funcionó? La razón no es tan simple. A uno de los dos siempre le dolerá más que al otro. Porque cuando nos embarcamos en una relación sentimental es inevitable no ilusionarnos con un final feliz. Porque cuando ocurre una desconexión emocional alguno de los dos no estará preparado para asumir que tal vez sí que se acabó.

Pero en la mayoría de los casos no sucede así. De hecho, muchas relaciones terminan mal porque uno de los dos no lo acepta o porque a alguno de los implicados en el doloroso asunto, es decir, al que decida romper la relación primero, le faltará tacto para decir adiós. Y nadie se ha inventado todavía una fórmula efectiva para evitar el llanto que produce un desengaño. La sensación de fracaso y de frustración que viene tras una ruptura sentimental es cierto que es brutal y demasiado dolorosa como para que quien la esté padeciendo pueda razonar siquiera lo que acaba de pasar. Pero lo bueno es que sí que hay maneras de romper las cosas sin que después de amarnos terminemos también odiándonos.

Acabar bien una relación es tu decisión. He aquí unos trucos para aprender a partirles el corazón como todas unas damas. Para que, encima de todo, hasta te lo agradezcan.

ESCOGE EL MOMENTO PRECISO

Ni después de una pelea, otra de las tantas que habéis tenido antes de tomar la decisión de separarse. Ni durante su fiesta de cumpleaños, ni menos dos meses después de haberte embarcado en otra relación. El momento ideal para partirle el corazón a tu pareja es tal vez nunca, pero si sientes que debes hacerlo, por el bien de los dos, o solo para el tuyo (el egoísmo también sirve para sanar más rápido), lo importante será escoger el momento menos traumático para él. Es decir, uno en el que ambos estéis calmados, dispuestos a conversar y que permita que fluya la sinceridad. Tampoco sobreactúes e inventes una cena romántica en París para mandarlo al carajo. Te sale más práctico y económico hacerlo sin tanto aspaviento.

En cambio deberás tener siempre en cuenta que tu pareja, a menos que esté tan decidida como tú o que sea ella la que ya tiene a otra persona en remojo, nunca lo tomará bien al principio. Pero dependerá de tu tacto el hacerle entender que es una decisión sana que debéis tomar y que algún día también va a aceptar. Si mis cálculos no fallan, de igual manera, te odiará por un buen tiempo, pero está comprobado que algún día se le pasará y, lo mejor de todo, hasta apreciará tu gesto de honestidad. Si supiera que ese gesto se llama Gustavo y que llevas varios meses mudando tus cosas a su nuevo apartamento. La clave está, recuerda, en que nunca se entere antes de tiempo, es decir, antes de que, si es tan evidente, se siente en el ambiente y esa bomba de tiempo está a punto de estallar, que seas tú quien se lo diga primero y no porque alguien se lo dijo; mejor dicho, al menos ten la cortesía de hacerlo antes de que anuncies tu compromiso matrimonial con tu nueva víctima. Quise decir, conquista.

Hazlo antes de que invierta más euros en ti

Imposible perdonar a alguien que decida romper con una justo después de habernos gastado todos los ahorros en una escapada romántica juntos en el Caribe, por ejemplo. Ni tampoco después de habernos dado el dinero que nos faltaba para terminar de comprar el cochecito que llevábamos años pagando por cuotas. (Aquí pequé por ilusa.) O luego de comprarnos ese vestido escotado que tanto le pedimos para que después nos lo vea puesto sí, pero con otro. No se vale. Como tampoco se vale terminar, encima de todo, con el apelativo de «aprovechada». Desde ningún punto de vista, así ya tengas visto su remplazo. Primero muertas que descaradas. Pero si por casualidad ya habías tomado la decisión previamente, aguántate las ganas y no exprimas más a tu futura ex pareja hasta el último segundo, especialmente cuando ya tienes claro que no disfrutarás de ninguno de sus regalos. Al menos con él. La regla solo varía si terminaste tras enterarte de que ya anda muy romántico con otra. Si ese es el caso, y si te es posible, déjalo hasta sin la muela de oro que su odontólogo de cabecera le acaba de poner.

Pero si es al contrario, y si te queda algo de vergüenza, es muy probable que no puedas vivir con el complejo de culpa, como también lo es que tu ahora ex nunca pueda perdonarte que te hayas aprovechado de la situación. Es decir, si no quieres que te odien de por vida, al menos permítele seguir adelante con su vida y que los ahorritos le queden completos.

No te hagas la víctima

Es típico de la persona que termina con otra caer en el juego de la victimización. Más aún en el caso de las mujeres: unas verdaderas expertas en culpar a los demás de todos nuestros fracasos. De alguna forma, actuado o inventado adoptar la posición del que más sufre, creemos erróneamente que justifica nuestras acciones. Pero si además de partirle el corazón a esa persona que seguramente ya tiene escogido hasta el anillo de compromiso, insistes en pasar por encima de su sufrimiento y eres lo suficientemente egoísta como para concentrarte nada más en el tuyo, no solo pecarás por avara sino también por desconsiderada. Permite más bien que tu pareja te manifieste abiertamente todo el dolor que está sintiendo. Consuélalo, pero, eso sí, no le des ninguna esperanza. Ilusionarlo en vano podría ser, incluso, peor.

Volvemos al punto de la consideración. Porque es muy poco probable que pueda culparse del fracaso de la relación a una sola persona. Para fallar se necesitan dos: uno que quiso más que el otro, uno que lo niegue, uno que le haya demostrado más interés al otro y uno que no haya podido, así haya querido; uno que aguantó más que el otro, uno que se esforzó más que al otro, uno al que se le haya ocurrido tirar la toalla antes que al otro y uno que lo haga primero que el otro. Es, peor aún, cuando uno de los dos ya tiene planes distintos de vida que no incluyen a su actual pareja. Entonces, evidentemente, una de las dos personas involucradas sufrirá más que su contraparte, o al menos lo demostrará más en público que el otro. No sobra que tengas algo de tacto y no rompas la relación como si se tratara de la cancelación de una cita con el dermatólogo. No termines dejando un escueto mensaje en su móvil, ni muchísimo menos por correo electrónico o por medio de un mensaje de texto. La diferencia entre una verdadera dama o un caballero es que este siempre elegirá hacerlo de frente y, por supuesto, en persona. Créeme que por lo menos algún día agradecerán tu valentía. O, en el mejor de los casos, tu decencia.

SI LOS PUSISTE, DILO

En algunos casos, sé que es difícil y hasta vergonzoso. Cómo terminar de partirle el corazón a tu nuevo ex, contándole detalles explícitos de tu aventura romántica el pasado fin de semana con un entrenador personal del gimnasio. La idea aquí tampoco es sobreactuar, pues hacerlo rayaría en la tortura. Cuando te sientas tentada a acabar con todo de una vez por todas, cuantos menos detalles cuentes si no quieres que además se te convierta en un psicópata obsesivo, mejor. Solo y muy por encima cuéntale que sientes que es hora de conocer a otras personas. Muy sutilmente confiesa que te diste cuenta de que ya no querías estar más en la relación, en el momento en que algún otro te empezó a llamar la atención. Eso, para que de antemano puedas prepararlo psicológicamente para verte con otra persona. Especialmente cuando estamos por terminar un ciclo de algo con alguien, no hay nada que una persona herida aprecie más en un futuro que la sinceridad. No inventes historias, no le eches la culpa al otro, simplemente, aunque duela, di la verdad. No hay nada que logre agriar más eficazmente ese sentimiento bonito que alguna vez compartisteis que someterlo a la penosa tarea de tener que averiguar y/o descubrir un corto tiempo después cuál fue la verdadera razón por la que le partimos el corazón.

Y créeme, no hay nada oculto entre cielo y tierra. «La verdad es como un corcho sumergido», decía mi papá, «algún día sale a flote». Entonces si pretendes seguir adelante con tu vida sin ocasionarle más daño a esa persona con la que estás terminando, cerciórate al menos de dejar las cosas claras, de poner las cartas sobre la mesa y de prepararlo psicológicamente para lo que ha de venir. Es decir, para que te vea o que seas tú quien lo vea del brazo de otra persona, en un futuro no muy lejano. Es preferible aguantarse la pataleta, una llorada o hasta un grito, que el odio eterno y la mala energía de esa persona a quien por la razón que sea traicionamos en secreto.

Termina sin rodeos

Nada de dejar la puerta entreabierta, de llamar de vez en cuando para saber cómo está. Nada de fingir consideración y extralimitarte en tus funciones de psicóloga de cabecera. Es un hombre grande, aunque sea solo de edad. Ya se le pasará, créeme. Más aún si en pleno sufrimiento lo que le pasa por delante es una rubia con más «asiento trasero» que un todoterreno. En otras palabras, lo que quiero decir es que si no eres una verdadera profesional de la psicología (lo cual tampoco es una garantía, pues también podríais sufrir los estragos de una mala relación), lo más seguro es que no tengas ni la formación, ni las habilidades para ponerle punto final a esa situación. Es decir, sin las armas que necesitarás para acabar esa relación, porque motivos seguramente te sobran, lo único que tienes seguro es que las cosas podrían ponerse peor. Para estar colgando mejor es caer. Es decir, en el caso de que ya sepas que tu relación ha empezado a rodar sin freno hacia un abismo y cómo no sabes cómo abrir la puerta y saltar antes de caer al vacío, por ello te quedas ahí dentro, esperando resignada el porrazo final. Tal vez, incluso, con la secreta esperanza que tras del mismo, aunque sabes que no saldrás ilesa, sí muy golpeada pero al menos aún con vida y con la necesidad imperiosa de que alguien os venga a rescatar. Y son muchos los que así pasan sus vidas. Esperando otra mala relación, otro abismo, otro accidente, otro porrazo, otra tragedia de la que esperarán que alguien más los venga a salvar. La buena noticia es que, si logro mi objetivo y dejas de pensar así, a lo mejor encontrarás esas armas dentro de ti misma para que nunca más pierdas tanto tiempo paralizada sin saber qué hacer. Mi intención es que «hagas» y que lo hagas ya. Que la decisión salga de ti, en el mismo instante en el que te hayas convencido de que te hace daño esa relación. No mucho después, cuando no haya mucho más que hacer, cuando el daño que te hayas hecho o que le hayas hecho a él haya llegado a un punto en el que será muy difícil para ambos reponerse y seguir adelante con vuestras vidas. Al menos como eran antes de tener que cargar como ahora, y por siempre, con la marca indeleble del resentimiento que es la que queda tras terminar mal una relación. Por eso, aprende a abrir esa puerta y lánzate antes de caer al vacío. No te garantizo que no terminarás con algunos raspones. Pero es preferible curar heridas superficiales que jugarte la vida misma. En el caso de ellos no es muy distinto. Si fuiste tú quien tomó la decisión, si le importaste realmente, es un hecho que va a sufrir. Pero quedarte ahí por lástima o porque no quieres ser la causante de su dolor, incluso, a costa del tuyo, lo que estarías haciendo no es disiparlo, sino multiplicarlo. Más bien piensa qué ganas quedándote a su lado alimentándolo de falsas esperanzas, cuando podrás seguir ahí físicamente pero lo cierto es que emocionalmente, hace tiempo, ya te fuiste. Qué ganas perdiendo aún más un tiempo que podrías aprovechar para recuperarte y volver a ser feliz como seguramente lo fuiste antes de esta situación. O qué ganaría cualquiera de los dos sabiendo que las horas están contadas, el final está cantado y lo que ninguno de los dos se atreve a hacer, por no cargar también con la culpa además del dolor, es tomar esa necesaria decisión. Entonces, si de verdad lo quisiste, si posiblemente lo sigas haciendo a pesar de que ya es un querer distinto, si de verdad te importa y quieres verlo feliz así sea sin ti, ten piedad y déjalo ir. O vete tú y no lo vuelvas a buscar. Porque es preferible hacerlo sufrir mucho, o más bien todo, de una buena vez que ponerlo a seguir sufriendo de a poquitos todos los días de su vida.

Así que no lo dudes tanto y, por el bien tuyo y el de tu pareja, es necesario que después de romper una relación, te alejes por un rato y simplemente deja que la otra persona viva su duelo y te supere a ti también. Aguanta ese impulso de buscarlo cuando sientes que ya no eres una prioridad para él. Menos aún si lo viste aparentemente feliz con otra. Como lo dije anteriormente: a diferencia nuestra, en su mayoría, ellos son realmente predecibles. Por eso no debería extrañarte si opta por pasar su duelo acompañado. Generalmente de una que tenga mejor cuerpo y menos pudor que nosotras. Pero no por eso, todos además, son unos insensibles. Ciegos, tal vez, y con muy mal gusto, lo más probable. Pero a mi juicio son más bien cobardes porque no saben estar solos, ni tan maduros porque en vez de enfrentarlo, postergan su duelo, y tan elementales que lo importante para ellos no es la empatía sino la compañía. Recuerda más bien por qué querías acabar tu relación y te aseguro que los motivos por los que ya no querías estar a su lado, serán exactamente los mismos por los que si vuelves vas a querer nuevamente salir huyendo de él. Para lograrlo y evitar la tortura psicológica, cambia de amigos, de sitios a los que vayas de ahora en adelante, de rutina y hasta de número de teléfono si es preciso.

NO LE DEJES MALOS RECUERDOS

Así como escoger el momento ideal es fundamental, también lo será escoger el lugar perfecto para decirle adiós. No lo hagas en su lugar favorito de la pareja (en el restaurante donde os conocisteis, por ejemplo). En el parque donde por primera vez te dijo que te amaba o en «su» casa. Es imperdonable que encima de todo el dolor que debe estar sintiendo además lo dejes con tan mal recuerdo y, en su propio territorio. Piensa que mientras tú podrías irte tranquilamente, si invades sus espacios y los tiñes de dolor, lo más probable es cierto que te recordará por siempre. Sí, pero como la desconsiderada que le partió el corazón y, encima de todo, también la culpable de que haya tenido que comprar un sofá nuevo, pues el que tenía antes, se le pudrió de tanto llorar sobre él.

Si quieres que salga de tu vida, no vuelvas a meterte en su cama

Y, para finalizar, un buen punto que deberás tener muy presente si no quieres comprobar, en carne propia, que es cierto que solo unos cuantos milímetros separan al amor del odio. Nunca, repito, nunca, se te ocurra volver a meterte entre las cobijas de alguien con quien no quieres volver a tener una relación de pareja. ¿Acaso no lees las judiciales? ¿Nunca te ha generado curiosidad siquiera conocer cuáles son los motivos detrás de un crimen pasional? Pero, aunque son cosas que pasan en la vida de aquellos quienes sostienen relaciones malsanas, sin el ánimo de sonar trágica, si dejas la puerta abierta de tu vida y de tu habitación, lo único que estás haciendo con alguien que no quiere soltarte y al que de alguna manera sigues adherida es alimentar su esperanza y, en algunos casos realmente horripilantes, incluso, disparar una obsesión. Es decir que de un segundo a otro pase de ser tu pretendiente a convertirse en un peligroso acosador.

Además, si lo quisiste tanto como dices, tener con alguien «sexo por lástima» no te hace la persona misericordiosa que crees. De todo lo que has hecho, incluyendo la parte en la que lo dejaste por su mejor amigo, esto es posiblemente lo más cruel. Es decir, tras dejarlo, de alguna manera también lo estarías torturando con la falsa ilusión de una reconciliación que ni siquiera has contemplado. Pero, si tu intención es que de verdad quieres que te resienta por el resto de su vida, entonces dale rienda suelta a la pasión, déjate llevar por tus más bajos instintos y:

—Llámalo cada vez que estés ebria y dile que lo extrañas. La realidad es que no lograste seducir ni al camarero.

—Vete a su casa y métete con autoridad en su cama. Déjale claro que tú sigues siendo la dueña de su corazón... y de ese colchón.

—Responde muchas veces «Yo también», cada vez que te diga que te ama y, eso sí, no respondas ninguna de sus llamadas hasta por lo menos una semana después.

—Repetir fórmula una vez por semana o cada vez que te den ganas. Si la meta es que te deteste algún día, pruébalo, el éxito está garantizado.

Y, para finalizar, no te equivoques y no termines tu relación con ese hombre que tanto trabajo te costó pescar sin antes agotar hasta el último recurso que te quede. La mayoría de las relaciones modernas terminan por razones tan tontas como: «es que ronca», «ya nunca me dice flaquita», «no me gustan sus amigos», «se viste mal», «esta mañana habló con la boca llena», «no soporto su colonia».

Solo recuerda que no son más que eso, tonterías. Causas de peleas, no necesariamente de separaciones y divorcios. Diferencia de opiniones que generan discusiones que hay que aprender a aguantar y a lidiar mientras se supera una crisis de pareja. Y, en el caso que queramos seguir teniendo una, quiero decir. Una crisis no es ninguna novedad, ni un fenómeno meteorológico que valga la pena destacar, así entre vosotros solo habléis entre rayos y centellas. Nos ha pasado, nos pasa y nos pasará alguna vez a todos. En toda relación normal habrá distintas etapas que pondrán a prueba nuestra convicción, y atravesar una en la que se juntan los problemas de ambos y se genera una crisis es una de ellas. Podrás reconocerla porque, cuando estamos afrontando una, dudamos de nuestras propias decisiones y hasta creemos habernos equivocado en nuestra elección. Todo nos aburre, nos fastidia. Empezamos a querer un cambio, pero no logramos ver que ese cambio se puede dar dentro de la relación misma, si queremos. Tras la tormenta generalmente viene la época de las aguas mansas. Por nuestra misma intolerancia femenina, muchas nos llegaremos a sentir atrapadas dentro de algún tipo de relación que hemos elegido desdibujar. Pero, si aguantamos lo suficiente, es muy posible que podamos averiguar qué pasa en el capítulo siguiente. Y tal vez hasta podremos moldear a ese compañero con el que tanto hemos soñado para que nos acompañe.

Pero tampoco pretendo vendaros, sino más bien ayudaros a interpretar bien las señales y a entender la diferencia entre una relación que bien podría valer la pena y otra que es una verdadera pena.

18

Game over

*Las 25 razones más populares para terminar una
relación y mandarlos al demonio*

A esta hora del partido, supongo, han quedado esta-
blecidos puntos importantes en cuanto a tener una buena
relación de pareja se refiere. De hecho, si cuento con suerte, habrás progresado tanto que me asusta pensar que este
libro realmente sirva para algo. El primer punto es si él de
verdad está tan interesado en ti como tú lo estás en él. Si
la respuesta es no, cruzo los dedos para que ya te hayas
dado cuenta y tomes la decisión de alejarte en vez de seguir
perdiendo tu tiempo. El segundo punto que espero que
hayas aprendido es el de cómo terminar una relación sin
tanto llanto a moco tendido, sin tanta escena del vía crucis.
El tercer punto es más difícil aún, te lo aseguro. Pero si ya
entendiste los dos primeros, este te resultará medianamente
fácil. ¿En qué momento es necesario tirar la toalla? ¿Cómo
saber que la relación no va más y te toca admitir que se
acabó? Intuirlo es la parte fácil porque tan inseguras como
lo somos la mayoría, con fundamento o no, siempre estamos dudando y sospechando de ellos y de lo felices o no
que somos en esa relación.

¿Pero cómo saber que ya has quemado tu último cartucho? ¿Que lo que sigue en su relación no son más que pérdidas? Que, como dice aquel gran poeta del *reggaetón* y filósofo postmodernista, Daddy Yankee, «¡lo que pasó, pasó!». Cómo reconocer que de ahora en adelante necesariamente tendrás que aplicar aquel popular refrán que reza: «Mejor sola que mal acompañada.» No te equivoques. Una cosa es una crisis pasajera y otra muy distinta, la señal inequívoca de que tu relación ha llegado a un punto del que no hay retorno, que ha tocado fondo, que se apagaron las llamas de la pasión, que si estáis juntos es por pura costumbre, que ha llegado a su fin. Palabras más, palabras menos, que el *switch* está en *off* y que el juego se acabó. Para que no te arrepientas después de haber actuado a la ligera y haber mandado al mismísimo demonio a ese hombre, por demás, aún servible, para que, por el contrario, sepas cuando, en qué momento exacto mandarlo a pintar un bosque para que se pierda en él. A continuación, las 25 razones más populares para terminar una relación con un hombre con el que definitivamente ya no hay caso:

1. Porque tiene complejo de golfista y se la pasa de «cancha en cancha» y de «hueco en hueco» con una o varias que, a su vez, tienen complejo de *caddies* y gustosas se ofrecen a cargarle la bolsa tubo con todo y «palo». O porque te resultó galán de piscina olímpica y a punta de nado estilo libre y «pecho» se la pasa pescando nadadoras: «nada en la cabeza».

2. Porque has descubierto que a tus espaldas también vive con otra.

3. Porque ha comenzado a llamarte Lola y a su hija «Felipe». Ya intuimos quién es Lola ¿pero Felipe? Ah, luego descubres que es el hijo que acaba de tener con su secretaria o que acaba de adoptar para complacer a su amante.

4. Porque es un beodo de poca monta que se gasta toda su quincena en el bar de la esquina. Encima de todo es un tahúr al que le faltan escrúpulos y le sobra descaro, y además neurótico. De esos que se levantan con una jaqueca terrible y no soportan ni el ruido de un alfiler cayendo en el piso. Tan descarado, por demás, que exige atenciones especiales después de una buena fiesta a la que, sobra recordarte, nunca fue contigo. Que la sopita de pollo, que la aspirina efervescente, que el masaje en los pies.

Si te lo quieres quitar de encima, cóbrale por tus servicios y, como seguramente no le quedó ni para una paleta de agua ese mes, si llegó a casa con un lumbago, que el masaje se lo haga solo y que si tiene hambre que se haga su propia comida. O que pida a domicilio y que, de paso, te pida a ti algo. Así tú aprovechas también para no cocinar nada ese día. ¿Pero para qué tanto esfuerzo? Mándalo al carajo y hazle las maletas. O, si estás de afán, que espere abajo y mándale su ropa por el chute de la basura.

5. Porque es un mitómano. Poco a poco has ido descubriendo que ni se llama Francisco, ni es mayor que tú, ni estudió en Inglaterra, ni la rubia de la minifalda y el escote hasta el ombligo es su prima que te presentó hace un par de semanas en su apartamento. De repente podrás dudar de sus buenas intenciones, de sus ingresos y hasta de su verdadero sexo. Con este tipo de mentirosos, una nunca sabe.

6. Porque cada vez que te habla preferirías que no lo hiciera. Aparte de la fuerte halitosis que seguramente padece gracias a la cantidad de basura que permanentemente sale de su boca, según has descubierto, todo lo que dice son inventos, exageraciones o pesimismos que ya te tienen francamente cardíaca. Porque sus chistes ya no te dan risa y porque lo admiras tan poco que cualquier consejo que te dé hará que te sientas tentada a hacer exactamente lo contrario. No hay nada peor que estar presa en una relación tediosa, aburrida y monótona de esas que, en vez de suspiros, arrancan bostezos. Los mismos que has comenzado a fingir cada vez que intenta algunos de sus avances románticos. Antes que morir del aburrimiento, mata tú de una vez esa relación y aprovecha la vida que te quede por delante.

7. Porque su nueva novia se llama Hugo.

8. Porque tú ya tienes otro con el que has comprobado ampliamente que es muchísimo mejor amante que él.

9. Porque ya llevas mucho tiempo pensando en cómo terminar con él y no te has atrevido, porque no te ha dado motivos de peso para hacerlo. ¿Qué esperas? ¿Que te monten sucursal en otra casa, que lo pilles con otra, que te empiece a faltar al respeto? Déjate guiar por tu intuición y si algo allá adentro está diciéndote (o más bien gritándote con un megáfono y todo) que «ese no es», seguramente será por algo. En últimas, es preferible quedarte con la duda que vivir acomplejada e insatisfecha toda la vida.

10. Porque últimamente es tan poco su apetito sexual que de regalo de cumpleaños te trajo un vibrador.

11. Porque tiene complejo de Mike Tyson y ha empezado a gritarte, hasta en público. Porque a su lado, a pesar de haberte graduado con honores de ingeniería, has comenzado a sentirte como una verdadera inútil. Porque, para controlarte y poder dominarte, el muy subnormal ha venido atacando tu autoestima, la cual ya tiene pisoteada y malherida. De la agresión verbal a la física hay un paso, ¿qué esperas para salir huyendo de allí? Si este es tu caso, en vez de estrategias para terminar y quedar bien con él, asegúrate más bien de dejarlo muy mal. Preferiblemente en la calle después de una demanda de divorcio. Seguidamente, cambia de teléfono y, por supuesto, de pareja.

12. Como lo dije antes, no hay nada peor que quedarte junto a alguien por lástima. Antes de vivir una vida vacía y muy lejos de ser plena, es preferible quedarse sola que junto a uno que en vez de sumarte, te resta. Así como nosotras, en cualquier ámbito en el que nos desempeñemos, lo más

seguro es que queramos impresionarlos, lo mismo debes buscar tú en una pareja si es que no quieres terminar despreciándolo por puro y físico fastidio. Qué pereza terminar siendo las enfermeras de un paciente que no se quiere curar.

13. Porque has comenzado a fantasear sexualmente hasta con tu conductor o con el de tu amiga millonaria.

14. Porque te tiene tan aburrida la vez que te sugirió una escapada romántica solos, tú efectivamente la aceptaste y te fuiste «sola».

15. Porque de repente ya no te gusta que llegue el fin de semana o que los niños se vayan a dormir a casa de un amigo. Porque ya no te molesta si se va de convención en convención, preferiblemente al extranjero, que juegue a golf todo el día con sus amigos, o que llegue tarde de la oficina. En otras palabras, porque si lo admitieras te darías cuenta de que simplemente has perdido tu interés en él.

16. Porque cuando te enteraste que andaba con otra, buscaste la dirección de la muy rastrera y le enviaste flores con una nota de agradecimiento.

17. Porque no ha terminado de regresar de un viaje de negocios y tú ya le estás preguntando ¿cuándo es que se va?

18. Porque cuando te mostró un anillo de compromiso te dio un ataque compulsivo de tos seguido de un ataque de risa con lágrimas incluidas. Las más expertas en el asunto lo llevarían al extremo de fingir, incluso, hasta una neuralgia con tal de evadir el tema.

19. Porque tu mejor amiga se extrañó de que no la hubieras llamado en tres meses para contarle al menos cómo iba tu relación. De repente se te ocurrió presentárselo por si de pronto a ella sí que le gustaba.

20. Porque cuando llega a tu casa de noche, lo primero que hace el muy atrevido es apagar tu móvil y desconectar el teléfono fijo de la casa. Porque si, para rematar vives con él, cada vez que tenéis una discusión, eres tú quien se va a dormir a la otra habitación. Simplemente ahora ya no lo soportas.

21. Porque mientras veías la televisión apareció su foto en un anuncio con un gran cartel abajo que leía: «Se busca... recompensa.» Porque la policía está parada frente a la puerta de su casa con una orden de arresto para él.

22. Porque te lo vaticinó tu bruja de cabecera. No sin antes pronosticar un encuentro romántico con un hombre alto, que empieza por «C», millonario y que piensa en ti todo el día. El tuyo es bajito, se llama Alberto, y la única que piensa todo el día, pero en dejarlo, eres tú. ¿Será? Una nunca sabe.

23. Porque ya le perdiste la fe. Te enteraste de que no tiene ni en donde caerse muerto, y que si en efecto lo hiciera, te tocaría a ti, con tus ahorritos, pagarle el funeral. Porque ha comenzado a pedir dinero prestado para montar un negocio, supuestamente para que a ti no te toque trabajar más. Si así fuera, no se habría gastado lo suyo. Solo métele un poco de sentido común y mucha malicia y quítate de encima ese lastre. Y si no quieres quedar en la calle o por fuera del negocio que montará con «tu» dinero por si encima de todo le va bien al muy condenado, más le vale que tengas presente que hay que darle al César lo que le pertenece. Es decir, que vaya pensando en devolverte lo que te pidió prestado. Y que sea con sus respectivos intereses.

24. Porque es un tacaño sin remedio. El último detalle romántico que tuvo contigo fue pasarte a buscar al aeropuerto y solo porque dentro de tu equipaje le traías unos palos de golf que te había encargado y que, entre otras, aún no te ha pagado. O, para tu aniversario, aquella vez que te regaló una tarjeta en la que tu nombre, en el encabezado, estaba escrito sobre *liquid paper*. Porque su idea máxima de generosidad es ofrecerse a pagar la mitad de la cuenta de la pizza a domicilio que pedisteis juntos o, como gran cosa, te llevó a comer perros calientes en la estación de gasolina de la esquina.

25. Porque te da la regalada gana.

Por cualquiera de las razones anteriores, puedes darte licencia para terminar rápido una relación que ni te satisface, ni te llena, ni te enorgullece, ni nada. De lo contrario, bien vale la pena intentar al menos rescatar así sea lo poco que queda. Si, de todas maneras, sientes que ya no hay nada que hacer, rompe con él pero trata de hacer el menor daño posible. Una nunca sabe cuándo de verdad comenzará a parecernos lógico aquel viejo refrán que reza: «Mejor malo conocido que bueno por conocer.» O mejor aún, tal como lo harían ellos, una nunca sabrá cuándo querrá volver a probar al que dejó ¡marinando!

19

Memorias de mis brutas tristes

Supongamos que fuiste tan poco inteligente que no supiste manejar la situación y más que por gusto, o por voluntad propia, que sería lo ideal, fue a ti a quien dejaron. Alguien allá afuera te partió el corazón y te dejó sola, desamparada y a tu suerte. Mientras lamentas tu desgracia, seguramente pensarás que ya no tendrás nunca más ni quien te llame, ni quien te saque los fines de semana, ni quien se ofrezca a pasear a tu perro, ni con quien abrazarte para dormir en una noche lluviosa. ¿Acaso no era eso lo que tú querías? Tal vez momentáneamente pero, eso sí, con los dedos bien cruzados para que tu situación no se prolongue y sea de por vida. Como en el caso de tantas de tus amigas AM, como tú. ¿Te has quedado sola por gusto propio o porque te tocó? ¿Porque entendiste que tal vez esa relación en la que estabas no iba para ninguna parte o porque fue él quien quiso que así fuera? Por la razón que sea, quedarse repentinamente sola no es fácil en ninguno de los casos. Menos aún en el caso de una FM tan acostumbrada como lo ha estado siempre a tener al menos al lado a alguien con quien discutir o a quien echarle la culpa de todas las calamidades que acontezcan en su vida. Sentir que de repente el mundo que te habías inventado junto a alguien ya no es más que un doloroso y frágil recuerdo. Despertarse por las mañanas y sentir que te falta algo. El aire, ¿tal vez? Imaginarse una y mil veces qué habría sido de tu vida si aún estuvierais juntos. O tal vez imaginarse lo que será su vida sin ti pero sí con alguna otra. ¿O extrañar al muy condenado a pesar de que aún no entiendes por qué fue que no te volvió a llamar? Algo muy frecuente entre las AM que están aún disponibles y pululan allá afuera en el mercado. Terminar una relación, por muy mala que sea, no es un asunto fácil. Peor aún cuando no tienes ningún prospecto interesante a la vista. Pero, entonces, para las que recién experimentan, nuevamente o por primera vez, lo que es quedarse solas, ¿qué hacer? ¿Cómo curar su corazón herido? ¿Cómo empezar nuevamente de cero? ¿A quién apelar para superar su crisis? ¿Cómo no caer en la tentación de sentirse víctima y despertar la lástima y la caridad de los demás?

¿Por más que lo intento no logro entender por qué te sientes tan mal? Por fin te quitaste de encima el ancla que te tenía estancada en el piso sucio y frío de los fracasos sentimentales donde hemos estado y seguramente volveremos a estar algún día todas. ¿De qué te lamentas? De haber tenido la valentía de zarpar hacia nuevos rumbos porque finalmente descubriste que no solo te interesabas tú, sino también todas tus amigas y las amigas de ellas. Sacude de tu cabeza todos los pensamientos negativos que te embargan y más bien felicítate por haber tenido la valentía de iniciar una nueva vida. Un nuevo capítulo en la historia de tu propia historia donde tú eres la principal protagonista. De antemano, te advierto que empezar a escribirlo no será tarea fácil. Prepárate entonces a navegar en las aguas inciertas de la soledad momentánea, porque genera algo de pánico. Que mientras lo logras, será fácil confundirte y creer que era mejor lo que tenías que lo nuevo y doloroso que ahora estás viviendo. Que por momentos crees no poder soportar tanto dolor y que la frustración te está llevando a desesperarte y a considerar a los más inverosímiles prospectos por temor a quedarte precisamente sola.

Hace algunos meses, Patricia, una amiga, escribió un libro fantástico sobre cómo superar una ruptura sentimental, *Manual para salir de la tusa*, que me llevó a pensar que la misma es solo cuestión de tiempo. Y de entender que las mujeres nos sumimos tanto en sufrir por lo que pudo haber sido que muy pocas alcanzamos a ver realmente más bien de qué fue de lo que nos salvamos. La autoestima en la mayoría de las mujeres es realmente baja y por ello nos valoramos, nos validamos a través de los demás. De la aceptación que nos manifiesten, del cariño que nos profesen o de la ilusión que le vendamos al mejor postor. En este caso: nosotras. En vez de dedicarnos a nosotras mismas para poder ahí sí pedir, o exigir, un poco de respeto. Porque si nos quisiéramos tanto como queremos conseguir que nos quieran y que nos acepten los demás, seguramente entenderíamos que no hay nada más importante que nosotras mismas y nuestra propia tranquilidad. Que es mejor terminar una relación en la que no nos sintamos bien, si sentimos que esta atenta contra nuestra propia felicidad. Que no tiene nada de malo quedarse sola. Yo, por ejemplo, por momentos, siento que lo necesito. Y por una sencilla razón, porque me siento a gusto conmigo misma, porque me gusta en lo que me he convertido, porque no necesito de un payaso al lado para sentir que me divierto. Porque he descubierto que hay muchas cosas que se deben disfrutar precisamente solas y no me refiero únicamente a tener una noche de pasión con nuestro vibrador. Sigo pensando que a dúo es mucho mejor. Pero mi caso es realmente atípico. A la mayoría de las mujeres en el mundo les aterra la idea de quedarse solas.

Entonces, si el mío no es ni remotamente parecido a tu caso y de repente te despiertas un día y te sientes lamentablemente sola, traicionada y vacía, ¿qué hacer? El siguiente es una lista de cómo dar los primeros pasos para recuperar el control de tu vida. Mujeres AM y FM por igual porque duele exactamente igual si quien nos deja es el novio, el esposo, el amante o cualquier aparecido. Más aún, si la ruptura en mención no obedece a que fue por iniciativa tuya y de repente te toca aceptar no solo que esta vez sí que se acabó, sino que muy posiblemente él jamás volverá a tu lado. Que de ahora en adelante es muy posible que te lo encuentres en todas partes con alguien o que, en su defecto, sean sus amigos los que, con lujo de detalles, te cuenten que lo vieron con otra. Y a pesar de que intentas fingir en vano que ya no te importa, en el fondo la noticia te afecta y se siente como si lanzaran un certero dardo envenenado directamente a tu ego. La bendita ley de Murphy aplicada en estos casos: el día que estás más desaliñada, ese preciso es el día que él te ve o que tus amigos te cuentan que lo vieron y, al verte así, se empiezan a imaginar por qué. Entonces, ¿cómo salir airosa de una relación que a todas luces nunca te convino realmente? ¿Cómo empezar de cero?

Antes que nada, reflexiona con cabeza fría sobre las razones por las cuales ya no estáis juntos. ¿Porque él ya no quería? ¿Sí que lo quería, pero con otra? ¿Porque tú así lo quisiste? No te engañes y evita la tentación de echarte toda la culpa. Si no funcionó, tal vez es responsabilidad de los dos.

Piensa mejor que todo tiempo pasado fue peor. Sé positiva y en vez de lamentarte, imagínate lo que será ir nuevamente al gimnasio, conocer nuevos tipos, maquillarse y vestirse para conquistar, volver a frecuentar a tus amigas y tener tiempo hasta para visitar a tu madre. Todas esas cosas y más que, por haber estado embarcada en una mala relación, habías sentido perdidas.

Si eras una AM, aprovecha y organiza un *shower* de solteras entre tus amigas y pídeles que te regalen solo objetos y artículos para tu nueva vida. Ya verás como las más creativas se lucen con obsequios que ni siquiera sabías que existían y que seguramente te arrancarán algo más que risas: la suscripción a una revista porno, un juego de Nintendo en el que Lara Croft pateará y destruirá a todos sus enemigos que son generalmente hombres. Un *kit* casero para teñirse y hacerse la cera. Un par de binoculares para poder espiar a los vecinos guapos a través de la ventana. Una papelera eléctrica para que destruya todas las cartas de tu ex y cualquier evidencia de tu antigua relación. Si eres una AM seguramente ya tendrás todas estas cosas.

O, si no, organiza una fogata. Al aire libre. Algo bien campestre, pues necesitarás urgentemente salir de tu casa y de esas paredes tan llenas de los recuerdos que aún te atormentan: la primera vez que se quedó a dormir, la primera llamada, la vez que se quedó borracho en el sofá, la primera vez que te dijo que estabas linda, la primera factura de su móvil que le pagaste. O la vez que te mandó a cambiarte de ropa porque tu blusa era transparente y dejaba poco a la imaginación. En una bolsa de basura, mete todo lo que aún te recuerde a tu ex. Mientras arden las llamas, tus amigas repartirán sangría, reparten aguardiente o vino y en el fondo suenan temas perfectos para la ocasión como: «Hacer el amor con otro», de Alejandra Guzmán, «No controles» de las Flans o «Ni tú ni nadie» de Alaska y Dinarama, echa al fuego uno a uno todos los recuerdos que ha dejado atrás el muy desgraciado: su camisa fina, sus lentes de marca, las cartas de amor, las zapatillas de tenis que se le quedaron en tu casa, las fotos, la colonia esa que ahora ha avivado las brasas ocasionando una especie de incendio. Todo con tal de hacer el ritual completo de desaparecerlo de tu vida. Verás cómo de repente empiezas a dormir más tranquila.

Cambia tu número telefónico. Así no pasarás noches de angustia esperando por una llamada suya. Todo es psicológico y si empiezas a creer que no podrá llamarte porque no tiene tu número nuevo y has dado instrucciones precisas a familiares y amigos de que no se lo den ni aunque los torture, te sentirás en control y ahí mismo empezará tu sanación. Si eres una FM y hay hijos de por medio, a la edad que sea, cómprales su propio móvil y enséñales a contestar sus propias llamadas. Lo ideal no es que lo hagas de por vida, pero sí mientras suturas tu corazón. En otras palabras, así tenga preguntas o millones de excusas para querer hablarte, limita el acceso que tenga a ti. Sentirás que tienes el control y empezarás a convencerte de que si no llama es porque tú no quieres, no porque el muy atorrante así lo haya querido.

Viaja. Después de una ruptura el mismo aire que respiras en tu hogar seguramente habrá quedado contaminado de traición. O de él, que en el caso de que haya sido infiel, viene oliendo exactamente a la misma pestilencia. Aprovecha y organiza un paseo con tus amigas o sola también si lo prefieres. Mejor aún, menos competencia. Pasa una semana en algún paraje exótico en donde tendrás la oportunidad siquiera de recrearte visualmente o de conocer a otros chicos.

Llama a tus amigos. A todos y anuncia que estás nuevamente libre, no soltera, pues esto a algunos podría sonarles patético, más aún a las amigas FM que tengas. Por pura envidia, obviamente. Ahora que están casadas, ya quisieran ellas estarlo, así fuera de vez en cuando. Pero la realidad es que si encima de todo llevas varios días sin dormir, sin comer y sin bañarte, lo más probable es que nadie quiera encartarse con una despechada deprimida. Por eso, di más bien que estás nuevamente regia y lista para el desorden. Aunque algunas te critiquen, suena a que fuiste tú quien lo mandó a la porra porque además era demasiado aburrido. Así de paso aprovechas para dañarle la reputación. Y si alguna se había entusiasmado con que tu ex había quedado por fin disponible, desistirá de la idea de reemplazarte. Porque junto a que es malo en la cama, tiene mal aliento y estuvo preso por asesinar a una novia, decir que es aburrido es un argumento de causa de ruptura perfecto para que salgan huyendo despavoridas. Tu teléfono empezará a sonar poco después con invitaciones de todo tipo. Si demuestras, además, que estás feliz, o al menos tranquila, adicionalmente tus verdaderos amigos se alegrarán de haberte recuperado.

Cambia de peinado. Nada mejor para subir la autoestima que visitar la peluquería e intentar un nuevo *look*. Muchas mujeres conservan el mismo estilo durante años, especialmente si tienen una pareja fija, pues consideran que no es necesario. Pues ahora «es» necesario.

Cambia tu vestuario. Aprovecha y ponte lo que quieras. Más aún si tu ex novio o ex marido, incluso mejor en el caso de las FM, era un celoso, energúmeno y controlador, este será el momento para que experimentes todo tu potencial de seducción. Inventa combinaciones, ponte lo que esté de moda. Invierte en un nuevo par de zapatos altos que te hagan ver como una mujer fácil. En la actitud está todo y para volver a tener toda la seguridad que creías perdida, nada más efectivo que verte fabulosa y ponerte nuevamente en el mercado. ¡Eso! Anúnciate, asúmelo como que estás en promoción. Es decir, donde dice «sale» mira a ver qué entra.

Cambia tu rutina. Si normalmente conduces hacia la oficina, cambia de ruta. A lo mejor en el camino te encuentras a alguno mal estacionado. Si solo solías almorzar en tu oficina, sal de vez en cuando a hacerlo con amigos a algún restaurante. O a varios. Aprovecha, ahora sí, para conocerlos todos. Más aún si eres una ex FM a quien solo llevaban a cenar fuera en su cumpleaños y en uno que otro aniversario. Esta es tu revancha. Y si te lo encuentras, mejor. Sal siempre arreglada como si siempre te lo fueras a topar en la calle. Y si no te lo encuentras a él, es muy seguro que alguien le diga que te vio, además, más guapa y feliz que nunca. Recuerda que quien no muestra la mercancía no la vende. Si eres una AM y te gusta la marcha pero estás cansada de ir a los mismos sitios, en donde siempre ves a la misma gente y en donde siempre te abordan los mismos adefesios con los que ya sabes que jamás saldrías por muy desesperada que estés , cambia de horario. Acuéstate más temprano y levántate más tarde, o por el contrario, si no te gusta salir, o no te dejaban hacerlo porque estabas casada con un ermitaño, quítate esa pijama térmico y ¡hazlo! Más aún, por supuesto, en el caso de las antiguas FM. Si no te gusta el campo, inventa un *picnic*. Cosas maravillosas suelen suceder cuando nos atrevemos a salir de la burbuja de protección en la que hemos sumido nuestras vidas y empezamos a aventurarnos en lo desconocido.

Compra una mascota. Así mantendrás la mente ocupada en algo distinto de ti misma y de tu más reciente fracaso sentimental. Nada mejor para superar la sensación de abandono que adoptar a un ser indefenso y sentir que lo estás cuidando. Además, será la excusa perfecta para ir al parque y conocer a otros tipos que tengan mascotas. Aléjate, eso sí, de especies disociadoras como una serpiente, un hámster, un cangrejo ermitaño, un pez koi. La idea es que lo puedas «sacar», no que te obligue a quedarte en casa a cuidarlo o que asuste hasta al más desprevenido. Mejor dicho, sé práctica y consíguete un perro.

Haz ejercicio. Inscríbete en un gimnasio. Atrévete a salir de tu círculo y dale la bienvenida a personas nuevas en tu vida. En pleno siglo XXI, el bar es el mejor lugar para conocer gente nueva, para repartir tu teléfono y para que te inviten a fiestas y eventos sociales. Aprovecha para bajar esos kilitos de más que una vida sedentaria siempre proporciona. Una vez que empieces a ver cómo luces otra vez como Cindy Crawford, te alegrarás de haber terminado con tu ex. Lo que siempre he dicho: «La estabilidad engorda.» Si no, míralos a ellos y a sus barrigas cerveceras. En un gimnasio también habitan los entrenadores personales, musculosos, atentos y dispuestos a atender a «toda» su clientela.

Organiza una agenda con una lista de todas las cosas que, por falta de tiempo para ti misma y por andar discutiendo y deprimiéndote por culpa de tu ex, nunca hiciste. Un viaje, aprender un nuevo idioma, clases de cocina, algún deporte extremo, plantar un árbol, escribir un libro o tener un hijo también valen.

Búscate un nuevo *hobby*. Cualquier cosa que te mantenga entretenida y más que nada ocupada. Trabajos manuales, aprende a tejer, colecciona estampillas, cómprate un *karaoke* y ensaya en tu casa, lee un libro, escribe un poema o una canción que se aleje de los temas de despecho. Diseña un vestido o cambia la decoración de tu casa. Todo sirve.

Organiza una fiesta en tu casa y pídele a tus amigos que inviten a gente que tú no conozcas. Del *networking* y las relaciones públicas que hagas, de ahora en adelante, dependerá que en un abrir y cerrar de ojos te puedas ubicar en un escenario distinto al que tenías.

Pídele a tus amigas que nunca te hablen de él. Así lo hayan visto de blanco casándose en la iglesia en donde supuestamente se iba casar contigo, pídeles que no te mencionen una sola palabra.

Abstente de convertirte en «la adorada ex novia de fulano». No llames a sus amigos a saludarlos, a tu ex suegra para desearle feliz año, ni a él mismo en su cumpleaños, no le mandes saludos a su hermanita menor ni flores a la abuelita cuando sepas que tiene la gripe. Demasiada cercanía los aleja y tú lo que necesitas es que vuelva. Aunque sea para darte el gusto de mandarlo a la porra otra vez. Cuanto más te alejes de esa familia y de ese círculo vicioso, por el momento, mejor. La regla cambia cuando literalmente ya te importe un chorizo él y su vida en general. Ahí sí que puedes volver a ser lo «adorada» que te dé la gana. O que te hayas esmerado en fingirle a él y a toda su insoportable familia que eres.

No hagas chistes de mal gusto sobre tu ex aunque tengas unos buenísimos y te mueras de ganas de compartirlos. Y tampoco lo uses como referencia para ninguna cosa, a menos que quieras que todos piensen que es un tema que aún no has superado. Simplemente abstente de mencionarlo.

Consíguete un clavo. No existe nada más efectivo para sacar esa astilla que se ha quedado clavada en tu corazón que empezar a salir nuevamente con amigos y pretendientes para sentir que estás nuevamente en la jugada. Eso sí, no te involucres sentimentalmente con ninguno de ellos, pues es muy probable que termines partiéndoles el corazón tal y como ese cretino te lo partió a ti. No se vale eso de «ojo por ojo, diente por diente» contra un pobre incauto cuyo único pecado fue fijarse en ti. Más bien sácale el ojo o pártele un diente a tu ex pero con el látigo de la indiferencia. Deja pasar un tiempo prudente para volver a enamorarte. Si aún sufres por un antiguo amor, es muy posible que no solo te engañes a ti misma, sino que también estés engañando a los demás. Aprovecha más bien tu tiempo sola para descontaminarte del virus de tu ex.

No te hagas su amiga. Menos aún si no estás lista. ¿Qué necesidad tendrías de fingir que ya lo has superado? Deja pasar un tiempo prudente y más bien, cuando ya te importe un bledo, ahí sí proponle ser su amiga, pero después de hacerte novia de alguno de sus amigos. Esto en caso de que alguno valga la pena.

¿Lo ves? Te das cuenta de cómo de repente estar sola, en lugar de una desgracia, es una verdadera bendición. En otras palabras, ponerte por tu propio sudor y cuenta frente a una puerta que se empieza a abrir y tras la cual hay un mundo lleno de nuevas posibilidades es la mejor estrategia para superar una ruptura y salir ganando aunque pienses que lo perdiste. Superar una ruptura sentimental y sobrevivir a tanto drama es simple cuestión de actitud. El secreto consiste en tener una visión más amplia y, decididamente, más positiva.

No llores más y piensa que estar sola, por el momento, más que una tragedia, es una verdadera oportunidad. Una que agradecerás estar viviendo, te lo aseguro.

20

Ser como ellos. Y eso, ¿qué gracia tiene?

Y si tanto insistimos en parecernos a ellos, es decir, en reflejar parte de nuestro problema, en suplantarlos en todo, ¿por qué no hacer un esfuerzo mayor y convertirnos de una vez en ellos? Suena a despropósito. Lo es. Más que nada teniendo en cuenta que son muchas las ventajas que las mujeres tenemos, pero que no sabemos, sobre ellos. Sería una verdadera catástrofe acabar con la poca feminidad que aún queda en el mundo. Aquí os diré por qué.

¿Ser hombres? ¡Qué pesadilla! Suficientes problemas tenemos con los nuestros para encima de todo venir a apropiarnos de los de ellos. Como lo expuse anteriormente tan convulsionado está el llamado «mundo moderno», que ellos no solo pierden cada vez más terreno ante nosotras, sino que, además, hasta pensar en el simple gesto de invitarnos a salir les da terror. O pereza. Lo cierto es que cualquiera de las dos opciones es igualmente aterradora. Lo cierto también es que, por temor al rechazo, muchos se han vuelto seres inseguros y con autoestimas realmente bajas. Si a esto le sumamos que ya no quedan casi oficios laborales en los que no podamos remplazarlos, ser hombre en nuestros tiempos resulta poco menos que atractivo.

Pero, entonces, ¿por qué existen tantas mujeres allá afuera que insisten en quedarse varios pasos atrás de todo el progreso evolutivo que estamos viviendo actualmente para convertirse en malas copias de ellos? Y no solo me refiero a ese afán que nos entra a algunas de luchar solas para ser cabezas de hogar, también me refiero a querer ser ellos en cuanto a actitudes, adoptando así todos sus defectos que, valga la aclaración, no son pocos. Pero de lo que muchas de esas mujeres no se han dado cuenta es de que nuestras ventajas son mucho más amplias y nuestras posibilidades de disfrutarlas en un mundo cada vez más femenino también lo son. Por el contrario, consideremos más bien por un instante las grandes desventajas y en ocasiones injusticias con las que ellos tienen que lidiar a diario. Mientras la equidad de géneros es una causa que insistimos en que todos los hombres en el mundo deberían apoyar, al parecer no les convendría del todo. Lo cual explicaría su resistencia al cambio.

La razón principal es que la balanza la hemos venido desequilibrando nosotras al punto de que tenemos una sociedad regida en su mayoría por mujeres, de las que entre otras han invadido el planeta en una proporción de siete mujeres por cada hombre. Y aunque a primera vista podría parecer beneficioso para ellos, en la realidad, no lo es. Pero la idea no es vengarnos de ellos. El simple hecho de haber perdido gran parte del control que históricamente habían ejercido sobre nosotras ya es para muchos suficiente castigo. No saber ni cómo abordarnos, ni cómo domesticarnos, ni cómo demonios convencernos para que construyamos vidas emocionalmente estables junto a ellos es algo que los confunde y en ocasiones los paraliza. Pero para todas esas mujeres que insisten en convertirse en mala copia de ellos, este capítulo les será de gran utilidad para comprender por qué es mejor ni intentarlo. De repente ser hombre no tiene mayor gracia. Ni tampoco es un gran misterio. Aquí os contaré por qué. Leed por qué.

HAN SIDO LAMENTABLEMENTE ESTEREOTIPADOS

Mientras a nosotras nos han empezado a comparar con las *Amas de casa desesperadas*, que de desesperadas lo único que tienen es que no les ha llegado el divorcio de los maridos tan cretinos con los que están casadas, ficticiamente, en la serie, a ellos desde hace años los tienen estereotipados a través de patéticos personajes como Homero Simpson, el Wicho del *Premio Mayor* y Donald Trump. Todos ellos representan según los creadores de caricaturas, telenovelas y *realities* al «Nuevo Macho», alcohólicos o torpes, o brutos o simplemente menos inteligentes pero más arrogantes que sus contrapartes femeninas.

En la televisión, ellos siempre aparecen como irresponsables, desaliñados y muy poco exitosos, con la excepción de Trump quien viste impecablemente y es muy exitoso pero al mismo tiempo es un baboso al que siquiera Melania, su nueva víctima, perdón, pareja, nos hizo el grandísimo favor de sacarlo de circulación casándose con él hace ya varios años. ¡Enhorabuena! Mientras que nosotras a través de series como *Sexo en Nueva York*, *Friends* y *Will & Grace,* siempre lucimos elegantes, inteligentes y muy independientes. De alguna manera autodiscriminatoria es como si ellos mismos se hubieran comenzado a ver ante nosotras. ¿Será verdad que es así como se ven o como quieren que los veamos ahora: como unos bonachones, medio tontos que no son capaces de funcionar sin la tirana de su esposa al lado? ¿Será este solo un plan bien orquestado para manipularnos y generarnos lástima mientras juegan a ser la víctima? ¿Nuestras víctimas, además? Nuevamente, salvo el caso de Trump, porque aquí la pobre Melania sigue siendo la víctima. ¿Influenciará esto acaso la manera como los trataremos de aquí en adelante, como unos perfectos inútiles? Entonces, si queremos ser ellos, según como nos los pintan en la tele y para que vayas tomando nota: déjate crecer la barriga, no te vuelvas a «podar» jamás los pelos de la nariz y, lo más importante, más aún a sabiendas que ser calvo es un «privilegio» casi que exclusivamente masculino, como sea, haz que se te caigan todos los de la cabeza. O mete la barriga, sí, pero en un concurso. No te olvides de usar ropa sin forma, horrible y pasada de moda. Toma cantidades obscenas de cerveza y eructa cada vez vez que te provoque o puedas. Sé imprudente y di cosas estúpidas. Pero no las desperdicies, para mayor impacto y recordación espera a alguna reunión familiar, en Navidad, frente al jefe de tu esposo para que todos sepan la clase de ordinaria con la que se casó. ¡Así como ellos históricamente lo han hecho frente a nosotras!

LICENCIA DE PATERNIDAD

Este punto me parece injusto, pero nuevamente aquí han sido víctimas de su propio invento, pues quien se ingenió las licencias de maternidad seguramente fue un hombre. Lamentablemente, ese hombre como que no tenía hijos en el momento o no consideraba tenerlos, pues se le olvidó incluir a sus congéneres en su proyecto. El caso es que a aquellos hombres que disfrutan de ser padres, de su papel vital en la crianza, la educación y el cuidado de sus recién nacidos, por culpa de sus mismas tontas reglas, deberán conformarse con seguir trabajando en sus oficinas, pues en países como Estados Unidos, por ejemplo, la última vez que consulté, no le otorgaban licencia a nadie que se encontrara entre el 10 por ciento de los empleados mejor pagados de la empresa. Según una ley federal, seguramente también creada por alguno de ellos, ningún empleador está obligado a darles dicha licencia, más aún si tiene cómo comprobar que su ausencia, justificada o no, le causaría serios problemas a la compañía. Es decir, encima de todo, si se la toman por cuenta propia, podrían incluso despedirlos, pues tampoco están obligados a guardarles el puesto.

Punto para nosotras. Sigo prefiriendo mi estatus de mujer que, aunque no sea mucho, tendría por lo menos doce semanas para estar con mi hijo. Entonces si insistes en suplantarlos a ellos, trabaja durante toda tu licencia de maternidad y solo ve a tu hijo antes de graduarse de bachillerato o justo antes de casarse. Recuerda que lo importante en estas épocas modernas y según se lo inventó algún gracioso desocupado no es la cantidad de tiempo sino la calidad. Así sea escasa.

MUJERES Y NIÑOS, PRIMERO

Este punto me encanta, y si no insistimos en cambiar las reglas del juego, lo más probable es que siga así para el beneficio de todas las generaciones de mujeres en el mundo que nos sucedan: ante una emergencia, un accidente, la evacuación de un edificio en llamas, la orden es clara: «Las mujeres y los niños salen primero.» Es decir, tenemos mejores probabilidades de salvarnos o de que nos rescaten primero que a ellos.

Entonces, ¿para qué insistir en actuar como ellos y arriesgarte a la posibilidad de morir incinerada en un edificio en llamas? Tal vez no. Lo cierto es que las mujeres, a pesar de haber viajado al espacio, de ser presidentes, activistas y gerentes, todavía conservamos algo de la feminidad original y nos seguimos molestando si ellos no son suficientemente caballerosos para abrirnos la puerta del auto. Entonces, si lo que quieres es ser hombre, nunca esperes a que te abran nada, ni que te salven primero en ningún accidente, aguanta la respiración y espera a que salven primero a todas las demás mujeres, que sí se precian de serlo, en medio de aquel incendio.

RECLUTAMIENTO

Aunque nos veríamos sensacionales con esos pantalones camuflados, qué pereza cargar un pesado fusil, dañarse el peinado con uno de esos cascos que utilizan en los combates pero que nos dejan el pelo aplastado, partirse una uña tratando de lanzar una granada y tener que guardar nuestros tacones favoritos por meses, por años, para ponernos unas muy poco favorecedoras botas de campaña. Insisto, no entiendo por qué muchas creen que la igualdad está precisamente en hacer cosas que ni a ellos mismos les gusta. La igualdad, según mi juicio, radica en ganar lo mismo que ellos pero haciendo el esfuerzo que nos corresponde a nosotras debido a nuestra supuesta fragilidad, que además les priva decir que padecemos, y a la diferencia de fortalezas físicas: es decir, ninguno.

Otra de las grandes ventajas que tenemos sobre ellos es que ante una emergencia de seguridad nacional, a quienes se llevan contra su voluntad en muchas ocasiones es a ellos, mientras nosotras, de no insistir en convertirnos en hombres, podríamos aprovechar que no están, para no depilarnos las piernas en meses, para usar su automóvil que es más nuevo y deportivo que el nuestro, para quedarnos en nuestras casas viendo telenovelas y pidiendo pizza a domicilio. En cambio, si lo que prefieres es estar en medio de las balas para probar el punto de que eres tan capaz como ellos, entonces guarda todos tus zapatos de tacón alto y empieza a vestirte de verde y a practicar desde ya tiro al blanco con la pistola de agua de tu hermanito menor.

REPRESIÓN

Mientras a las mujeres se nos permite, socialmente hablando, ser mandonas, gritonas y lloronas, está muy mal visto que un hombre lo sea, tanto en público como en privado. Un hombre que grita es un energúmeno peligroso, mientras que una mujer que grita seguramente está eufórica o acaba de tener un encuentro cercano con una araña. Un hombre que llora es un afeminado mientras que una mujer que lo hace solo es sensible. Los hombres no tienen realmente la libertad de expresar espontáneamente lo que están sintiendo, y eso, señoras, es una represión que a nosotras, afortunadamente, no nos tocó.

ACOSO SEXUAL

Este punto también es bastante interesante, e incluso muchos hombres en el mundo han comenzado a protestar. Que una mujer en la oficina, que encima de todo sea su superiora, les envíe cartas de amor, se les insinúe, les coquetee y hasta se atreva a pedirles sexo a cambio de favores es considerado todavía como el acto de una mujer seductora y de avanzada. En cambio, en el caso de ellos, si son tan torpes de fijarse demasiado en alguna compañera de oficina, así ni siquiera le parezca atractiva y evidentemente lo haga porque se pasó de autobronceador en la cara y es difícil, por no decir imposible, no mirarla, lo más probable es que terminen con fama de pervertidos, además de ser despedidos y presos.

LA PATRIA POTESTAD

Las cosas han cambiado un poco, pero lo cierto es que

ante una batalla por la custodia de los hijos, ellos, en su mayoría, llevan las de perder. Los hijos casi siempre se quedan con la mamá. Es un hecho: encima de todo cuando la relación se acaba, casi siempre los que tienen que pagar son ellos. En el 93% de los casos, la patria potestad siempre es otorgada a la madre, y en países como Estados Unidos, ellas pagan la mitad de la mitad que les corresponde a ellos en caso de acordar gastos compartidos. Es así como muchos de ellos que sí quieren ejercer una paternidad responsables, les es negada o les complican la posibilidad de desempeñar papeles decisivos en las vidas de sus hijos. Esta es una de las grandes ventajas que tenemos sobre ellos.

Atención que es aquí donde realmente está el peligro: según aquellos a quienes consulté para este tema, lo que ellos han comenzado a pensar es que si estamos tan dispuestas a luchar hombro con hombro, con y contra ellos por una igualdad en cuanto a derechos y salarios, ¿no aceptamos también ceder o negociar con ellos algunos privilegios que, hasta ahora, han sido exclusivamente para el género femenino? Y yo no sé si es tu caso pero a mí no me interesa en lo más mínimo convertirme en una mala copia de ningún hombre con todas las responsabilidades y la ropa aburrida que ello conlleva. Responsabilidades que hasta ahora han sido propias de su género y que algunas de nosotras nos empeñamos en adoptar. Porque, según ellos, cuanto más grande sea el cheque también lo deberán ser nuestras responsabilidades. Entonces si hasta en eso llegáramos a confundirlos, ¿cuál sería la verdadera diferencia entre los unos y los otros? Es decir, el mundo allá afuera se volvería realmente hostil y no habría ley que nos protegiera de ellos, ni de nosotras mismas. Pero, en cambio, ellos sí que siguen conservando algunas grandes ventajas sobre nosotras. Ventajas que logran que nos sigan llevando la delantera en algunos aspectos:

CALVICIE

Los calvos son definitivamente sexys. Lo que pasa es que nos burlamos de su calvicie tan solo porque es algo que a algunos los amarga y los saca de sus ropas. Porque la gran diferencia entre ellos y nosotras es que es más probable que ellos se queden sin pelo que nosotras sin caderas. Sin embargo, algunas mujeres que han sufrido de alopecia, por ejemplo, como la princesa Carolina de Mónaco u otras que se han rapado por gusto como la cantante irlandesa Sinéad O'Connor, demuestran que con pelo o sin él también es posible verse sexy... solo por un tiempo. De todas formas, poder andar sin pelo para siempre y que se vean bien es una de sus grandes ventajas.

VESTIRSE COMO UN LEÑADOR

La camisa a cuadros, las botas «machita» de caucho, los pantalones desaliñados, según nosotras, los hace ver rudos y decididamente atractivos. Una mujer con el mismo atuendo, así trabaje en una maderera, automáticamente sería señalada como demasiado masculina (a.k.a. marimacha, como le decimos en Colombia a las que son poco femeninas). Mejor dicho, ellos pueden ponerse lo que se les venga en gana y nosotras lo interpretaremos según su oficio, jamás según su buen gusto. En cambio nosotras deberemos hacer mejores y mayores esfuerzos si no queremos ser discriminadas o desechadas precisamente por parecernos «demasiado» a ellos.

LOS ZAPATOS

La mayoría de ellos piensa que es estúpida nuestra afición por los zapatos. Especialmente en el caso de los esposos de las FM, aunque digan y finjan lo contrario. Para muchos, si para rematar tienen hijos, no alcanzan a entender que es posible empujar el coche del bebé y sacar el perro a pasear, al mismo tiempo, en tacones de 15 centímetros. A mí, por ejemplo, no solo no me caben en el clóset sino que he tenido que empezar a guardarlos en sitios ridículos como el congelador de la nevera, la guantera del auto y en casa de mi madre. Solo que yo vivo en Colombia y ella en Miami. Ellos, en cambio, con dos pares de zapatos tienen su ajuar resuelto. Unos deportivos y unos para trabajar. Que un hombre llegue en zapatos para hacer deporte a un evento de rigurosa etiqueta es exótico, audaz, irreverente; en nuestro caso y más que nada si no respondemos al nombre de Floricienta, lo más seguro es que nos cataloguen de horteras o, nuevamente, de malvestidas y ordinarias. La realidad es que lo único que me da envidia, lo confieso, es la cantidad de espacio que se ahorran. ¡Uno que podríamos utilizar para comprar aún más zapatos!

LA ROPA INTERIOR

Ellos no se tienen que gastar millones en lencería, panties, sujetadores, bragas, calzones o como prefieran llamarlos. Nada de perder tiempo escogiendo los más bonitos o los que mejor estén adornados con encajes, lacitos, cintas y moños complicados para seducirnos. Y pensar que con el mismo calzoncillo con el resorte desgastado con el que fueron a su grado es con el que igualmente tienen posibilidades de seducirnos mientras nosotras nos gastamos una fortuna para obtener el mismo resultado en la cama.

La tendencia retrosexual dicen que está de moda, es decir, cuanto más arrugados, desaliñados y malolientes se vean, más sexy los encontramos. Con la barba de tres días, las uñas sin arreglar, el pelo sin cortar y con cualquier camisa vieja que se pongan, nosotras sentimos que se ven muy masculinos y atractivos. Si una mujer, peor aún si es una AM, intentara la misma gracia, no solo le restaría posibilidades para conquistar sino que sería catalogada de «asquerosa». Las mujeres no hemos avanzado ni un poquito en este aspecto ¡a Dios gracias! No sé que pasaría si por seguir en la lucha por la tal «igualdad», termináramos también con las piernas tan peludas como un cactus. Con bigote, el pelo grasoso y hasta consideraríamos que el mal olor bajo el brazo es sexy. A ellos les perdonamos todo eso y más precisamente porque son ¡hombres!

ESTAR PASADO DE MODA

Las mujeres también gastamos fortunas en estar a la moda temporada tras temporada, así estas sean cada vez más cortas y nuestro presupuesto más escaso. Y esta es otra de las grandes ventajas que ellos siguen teniendo sobre nosotras: que se pueden poner el mismo pantalón con el que asistieron a su propio bautizo y a ninguna de nosotras nos parecerá que están mal vestidos o, ni Dios lo quiera, horror, pasados de moda. En cambio, sí que lo estaríamos nosotras según todas las demás. Nosotras nunca esperamos que ellos estén a la última moda y los que lo están empezamos a sospechar que juegan de nuestro lado.

AGARRARSE EN PÚBLICO SUS PARTES ÍNTIMAS

Hombre que se respete se las toca, se las rasca, se las cambia de lugar. Horror si una mujer hiciera lo mismo, así le dieran las mismas ganas. El pudor al parecer se hizo solo para nosotras. Menos mal.

ENVEJECER

Así muchas de nosotras nos hayamos querido convencer de que no hay nada más bonito que envejecer glamurosamente y con dignidad, lo cierto es que ninguna de nosotras lo acepta realmente.

Envejecer es una lata y retardar los efectos del envejecimiento parece ser la consigna mundial entre las mujeres. En cambio, ellos, cuanto más maduros se ven mejor, cuanto más canosos, más sexy, cuanto más arrugas, más interesantes. Nosotras, en cambio, gastamos todo el salario en tintes, masajes capilares, faciales, manicuras, cámaras de bronceado, cremas antiarrugas, Botox y cirugías plásticas para precisamente vernos cada vez más jóvenes. Meryl Streep para muchos es casi una anciana, mientras que Sean Connery, aunque tengan más o menos la misma edad, pasa por un hombre maduro y muy seductor. Punto para ellos que se ahorran millones en cirugías, tintes y postoperatorios.

ENGORDARSE

Un hombre con algo de barriga es bonachón y hasta simpático como Papá Noel, Pablo Milanés o hasta el mismo John Goodman, ese excelente actor de *Argo*. En cambio nosotras, qué malsana la obsesión de algunas por estar delgadas. Como yo lo veo, ese afán por matarse en el gimnasio o matarse de hambre ni siquiera es para que ellos nos acepten. Lo más triste es que es para que nos acepten las demás. Según he descubierto, a muchos hombres no les molestan unas libras o unos kilos de más, a nosotras sí. Es decir, cualquier mujer que no tenga el cuerpo de Jessica Alba o de cualquiera de esas modelos que vemos en fotos y nos generan envidia pero que al verlas en persona lo único que causan es dolor. Además que a ellos ni siquiera les gustamos así de escuálidas! Entonces aquí también nos tocará admitir nuestra derrota y otorgarles un punto adicional, pues, a diferencia de nosotras, ellos ni están pendientes ni se martirizan por esas cosas.

DECIR BARBARIDADES

Un hombre mal hablado es rudo, con carácter. Una mujer que se pase de palabrotas es una camionera. ¡Me acabo de clavar el cuchillo yo solita!

TENER CICATRICES

Así la que él tenga no se la deba exactamente a ninguna pelea con cuatro asaltantes, al tiempo y armados de cuchillos hasta los dientes, como nos fascina imaginarnos que la adquirieron. Y que, más bien, la triste realidad es que se la haya hecho pelando una naranja, a nosotras nos sigue pareciendo terriblemente sexy un hombre con «marcas de guerra». Eso nos indica que es un sobreviviente, un hombre que no se arruga ante nada, un valiente, un héroe. En nosotras, en cambio, fijo, piensan que nos hicimos la lipo o que somos unas torpes o unas exconvictas.

Orinar en cualquier lugar

Nuevamente gran ventaja de ellos sobre nosotras. Peor aún, si a ello le sumamos ese delirio de persecución del que sufrimos casi todas las mujeres cada vez que tenemos ganas de ir al baño que nos obliga a pensar que todo el mundo está mirándonos y juzgándonos. O que todos logran vernos a través de la ropa y adivinan a lo que vamos. Ellos nos llevan la delantera en que pueden hacerlo sin complicaciones donde y cuando quieran. Para nosotras es todo un drama que incluye un baño limpio, la compañía de alguna amiga, papel higiénico y jabón de manos. No sobran también una caja de cerillos, ambientador y un par de guantes de goma para no tocar nada y no morirnos en un baño público de alguna infección. Creencia popular, de la mayoría.

Haber estado en la cárcel

Nuevamente aquí juega nuestro gusto por los malandros. Cuanta peor reputación tengan, cuanto más en entredicho esté su imagen, más orgullosas y mejor representadas nos sentiremos. Un hombre con un récord criminal, nos intriga. Así solo haya pisado una prisión tras olvidar pagar un parte o una infracción de estacionar, el estatus de fugitivo de la ley nos parecerá inevitablemente y terriblemente atractivo. A una mujer, en cambio, a menos que haya ido a cumplir con visitas conyugales, lo más posible es que la tachen de amenaza social.

Hablar de sus conquistas pasadas

Esto nos encanta de ellos, que hablen de cómo no les

funcionó una antigua relación, pues en el fondo de nuestras torcidas cabezas siempre esperamos que con nosotras puedan curar sus heridas, que con nosotras sea diferente e incluso mejor que con la otra. Es decir, nos encanta compararnos con las demás y sentir que somos mejores que ellas. Por este tema, por ejemplo, la competencia entre AM y FM suele ser despiadada. Si, para peor, son amigas entre ellas y han salido con los mismos hombres o, incluso, hasta se han casado con ellos, la AM, por ejemplo, dirá que el marido de su amiga FM es una de sus sobras. La FM, también de la boca para adentro, le dirá a todas sus amigas FM sobre esa AM, que el fulano en mención jamás quiso casarse con ella. Y al final del día, ni la una lo tiene, ni la otra lo disfruta realmente. ¿Al fin, qué? Esto, además, según nosotras, los hace ver interesantes, experimentados, más conquistadores. Así nunca nos enteremos que si la otra los dejó fue por abusivo, por malo en la cama, por charlatán, a nosotras siempre nos parecerá atractivo un hombre que supuestamente ya le haya partido el corazón a otra. Imaginarnos que mientras está con nosotras hay una o varias allá afuera llorando por él, aunque no sepamos que es de la risa, nos priva y nos enloquece. Pero ¡ay! de que nosotras utilizáramos el mismo truco, simplemente no nos volverían a llamar por fáciles, por experimentadas, por recorridas y por recogidas, también.

GULA

Un hombre que come en abundancia es considerado «saludable», un *conoisseur*, un defensor de la buena alimentación, un militante de la buena mesa, así, con nuestros propios ojos, horrorizadas, lo estemos viendo engullirse al tiempo cuatro porciones de papas fritas en un Mac Donald's. En cambio, una mujer que tenga el mismo apetito voraz, seguramente será catalogada de «bulímica». En estos tiempos, cuando el control de peso es una obsesión tal que entre las mujeres ha adquirido visos de epidemia, es sospechoso que comamos como también lo es que no.

INFIDELIDAD

En una sociedad machista que se respete, que un hombre tenga una amante es sinónimo de virilidad, de astucia, de éxito. En cambio, en cualquier país del mundo, una mujer con un amante aún es considerada una vagabunda.

Entonces, ya para resumir, ¿acaso nos conviene luchar por la tal igualdad de géneros cuando me sigue pareciendo que nuestras grandes ventajas frente a ellos nos dejan mejor preparadas para subsistir, en algunos casos y triunfar, en otros, en esta época moderna? Teniendo en cuenta que hay algunos aspectos por los que vale la pena luchar, no nos digamos mentiras: a las mujeres nos gusta en el fondo que nuestros hombres sigan siendo hombres y que aprendan a tratarnos con las consideraciones que suponen esa maravillosa diferencia de géneros. A mí no me gusta un hombre machista, pero decididamente me sigue pareciendo terriblemente atractivo el que hace gala de su masculinidad frente a mi feminidad. Los opuestos se atraen. No siempre para cosas buenas, pero sí que existe una maravillosa ventaja para nosotras en no ser como ellos.

21

Doce amigas que todas debemos tener

Si tu filosofía actual es como la mía, es decir, no hay que poner todos los huevos en la misma canasta, eres de las que ya ha entendido que lo único en lo que deberíamos luchar por ser igual a ellos es en su pragmatismo. O, mejor dicho, si tu experiencia con la amistad entre mujeres ha sido tan poco constructiva como la mía, a lo mejor habrás entendido también que lo que aleja a las unas de las otras, AM y FM, por ejemplo, es que mientras algunas somos prácticas, las demás suelen ser absurdamente complicadas. Palabras más, palabras menos, si alguna vez has sido víctima de una «amiga» que: (a) ha hablado mal de ti, (b) te ha quitado un novio, (c) te envidia en secreto y por ello te critica, seguramente mi teoría se ajuste a tu medida. No hay que confiar en una sola amiga, sino más bien repartir esa amistad en muchas que cumplan su función de acuerdo con sus capacidades y según «tus» necesidades. Así como lo hacen ellos.

No quise mencionarlo en el capítulo anterior porque considero que la gran ventaja que ellos tienen sobre nosotras, las mujeres, es que ellos dominan a la perfección el término amistad. El secreto: ellos no tienen un solo amigo, tienen varios que le sirven para distintas circunstancias, ocasiones y situaciones. Y no como nosotras que pretendemos, en medio de toda nuestra desconfianza de género, depositar toda nuestra confianza, valga la redundancia, en una sola persona. Es decir, amiga. E, insistiendo en que a nosotras no nos crían para ser ni las mejores amigas, ni las peores enemigas, sino más bien, las mejores enemigas, ¿no te resulta de repente lógico y coherente que repartas todas tus municiones en diferentes armamentos?

Piénsalo. Las mujeres, en su mayoría, somos muy poco de fiar. No sé si en algo tienen que ver nuestras traicioneras hormonas, especialmente a final de mes cuando es muy posible que le tengamos fastidio a todo lo que nos rodea: nuestros trabajos, nuestras parejas, nuestras amigas, nuestra ropa y hasta la forma cómo nos vemos. Las mujeres no somos iguales todos los días del mes. Nuestros afectos cambian con nuestros estados de ánimo y con la misma rapidez con la que pronunciamos «crisis». Por ello, depositar nuestra confianza absoluta y nuestra amistad en una sola fémina, que como tú seguramente sufrirá de frecuentes trastornos hormonales, tal vez no es una buena idea.

En cambio, ellos, que no tienen ese tipo de problemas, saben a la perfección, por ejemplo, que de quedarse con un solo amigo correrían el riesgo de que sospechemos de ellos y hasta nos imaginemos que podrían ser homosexuales. Pero la mayoría, en cambio, a diario nos demuestra que existe la posibilidad de tener varios amigos al tiempo que los ayuden a vivir diferentes situaciones y circunstancias de la vida. La gran diferencia entre ellos y nosotras es que mientras ellos tienen varios buenos amigos, nosotras insistimos en reducir nuestras probabilidades y encartarnos toda la vida con la misma, la consabida «Mejor Amiga», aunque en el fondo siempre pensemos que corremos el riesgo de que algún día nos traicione. Exigimos lealtad y muchas cosas que en la mayoría de los casos son imposibles para nosotras de brindar. Más que nada porque no estamos genéticamente diseñadas para ello. Porque la amistad entre mujeres es como pisar sobre cáscaras de huevo: frágil, delicada y poco confiable. Al final también constatamos que el olor de la traición suele ser horrible. Entonces, si hemos de adoptar de ellos algunas ventajas que aún les dan la delantera frente a nosotras, ¿por qué no aprender también su gran secreto y aplicarlo para el beneficio de nuestras vidas de mujeres modernas? Estas son entonces las doce amigas que deberás tener a la mano de ahora en adelante para ser más feliz y práctica en la vida. Sí, como ellos.

1. **La amiga rumbera.** Ojo, que no sea alcohólica, pues las mujeres y el alcohol son menos de fiar todavía. A todas les da por echarle el ojo (o los dos) a nuestro novio, decir babosadas y criticarnos. Pero la amiga que más rápido se apunta a acompañarte a una fiesta, buena o mala, siempre hará las veces de cómplice y te hará compañía hasta que te fugues con el camarero. Lo mejor de todo es que estará tan borracha que ni se dará cuenta o no se acordará de nada al día siguiente y eso le restará credibilidad y, por ende, también posibilidades de delatarte frente a tus demás amigos. No te servirá de mucho como copiloto después de pasarse de tragos, menos deberás confiar en sus indicaciones para llegar a un sitio cualquiera, pero por lo menos la tendrás a la mano y sirve de compañía y podrás contar con ella si te embarcas en una discusión de celos con otra mujer de esas que terminan en tirada de pelos fija. O por si toca dejarla cuidando el coche mientras convences al policía que te detuvo que ponga una multa por conducir a alta velocidad, o también suele ser ideal para que sea quien pague tu fianza para que te dejen salir de la cárcel.

2. **La perdedora negativa.** Tiene un trabajo mediocre que requiere un disfraz de pollo, patines y repartir volantes entre taxistas y camioneros. Aún vive en casa de sus padres, nunca terminó ninguna carrera y su historial ro-

mántico hasta ahora es escaso, por no decir nulo. ¿Por qué es una compañera ocasional ideal? Porque no importa qué tan malo haya sido tu día, el de ella siempre será peor. Sirve para subirte el ánimo y la autoestima, pues es muy probable que con una vida tan negra como la suya, la tuya, en cambio, siempre parecerá fabulosa. Te convertirás en algo así como su ejemplo a seguir y quién no quiere una amiga que le dé buenos consejos de vez en cuando y que bese el piso por donde caminas. Entre otras, te hará sentir afortunada, pues si a ti te da dolor de cabeza ella seguramente tendrá una migraña, si tienes gripe a ella le dará pulmonía...

3. **La amiga exitosa.** Esta solo deberás frecuentarla de vez en cuando para que no te acompleje demasiado. Tener una amiga que gana más que tú, que luzca mejor que tú, que hable y hasta se vista mejor que tú, tiene sus ventajas. Aparte de invitarte a almorzar de vez en cuando, seguramente tendrá mejores contactos y habilidades sociales que las tuyas. Es decir, seguramente ella sí que conocerá buenos partidos y eso aumentará tus posibilidades de relacionarte con alguien distinto al repartidor de pizzas que conociste el pasado fin de semana. Mientras tus demás amigas te darían consejos de belleza, de cómo evitar los gorditos y verte más delgada y cómo ponerte las uñas postizas, la amiga exitosa podría darte de vez en cuando buenos consejos laborales y hasta una manito en caso de que te despidan de tu trabajo.

4. **La soltera.** Esta amiga es indispensable para acompañarte cuando te hayan dejado por otra, cuando no consigas seducir ni al cartero. Ella siempre estará lista y dispuesta para ti. Para aconsejarte con autoridad que disfrutes de tu actual soltería y para prevenirte también ante el peligro de terminar enredada en una relación con un idiota. Como ya seguramente los conoce a todos de memoria, también podrá serte útil para darte referencias de algunos

posibles prospectos mientras deambulas temporalmente por el mercado nacional del usado. La amiga soltera es divertida, libre y jamás te cancelará un plan por tener que ir a un *baby shower* o porque esa noche tiene un compromiso con el marido. Es la ideal para acompañarte hasta a los eventos más aburridos, pues a ella todo lo que implique salir a la calle le parecerá inmensamente divertido.

5. La amiga deportista. Esta es perfecta para ayudar a mantener en forma tu espíritu, tu mente y tu cuerpo. Será la que te obligue a inscribirte en el gimnasio y la que se sepa de memoria todos los nombres de los entrenadores personales. Que, entre otras, están guapísimos. La fanática del ejercicio y el deporte que te apoyará y te animará a hacer flexiones, abdominales y sentadillas. La que no descansará hasta convencerte de que dejes la pereza y trabajes con mayor esfuerzo tu cuerpo para que puedas lucir como una diosa la próxima vez que te encuentres al cretino que te abandonó. Es decir, es casi un hecho que tu próxima conquista prácticamente se la deberás a ella. Lástima que después de tanto sudor y esfuerzo solo querrás volver a verla cuando hayas roto con tu nuevo novio, el mismo que gracias a ella conseguiste. Las ironías de la vida. Lo dicho: nadie sabe para quién trabaja. O, en este caso, nadie sabe para quién suda.

6. La amiga millonaria. Aparte de tener posibilidades de entrar en los sitios más exclusivos con ella, podrás disponer de toda su generosidad cada vez que se le dé por cambiar su ajuar. Es así como a pesar de tu miserable salario de AM podrás lucir como si te acabaras de ganar la lotería y estuvieras llegando en tu avión privado de París. Tendrá todos los juguetes y seguramente no sabrá qué hacer con ellos por lo que tú saldrás enormemente beneficiada. Podrás usar su coche convertible a tu antojo y no tendrás que sacar el tuyo. Que entre otras lleva un mes en el taller y no has podido rescatarlo porque no te han pagado en la empresa donde trabajas. Vivirá tan aburrida con su lujosa existencia, como les pasa a todas, que se inventará viajes exóticos a los que por supuesto te invitará y así mismo te presentará a todos sus aburridos amigos, con los que ella jamás saldría pero que a ti, por supuesto, te parecen encantadores. Más aún teniendo en cuenta que son socios de todos los clubes y amigos de todos los dueños de todos los restaurantes y discotecas. Lo cual automáticamente aumentará tus probabilidades de que puedas dejar de trabajar algún día.

7. La amiga casada. A simple vista la amistad de una AM con una FM parecería un despropósito. Pero realmente no lo es y ambas, incluso, os podríais beneficiar de tan extraña alianza. Olvida que se casó con tu ex novio, que abiertamente te critica y cuestiona tu gusto cuando se trata de hombres. Olvida que ella sola se está clavando el cuchillo porque tras doce años de casada con tu ex, al parecer el de ella es peor y más constante que el tuyo. Olvida que sus hijos sean ruidosos y que casi nunca pueda o quiera acompañarte a salir de marcha de noche. En realidad esta amiga es la ideal para recordarte periódicamente las razones por las que quieres seguir siendo soltera. Mientras que tú a duras penas tienes un gato, ella tendrá tres hijos, dos perros, un marido y un loro; mientras tú piensas en el bolso que te vas a comprar a fin de mes, ella piensa en que tiene que ir al mercado. Su marido le controla los gastos y sus hijos son ruidosos e insoportables. Sin embargo, siempre estará dispuesta a brindarte un buen consejo que tú ignorarás y harás todo lo contrario, por supuesto. Lo mejor de todo es que siempre te tendrá listo el cuarto de huéspedes por si te echan de tu apartamento por «exceso de pago.» ¿Quién te mandó a comprar ese bolso? Lo mejor de todo es que siempre tendrás adonde ir a comer gratis durante las Navidades, Año Nuevo, el Día de la Independencia de cualquier país, así sea en otro continente y con quién ver por televisión la boda de los príncipes de Inglaterra o la abdicación, en vivo y en directo, de la reina de Holanda. También te servirá para presentarle a algún nuevo prospecto y ganarte puntos con él si ve que tienes amigos casados que además tienen vidas estables, no como la tuya y, encima de todo, te aprecian.

8. El amigo del sexo opuesto. Este amigo es clave, pues te servirá como espía para interpretar a sus demás congéneres y tratar de ganar en la batalla de los sexos. Sus consejos bien podrían servirte hasta para conquistar, una vez que los hayas entendido como claves para descifrar la mente masculina. Sin complejos de culpa te dirá la verdad cada vez que no quieras escucharla, te dirá cómo comportarte y hasta te regañará cada vez que metas la pata con algún tipo. Lo mejor de todo por ser del otro bando es que te presentará a otros amigos. Pero OJO, que este tipo de amigo vendrá con ciertas restricciones. Para que funcione solo podría ser un ex novio, un primo o un amigo de la infancia que no tenga contigo ninguna intención romántica. Todo lo demás aún sirve para poner en práctica sus buenos consejos.

9. La fan. Esta también será clave tenerla dentro de tu séquito de amigas, pues será la que te ha elegido como su ídolo. Como su modelo para seguir. Lo mejor de todo es que se regará en atenciones y no escatimará en elogios cuando al referirse de ti se trate, especialmente delante de las demás y muy posiblemente delante de muchos hombres también. Se convertirá casi en tu relaciones pública de cabecera y lo mejor de todo, ¡gratis! OJO: No confundir con la «perdedora negativa».

10. La cómplice. Esta amiga es fantástica, pues es la más leal de todas. La que, para dejaros solos, si es necesario, incluso bailará con el amigo pesado y oloroso de tu pareja. La que se ofrecerá a llevarte a casa del «otro» en medio de una noche lluviosa y además te esperará dentro del coche hasta que salgas. Será tu coartada, la excusa perfecta para hacer lo que quieras y puedas decir siempre que estabas con ella. Es decir, para echarle la culpa de todas las maldades que hagas... La que si saliste con ese otro y te pillaron, dirá que era ella y no tú y se echará la culpa de tu desliz. La que te secundará todas tus mentiras y la que además siempre te dejará bien en público, incluso riéndose a carcajadas, así no tenga ganas, de todos tus chistes bobos.

11. El amigo gay. Nada mejor que tener un buen amigo gay. Este sí que podrás frecuentarlo más a menudo, pues aparte de exquisitos conversadores, son excelentes consejeros en temas de belleza, moda y actividad social. Un amigo gay que se respete siempre sabrá dónde hay una buena fiesta, cuál es el restaurante de moda y qué buenos prospectos para ti habrán en el mercado. Nunca te dejará salir de casa con un atuendo que no te favorezca y siempre estará dispuesto a darte buenos consejos.

12. Tu vibrador. Por si todo lo demás falla, este será tu amigo infalible en las buenas y en las malas. Incluso cuando se vaya la energía porque siempre tendrá las «pilas bien puestas». Con el que siempre podrás contar haya plan o no, haya novio a la vista o no. Su amistad es perdurable y durará lo que tú quieras. O, en otras palabras, lo que inviertas en baterías.

22

El diccionario de la ex

La importancia que todas le damos a todos aquellos que, de alguna u otra manera, se han paseado por nuestras vidas, sintamos que perdimos nuestro tiempo o no. La manera como aún los recordamos, con cariño o no, de alguna forma define nuestras vidas. Y la manera como aún los utilizamos como puntos de referencia, como experiencias buenas o no, me ha inspirado para elaborar un completo diccionario del ex. Ese ser que, en algún momento de nuestras vidas, fue nuestro objeto del deseo, pero que, ahora y por cualquier circunstancia, de repente hace parte de un pasado que a veces no podemos y que, en otras, simplemente no queremos olvidar por masoquistas. Pero, ¿cuál es la importancia real que tiene un ex en nuestras vidas? Solo la que nosotras insistimos en darle. Que por lo que sé y he comprobado es mucha. Demasiada, diría yo. Muchas mujeres en el mundo vivimos literalmente obsesionadas con la figura del «mejor conocido» cuando deberíamos más bien dedicarnos a conocer a algunos «malos», que, entre otras, están muy buenos. El caso es que no hay reunión de mujeres en donde el ex no sea el protagonista de la conversación. El que nos hizo daño o el que, por el contrario, tuvimos que mandar al carajo por tontarrón. El que nos dejó por una flacuchenta descerebrada, o al que dejamos por un cretino musculoso. El ex no es solo un personaje del pasado, es también muchas veces el protagonista de nuestro presente y un elemento decisivo tal vez incluso para nuestro futuro. Dependiendo de lo bien o de lo mal que nos haya ido en el pasado, ello definirá la forma de asumir nuestras relaciones en un futuro. Entonces, si el ex es un tema tan cotidiano, uno que, a menos que hayas acabado de salir de un convento, al parecer compartimos todas, es justo que le demos su importancia y su lugar. Bienvenidas al maravilloso mundo del ex.

Si la culpa de la ruptura fue nuestra, somos tan idiotas que automáticamente borramos todos sus defectos. Obviamos sus pecados y los recordamos con inmenso cariño y nostalgia como lo que nunca fueron: hombres perfectos. Porque piénsalo, si fuera tan perfecto, y nosotras, medianamente inteligentes, ¿por qué nos deshacemos de ellos? ¿Por qué, los sacamos a patadas de nuestras vidas y corremos el riesgo de arrepentirnos al rato sintiéndonos culpables y como unas viles brujas? Eso sí, el efecto dura un instante. Es decir, mientras conseguimos algo mejor. Por esta razón sudamos copiosamente al encontrarlo del brazo de otra, lloramos la pérdida a punta de tequilas y con rancheras lacrimógenas de fondo y conservamos la ilusión de que algún día nos perdonará. O que podremos perdonarlo y así regresará a nuestro lado. ¿Y eso para qué sería? ¿Para volver a deshacernos de él por las mismas razones que ya lo habíamos hecho antes? Muchas mujeres se pegan a sus pasados e insisten en lo mismo solo porque les da miedo aventurarse en un mundo desconocido y bastante competido, el de la soltería. Cuando algunas lo descubren, sin embargo, muy pocas quieren regresar a sus vidas de mujeres cobardes. Pero volviendo al tema del cargo de conciencia que a muchas nos ataca después de finalizar una relación que ya no nos llena, no va para dónde queremos, no nos aguantamos o definitivamente no es lo que esperamos, si tardamos más de la cuenta en conseguirle un remplazo, es muy probable que apelemos al sufrimiento para justificar nuestra soledad momentánea. Así el que debiera estar pidiendo perdón, y de rodillas, sea él.

Ni siquiera, como mecanismo de defensa, tenemos la capacidad de acordarnos de las razones por las cuales en aquel entonces quisimos también desecharlo como lo hicimos con todos los demás. Y como solo alcanzamos a acordarnos de las cosas buenas, nos torturamos pensando que realmente nos deshicimos de un buen partido. A veces nos equivocamos, es cierto, pero las razones por las que decidimos terminar con alguien generalmente son las correctas aunque nos neguemos a aceptarlo.

Pero, si por el contrario, la razón de la misma fuera por culpa de él, somos tan masoquistas que solo vivimos para recordarlo o para recordarle a su mamá de vez en cuando. Nos llenamos de rabia, de ira, de una incontrolable sed de venganza que no saciamos con nada y por ello no logramos superarlo. El ex es importante porque nosotros le damos la importancia en nuestras vidas al vivir para extrañarlo o para odiarlo. De igual manera es poco probable que podamos olvidarlo. A las mujeres es como si nos gustara vivir en el pasado, como si nos negáramos a crecer, a evolucionar, a madurar. Como si no quisiéramos pasar la página nunca para comenzar a escribir un nuevo capítulo de nuestra propia historia. ¿Miedo, pavor a lo desconocido, falta de confianza en nosotras mismas, cargo de conciencia? A lo mejor todas las anteriores. Pero, por la razón que sea, lo cierto es que la mayoría insistimos en el ex porque no nos gusta estar solas, porque empezar de cero es difícil y porque tal vez no tenemos todavía ningún nuevo prospecto a la vista.

Porque nos gusta conservarlo cerca para que nunca se olvide de nosotras y podamos torturarlo al ver lo bien que, aparentemente, nos va sin él. Y si no es físicamente, lo mantenemos presente mentalmente porque además sirve como referencia para comparar al nuevo y decidir si es en efecto mejor o peor que él. También para evitar que en el presente cometamos con el nuevo los mismos errores que cometimos con él o permitimos que cometiera con nosotras en el pasado. Es posible, además, que nos rehusemos a soltar del todo a un ex, por mal que se haya portado, porque siempre en el fondo, conservamos la esperanza de que aquel que cayó rendido ante nuestros pies una vez, en un futuro podría caer de nuevo. El ex es entonces «el malo conocido» del que tanto hablo. El que nos gusta creer, así estemos equivocadas, o locas, según él, de que si todo lo anterior falla, allí podría volver a estar él. A veces también siguen ahí, porque los muy condenados simplemente no se quieren ir de nuestro lado. Si eso es lo que quieres, es decir, una esperanza, aunque sea remota, un amante, aunque sea ocasional, o una mascota, aunque sea una carga que no te aportará nada, es tu decisión. Pero en el caso de que tu ex encima de todo se haya vuelto un intenso acosador que no hace más que sabotear con su presencia cualquier progreso que estés teniendo con un nuevo ligue, a lo mejor lo que sigue te va a servir.

Pero, para las que han entendido que un ex no es más que un recuerdo bonito o feo del pasado, una experiencia más de las muchas que seguramente seguiremos viviendo, un tema superado, uno que ya no se toca porque ha perdido vigencia, una mala jugada del destino, para algunas, una piedra en el zapato, para otras, he elaborado esta completa guía que contiene consejos y formas creativas para no tener que repetir nunca la nefasta experiencia de seguir conviviendo con un ex fastidioso al lado. La siguiente, entonces, es una lista con términos que te ayudarán a sacudirte la sombra de ese pasado que habías insistido en recordar pero que te convendría aprender a soltar para siempre. Toma nota.

El ex. Significado: prefijo que entra en la formación de palabras con el significado de «fuera» (en este caso, de nuestras vidas) o «más allá» (que viene siendo algo así como «la mismísima porra»). Ahora, asociándolo a nuestro tema principal: dícese de aquel personaje, novio, amante, tinieblo, sopita en bajo, marido, edecán ocasional u acompañante, adorno humano o víctima que ya pasó o que muy pronto pasará a engrosar la larga lista de todos tus intereses románticos de antaño. Amores platónicos no pertenecen a esta categoría y, por supuesto, no cuentan. El que cuando lo conociste, incluso, juraste a todos que era el hombre de tu vida. El ser más maravilloso sobre la faz de la tierra, el dueño de tu corazón, el más buen mozo, cariñoso y generoso. Para cuando se te haya pasado la estupidez momentánea, fruto del enamoramiento, como nos pasa a todas, es decir, cuando hayas perdido tu interés en él, o cuando ya te guste otro, pasará a ser reconocido entre tu círculo inmediato simplemente como el «desgraciado ese». El que, si de casualidad y, encima de todo, es el culpable de la ruptura, como sucede en la mayoría de los casos, pasado un tiempo y habiéndote ya recuperado de tu orgullo herido, volverás a verlo como lo que realmente es y no como hasta ahora te habías imaginado que era: un imbécil.

El ex es indiscutiblemente el tema favorito de conversación entre las mujeres porque nos hace sentir importantes si fuimos nosotras las que lo mandamos al diablo, o como las víctimas lacrimógenas y protagonistas de la telenovela, si por el contrario fue él quien nos mandó a nosotras. En el caso de las FM, el ex, con quien es muy poco probable que mantenga cualquier tipo de contacto, con el tiempo se convertirá como una especie de pilar de apoyo virtual. Ese punto de referencia que les sirve para comparar sus vidas actuales con las que habrían tenido en el caso de haber seguido con ellos. A veces sirve para sentirse mejor y afianzar la relación con su pareja actual y a veces también para renegar por haberse casado con el que tiene al lado. En el caso de las AM, casi siempre el ex es una simple anécdota, una piedra en el camino, uno más entre una, a veces, larga lista de experimentos fallidos. Lo más seguro es que al poco tiempo de romper una relación, como mecanismo de defensa y obedeciendo a tu instinto de supervivencia, habrá desaparecido el dolor, el resentimiento, la nostalgia, su imagen, su nombre y hasta él. Recordarlo, sin embargo, nos hace sentir frente a las demás como si fuéramos mujeres interesantes y experimentadas que hemos vivido y que tenemos cosas que contar. Y vaya si lo contamos todo. Especialmente anécdotas que lo dejen a él muy mal parado... y sentado y acostado y todo lo demás.

Ex-traditar. Mandar a un novio al mismísimo carajo. O al paraíso de los ex que no es otro que el mismísimo infierno. Por la razón que sea, infidelidad, porque lo pillaste en una mentira, porque ya no le perdonas más que se haya olvidado nuevamente de tu cumpleaños, porque descubriste que prefiere a su muñeca inflable que a ti, por acosador, por inseguro o porque francamente te aburriste de su falta de ambición y de su holgazanería, por lo que sea. Extraditar a alguien es respirar profundo, hacerle las maletas y sacarlo de tu apartamento. Y de tu vida.

Ex-tradición. La sana costumbre o tradición de mandar a freír espárragos a ese que ya no te sirve para nada.

Ex-traditado. El que mandaste al carajo.

Ex-traditable. Uno que, si no se pone las pilas y empieza a marchar como a ti te sirve y te gusta, seguramente mandarás al carajo en las próximas horas. O cuando termines de leer este libro.

Ex-tralimitado. Un ex bien pesado. Uno que se pasa de tragos, te llora, se rasga las vestiduras en público y amenaza con suicidarse si tú no accedes a volver con él. O el ex que aún se siente con derechos y no sabe cuándo parar... de fastidiarte.

Ex-cenario. El hábitat de los que ahora nos da vergüenza admitir que quisimos. El limbo de todas tus relaciones románticas fallidas. O todos los sitios que frecuentabas con tu ex y que ahora no quieres volver a pisar para no tener que volver a encontrártelo. Más que nada con otra que tenga más y mejores curvas que tú.

Ex-traño. Cuando lo conociste era un perfecto imbécil. Un bueno para nada, según las palabras de su propia madre. Razones de peso que te obligaron a terminarle. Meses o años después, te lo vuelves a encontrar y no lo reconoces, pues ya no tiene la barriga de camionero que tenía mientras estuvo contigo, ahora está más delgado y su apodo es «Hulk». Por supuesto tú te pondrás verde de la envidia. Te cuentan que ya no le pide dinero prestado a sus amigos y a sus familiares como cuando estaba contigo. El muy condenado ya no es un vaciado que lo único que tenía lleno era el gabinete de la cocina con deudas por pagar. Ahora está lleno, pero de dinero. Es presidente de una multinacional y es un hombre exitoso y de mundo. Mejor dicho, que saque el pasaporte y te lo vuelvan a presentar porque ese no fue el mismo con el que tú saliste.

Ex-trañar. Efecto que se produce en tu memoria, después de haber terminado con alguien sin estar completamente segura de querer hacerlo. Esa incómoda sensación de haber metido la pata al desechar a alguno que te sigue pareciendo útil y extremadamente atractivo para después arrepentirte cuando lo veas feliz y muy recuperado pero con tu vecina.

Ex-cepción. Un ex con el que a pesar de haber terminado puedes entablar una amistad real. Un ex tan evolucionado que está dispuesto a olvidar tus reclamos, tus insultos o las razones por las que lo dejaste por su mejor amigo y está listo para seguir en tu vida a pesar de todo. O un ex al que, a pesar de haberte traicionado, no has podido ni querido olvidar del todo y, por ello, de vez en cuando tienes tus citas románticas clandestinas a pesar de haber jurado que con «ese» nunca más. Este tipo es la excepción a toda regla y a todas las promesas que has hecho, por supuesto, en vano. Uno con el que terminas siendo amiga. Tanto de él como de su nueva pareja. Al que ahora acompañas a los planes que a él le privan y a ti también, pero del aburrimiento: a un partido de fútbol, a verlo trabajar en la oficina, a la casa de su mamá. Es decir, haces todo lo que jamás hubieras hecho con él o por él mientras estuvisteis juntos. Razón principal, entre otras, por la que terminó tu relación.

Ex-primir. Seguir sacándole el jugo y regalos costosos a tu ex, a pesar de que ya ande con otra.

Ex-primido. Un ex al que después de descubrirlo traicionándote, por lo menos te queda la satisfacción de haberlo dejado en la calle y sin un quinto para gastárselo en su nueva novia, por la cual te dejó. O con el que ya sabes que no quieres estar en un plan romántico pero al que sigues llamando de vez en cuando para pedirle favores, regalitos y hasta esa mamoplastia que tienes pendiente. El muy idiota, con la ilusión de que así te volverá a conquistar, accederá. Mientras tanto, en tu cabeza, no existirá la menor posibilidad de que eso suceda. Solo que él no lo sabe.

Ex-clusivo. Un ex que ya tienes claro que no quieres volver a tener al lado, pero que tampoco te da la gana que salga con ninguna otra. Y si la tiene, además, te demostrará que si lo necesitas será el primero en acudir cuando lo llames. Porque su nueva novia podrá ser importante, pero, para él, sigue siendo primero lunes que martes. Y eso te confunde pues no solo te tiene presente y te hace sentir importante, también te sirve para fastidiarle el rato a la otra que se la pasa criticándote y tú ni siquiera la conoces. Ese ex tiene potencial de amante porque fue un pésimo novio pero como amante sería excepcional. La nueva se salva solo porque no te interesa ser la «clandestina» de nadie. ¡Ni mucho menos del mismo de otra, ni de antes!

Ex-clusividad. Derecho que sabiamente te has procurado para seguir viéndote a escondidas con un ex. El pacto secreto entre ambos se rompe cuando uno de los dos consiga una nueva pareja que le guste más o que tenga mejores habilidades que el otro en la cama. O cuando os pillen.

Ex-cluir. Acto de rechazar nuevamente a tu ex y de cerciorarte esta vez que sea para siempre. Uno que borrarás sin agüeros de tu correo, tu FB, te tomas la molestia de quitarle a las fotos todos los tags con su nombre o el tuyo, adicionalmente lo bloqueas y también lo dejas de seguir en Twitter. Mejor dicho R.I.P. virtual. A este no te provocará contestarle ninguna llamada y cada vez que suene el aparato sabrás que es él porque en la pantalla claramente aparece la palabra: «ERROR». El que aislarás de todas tus amistades y al que de ahora en adelante no invitarás a ninguno de tus cumpleaños, ni porque reconozcas que da muy buenos regalos. De todos tus ex será el único con el que no querrás volver, y ni siquiera volver a ver, ni en pintura, jamás.

Ex-cluido. El pobre idiota de la categoría anterior. Uno con el que ni siquiera vale la pena una noche de copas, una noche loca.

Ex-cluyente. Derecho que has adquirido y que ejerces a tu antojo para seleccionar bien los integrantes de tu exclusiva lista de ex con los que te gustaría repetir faena de vez en cuando.

Ex-traoficial. Cuando nadie sabe que aún sigues viéndote con un ex. O, por el contrario, cuando es él quien ya está organizado con otra y sabes que perdiste toda la influencia sobre él cuando pasas de ser el plato principal a las sobras del día anterior.

Ex-elente. No te ilusiones. Este es un ex que sufre de miopía crónica. Tan grave es su condición que después de salir contigo, ha quedado tan despechado, que no perdona sílfide bigotuda o fea que se le atraviese en el camino. Simplemente ya ni ve, ni mucho menos entiende.

Ex-tramatrimonial. Tu ex se ha casado con otra y tú tienes ganas de repetir pero no de acabar con su matrimonio. ¡Qué encarte! También puede ser que la casada seas tú y quien no sepa qué más hacer sea él.

Ex-traterrestre. ¡Un ex fuera de este mundo! Un polvazo intergaláctico. Pero como es tan raro y ni qué decir escaso, apuéstale más bien a un defectuoso terrícola que de vez en cuando «aterrice», pero en tu cama.

Ex-clavo. Un ex dedicado a la causa. El que no se resigna a perderte del todo, al menos de vista y por ello sucumbe ante la mayoría de tus deseos. Tú ya no quieres saber nada de él en el plano romántico y, aún así, él insiste en ganar puntos contigo, con tus amigas, con tu mamá, con tu empleada de servicio. Y la pregunta que te haces es: «¿Por qué no hizo lo mismo cuando me importaba?»

El mensajero más económico que puedas costear. El chófer más eficiente y gratis que has tenido. El devoto, entregado, dedicado y regalado. El que jura que si le respondes el teléfono no es por que te precies de ser muy educada, sino porque cree que tiene chances de conquistarte. Si, por el contrario, eres tú quien lo llama y con cierta insistencia, además, creerá que es porque lo extrañas y no porque no se te ocurrió a quien más pedirle un favor tan aburrido. Como hacer la cola en el banco mientras tú vas a la peluquería, por ejemplo.

Ex-cusa. Todo lo que tienes que inventar a quienes ya les habías jurado que no volverías a tener nada con él para (a) que tu nuevo novio no se dé cuenta de tus andanzas, (b) tus amigas no se burlen de ti por haber sido tan torpe de volver a caer en sus redes o (c) todas las anteriores.

Ex-tres. ¡Cuando andas con tres ex al mismo tiempo!

Ex-ito. Cuando muy a tu pesar a un ex le va realmente mejor sin ti al lado. Cuando rompiste, el muy condenado tocaba guitarra en las estaciones del metro o dentro de los buses del servicio público. Te cansaste de mantenerlo, de animarlo y de alimentarlo, porque entre otras, vivía a costa tuya. Pero, tras mandarlo al carajo por perdedor, el muy desgraciado firma un contrato millonario con una casa discográfica de renombre internacional. Para colmo de males y, para tu máxima humillación, gana un Grammy y de ahí en adelante toca aguantártelo muy sonriente, bien vestido y con aires de superestrella en todas las revistas, en todas las emisoras y en los anuncios de televisión mientras ves tu programa favorito. Tu mamá y todas sus amigas te tildan de torpe, tu abuela te deja de hablar y no te perdona tu falta de fe y que hayas desechado a tan buen partido. Mejor dicho, cuando su triunfo resulta para ti una verdadera desgracia. Cuando el supuesto perdedor es el que gana y la que verdaderamente pierde al final eres tú.

Ex-igir. Pedirle de mala gana a un ex bien intenso que te deje en paz. Ponerle una caución, una tutela o una demanda, si es preciso, con tal de que se aleje de ti. O reclamarle borracha y en público a uno que ya esté organizado con otra.

Ex-lax. Cuando sientes que la fastidiaste al haber terminado porque aún te gusta.

Ex-treñimiento. Cuando, por el contrario, el que la fastidió fue él.

S-ex-o. La única razón por la cual recuerdas a tu ex de vez en cuando, y solo si ya no le has conseguido un reemplazo distinto a tu vibrador.

S-exual. Como decimos en Colombia, estar «encoñado» significa que, a pesar de que hace rato terminasteis la relación y de que insistís en que no sois nada, aún así no podéis evitar seguir durmiendo juntos. Es decir, quisieras dejarlo a él, pero sin dejar de tener sexo con él.

S-ex-y. Un ex al que perdonas de vez en cuando porque admites que es irresistiblemente atractivo.

Ex-tupido. Un ex bien idiota.

Ex-huberante. Un ex muy bien dotado de algo más que cerebro.

Ex-abrupto. Un ex que aún se cree con derechos.

L-ex-us. La nave convertible y de lujo del ex, solo si tiene dinero y no es un vaciado como todos los demás.

N-ex-o. Conocer a tu nuevo novio a través de tu ex. Que bien podría ser incluso su ahora «ex mejor amigo».

Ex-tereotipo. Cuando según nuestros parámetros y nuestro resentimiento todos los ex son iguales: cuando los conocemos y los convertimos en los oficiales, son un encanto, pero cuando nos aburrimos de ellos y los mandamos al demonio, pasan a ser un verdadero espanto.

Ex-tremo. La única extremidad que consideramos útil en un ex. Arma infalible que tienen algunos para seguirnos extorsionando y contorsionando. Una pista: tiene una cabeza con la que no piensa. Aún así os sirve de refuerzo cuando necesitáis contar hasta once.

Ex-tremidades. La misma arma más dos refuerzos que ellos se rascan en público. A menudo y con sospechosa frecuencia.

Ex-cala. Entre un novio y otro, un ex que reaparece para sacarte uno que otro clavo.

Ex-haltado. Un ex ¡emputado!

Ex-ceso. Cuando aún malheridas y muy resentidas,

desperdiciamos horas y litros de saliva despotricando de un ex delante de todas nuestras amigas. Cuando nos volvemos monotemáticas y no hablamos de otra cosa distinta a lo que nos hizo, por quién nos dejó y todo lo malo que le deseamos.

Ex-tamos. Cuando te sigues viendo con tu ex en secreto, pero en público insistes en que ya no tienes nada.

Ex-tuvimos. Uno que supuestamente tuvimos, alguna vez, ¡pero nunca más!

Ex-citado. Te emociona saber que todavía puedes «izar» esa bandera y, por supuesto te gusta esa sensación de poder. De podértelo llevar a la cama de vez en cuando. Y solo porque te viene en gana.

T-ex-to. Dícese de todas las cartas de amor perfumadas, escritas en sangre, las tarjetas plásticas de Hallmark, los mensajes de texto y los *e-mails* enviados por un ex antes de la ruptura. Esos que ya borraste, quemaste o piensas hacerlo algún día. Solo que no lo has hecho para poder seguir burlándote de él con todas tus amigas.

Ex-tra. Tal como una rueda de repuesto, uno que siempre tiene a la mano y disponible por si se te daña la otra. Acto de entender que las mujeres modernas, para subsistir en el Mercado Nacional del Usado, debemos dominar a la perfección la infalible regla de tres que dice: hay que tener el oficial, el visto y el charlado. Y así una nunca se vara. El extra es cualquiera de esas otras dos ruedas de repuesto.

Ex-traordinario. Un ex más ordinario y corriente que todos los otros que ya tenemos. El guache, el maleducado, el que nos da pena admitir que fue nuestro «otro» significativo. El desliz, el error del que huimos y por el que estamos dispuestas a cambiar de acera si lo vemos en la calle. O al que estaríamos dispuestas a arrollar si es preciso si por casualidad vamos conduciendo. No insistas con un «corrientazo» de estos. ¿Es que no sabes que la grasa no sale con todo? Es decir, contigo.

Ex-casez. Cuando todos sus ex están ocupados con otras y tú te sientes literalmente en el fango.

Ex-caso. Un ex con el que otra hace lo que tú no pudiste en los cuatro años que estuviste a su lado: casarlo. Esta lo tiene adiestrado y convencido de que el matrimonio es el único camino. Hacia ella. A ti te da rabia porque no entiendes cómo no se te ocurrió antes hacer lo mismo. Es el que, como un autómata, ha comenzado a caminar directo hacia el altar, solo que no contigo. En el fondo te has dado cuenta que no hay muchos así, y por eso no pierdes la esperanza de que vuelva a ti.

N-ext. El que viene inmediatamente después de un ex y que si se descuida también podría entrar en tu lista de deslices, errores, tropiezos y fracasos sentimentales.

23

El novio perfecto o tu futuro ex

¿Cuál es la verdadera diferencia entre una buena o una mala pareja? Un hombre que valga la pena y con el que podríamos ilusionarnos con tener un futuro juntos de uno que sentimos que no podemos dejar aunque permanentemente nos demuestre que deberíamos. Uno con el que sentimos que valoramos cada momento de uno con el que siempre estamos perdiendo el tiempo. ¿Qué es aquello que en el fondo tú sabes que quieres y necesitas para tener una relación, si no ideal, al menos sí funcional? O por el contrario, ¿qué es aquello que estás aguantando solo por cobarde y por el temor a quedarte sola? ¿Existen novios perfectos que se ajusten a nuestras medidas y expectativas de mujeres modernas o lo que hacemos saliendo con cada perdedor que se nos atraviesa por el camino es conformándonos para poder decirle a todas las demás que al menos alguien nos acompaña? ¿Será que en vez de apostarle a vivir satisfechas, a veces adquirimos la habilidad de convertirnos en una partida de mediocres conformistas? A continuación, una lista práctica y muy completa que te ayudará, espero, a diferenciar a los que sirven de los que definitivamente ni te sirven a ti ni a ninguna otra. Nuevamente saca la libreta y presta mucha atención. Para que de una vez por todas definas: «¿Qué demonios estoy haciendo con ese perdedor?» Y así te busques

más bien uno que se ajuste a tu medida. O para que por el contrario, aprendas a valorar al novio perfecto que tienes al lado. No es tan difícil; como podrás comprobarlo a continuación, las señales son bastante claras.

(1)

Defecto. Es un fantoche de quinta que frente a sus amigos hace comentarios estúpidos sobre cuánto gana y a quién conoce.

Perfecto. Te invita a todo y además te los presenta.

(2)

Defecto. Manifiesta los celos con escenas, gritos, mechoneadas en público y te saca obligada de la fiesta cuando apenas se está poniendo buena.

Perfecto. No siente celos. Es tan seguro de sí mismo que si fuera cierto que has estado coqueteando con el camarero que atiende el bufet en la fiesta sentiría que la que se lo pierde eres tú. Te dejaría de llamar, se buscaría a otra, te voltearía la torta y ahí sí que te derritirías por él. Aunque pidas cacao, con su orgullo intacto, sentiría que simplemente no le gustan los juegos y por eso no vales su esfuerzo. ¡La dignidad es indiscutiblemente sexy!

(3)

Defecto. Frecuentemente olvida tu cumpleaños y la mayoría de las fechas comercialmente especiales. Si manda flores son las que no te gustan y siempre enviadas por su secretaria con una nota que a leguas sabes que escribió ella. Sus regalos son impersonales y por salir del paso: el perfume que ya pasó de moda y con aroma a ambientador primaveral, el payaso de cerámica con la lágrima suspendida, un jarrón espantoso que no sabrías dónde poner, esconder o devolver.

Perfecto. No solo te conoce tan bien que sabe siempre qué regalarte, sino que es de los que se toma la molestia de organizarte una fiesta sorpresa de cumpleaños con todos tus amigos.

(4)
Defecto. Habla con la boca llena y casi todo el tiempo de él mismo.

Perfecto. No habla, escucha.

(5)
Defecto. Encima de que te invita a los planes más aburridos, ni siquiera tiene la decencia de pasarte a buscar. Te pide que le caigas o que os encontréis allí.

Perfecto. No te invitaría a ningún plan que a ti no te guste. Respetaría tu espacio y tendría muy bien definido el suyo. Pero ante semejante convicción, fijo la que insiste para no perderlo de vista eres tú. Ahí sí, obvio, te pasa a buscar.

(6)
Defecto. Tiene varias amigas de dudosa reputación que a ti, por supuesto, no te gustan y de las que sospechas.

Perfecto. Te tiene a ti. Y si tiene amigas son celulíticas, torpes, poco agraciadas y peludas. Pero eso sí, buena gente.

(7)
Defecto. A pesar de que dice que va al gimnasio tú sospechas que lo hace por levantar algo más que pesas, pues últimamente lo notas cada vez más fofo y fuera de forma.

Perfecto. No va al gimnasio, practica deportes. Además, para su orgullo y para la envidia de todas tus amigas, extremos. Te invita a aprender a practicarlos y no le molesta tenerte cerca para animarlo a él y a su equipo.

(8)

Defecto. Si te llama y una vez y tú no le contestas, le entra un ataque de ansiedad tal que te sigue llamando las veces que pueda. O hasta que te saque la piedra. Nada menos atractivo que un hombre que demuestre lo inseguro que es.

Perfecto. Llama una vez, si no le respondes supone que estás ocupada y que lo llamarás de vuelta tan pronto puedas.

(9)

Defecto. En una discoteca, es el que no tiene inconveniente alguno en dejarte como un zapato al ser quien organiza el «trenecito de la diversión», un concurso de lambada, la macarena, el aserejé, el baile del perrito o el de la mayonesa. El que tiene complejo de coreógrafo de *Bailando por un sueño* y te hace pasar cada vergüenza.

Perfecto. Si no te saca a bailar, por lo menos le gustará verte bailando. Y, lo mejor de todo, no te armará un escándalo si lo haces con algún amigo.

(10)

Defecto. Su mejor amigo se llama Wilmer Ferney, trabaja en un gimnasio, ni siquiera como entrenador personal, sino como el «toallero». Parece inflado con helio y usa camisas de Acuamán dos tallas más pequeñas. Tus amigas insisten en que deben ser pareja.

Perfecto. Tiene un mejor amigo con el que te gustaría salir.

(11)

Defecto. De imprevisto y, sin avisar, te trae a la suegra a pasar una temporada en «tu» casa.

Perfecto. Es huérfano.

(12)

Defecto. Viste con camisa de seda de motivos florales, pantalones apretados, a pesar de que no tiene un buen sistema de «amortiguación» y vive rodeado de accesorios. Arete de brillante, anillo de graduación, cadenas con dijes, reloj y pulseras, todo al tiempo. Además, usa correas con emblemas de Versachy o Dulce y Bandana. Todo es falso en él, menos el diente de oro.

Perfecto. Es muy poco el tiempo que durará vestido.

(13)

Defecto. Se toma tres tragos y se desdobla. Empieza a decir babosadas y a pelar el cobre. El que animado te pregunta: «¿Si escuchas ese tema musical que está sonando o ese tema de música americana que colocaron?» Se sabe de memoria el repertorio de Menudo y hace la coreografía. Sus cantantes favoritos son Sandro de América, Sabú y, por supuesto, Chayanne. «Fiesta en América» y «Tu Pirata Soy Yo», son los temas que lo enloquecen.

Perfecto. Te critica porque es a ti a la que le gusta Chayanne.

(14)

Defecto. Usa más cremas que tú. Se mira siempre en el espejo, se hace el *blower* e iluminaciones en el pelo y se demora más que tú en salir arreglado de casa.

Perfecto. Está listo en cinco minutos y te espera en la sala todo el tiempo del mundo y que tú consideres necesarios para estar lista. Cuando sales, siempre te dice que estás hermosa.

(15)

Defecto. Le parecerá que salir de compras es una pérdida de tiempo. Nunca querrá acompañarte y, cuando lo haga, te afanará y jamás se ofrecerá ni a cargarte una bolsa. Mucho menos a comprarte cualquier «detallito».

Perfecto. No le molesta acompañarte. De hecho, te animará a salir de compras de vez en cuando. No solo no te afana para que te apures sino que te insiste en que te lo pruebes todo, ya que es él quien lo va a disfrutar, querrá que luzcas espectacular para él. Cuando llegáis a casa, te sorprende con algo que vio y que olvidaste comprar.

(16)
Defecto. Usa hilo dental y no precisamente en los dientes. Parece sacado de un catálogo de Calvin Klein.

Perfecto. Usa *boxers* y te los presta para dormir.

(17)
Defecto. Siempre escoge los peores regalos y tiene el peor gusto: el Snoopy de cerámica, unas medias de lana aunque vivas cerca de la playa, un *Mouse Pad* para tu ordenador, portátil. Un libro de mecánica o un vídeo con la selección de los mejores goles del mundial del 82 en España.

Perfecto. Te regalará cosas realmente útiles como una joya, un viaje o una cirugía. O el álbum con las mejores fotos de David Beckham.

(18)
Defecto. Pasa de los treinta y todavía no tiene auto, moto o bicicleta en que transportarte. O tiene uno modelo 81 y bien alterado. Tiene equipo con *sub woofers*, luces fosforescentes, la bailarina hawaiana sobre el tablero, los dados de peluche en el retrovisor, el perro aterciopelado con mal de Parkinson y las sillas forradas con cojinería de «cierto pelo».

Perfecto. Maneja un Lamborghini y no lo están pidiendo en extradición.

(19)

Defecto. Pasa de los treinta y cinco y aún vive con la mamá.

Perfecto. Vive fuera del país y te visita de vez en cuando. Preferiblemente entre semana para dejarte los fines de semana libre para que puedas atender «otros» asuntos.

(20)

Defecto. Tiene una amante tan hortera que te hace llamadas a tu móvil para insultarte. Te manda correos electrónicos y te amenaza con cortarte la cara.

Perfecto. Si la tiene, la mantendrá tan bien escondida que tú nunca te enteras. Y como ojos que no ven...

(21)

Defecto. Su mascota es un *french poodle*, un chihuahua, un *pinscher* miniatura o un hámster. Cualquiera que haga mucho ruido y mucho reguero.

Perfecto. Se ofrecerá a ser tu mascota. O tendrá muchos animales pero en su finca.

(22)

Defecto. De cariño te dice «mami», «corazón», «bizcocho», «mamita», «brujis» o «gordis». Cualquier apelativo genérico para no confundirse con la otra.

Perfecto. Te dice «flaca» a pesar de esa inminente liposucción que aún tienes pendiente.

(23)

Defecto. Te critica todo el tiempo. También y de paso, a tu familia, tu trabajo, tus amigos, a su prima la *stripper* que acaba de regresar de Japón, tu ropa, a su tío al que acaban de condenar, cómo hablas, con quién y en qué tono.

Perfecto. Te acepta tal y como eres.

(24)

Defecto. Cuando te envía flores son claveles, gladiolos, cayenas o un cactus. Flores de funeraria. O peor aún, haciéndose el muy creativo se atreve a enviarte la corona de flores que robó de alguna funeraria con una nota que dice: «Prepárate mami para el entierro de esta noche.»

Perfecto. Te envía flores cada rato. Rosas de exportación, en caja y de las que duran. No las de plástico.

(25)

Defecto. Usa una loción tan fuerte que te causa náuseas y vómito compulsivo. Incluso, has tenido que sugerirle que use más bien Clorox o hasta Baygón. Le dices que ambas cosas huelen mejor.

Perfecto. Usa siempre la misma colonia, lo que lo identifica, o va al natural.

(26)

Defecto. Lee *Condorito*, *Comics*, *Seventeen* y tiene X-Box.

Perfecto. Lee el Wall Street Journal o *Forbes*, y su nombre aparece en la lista.

(27)

Defecto. Se pelea el micrófono del *karaoke*, especialmente cuando suenan «I Will Survive», «It's Raining Men» o «Mica» y tiene a todo su grupo de amigos para que le hagan el coro.

Perfecto. Es el cantante de una banda de *rock* que ha ganado al menos un Grammy.

(28)

Defecto. A pesar de que insiste en que os caséis, lleva ya tres años supuestamente desempleado pero pasando hojas de vida, pero en blanco porque no tiene ninguna experiencia. Actualmente vende baba de caracol, biblias o algas, puerta a puerta.

Perfecto. No trabaja. Vive de los dividendos o de los intereses que le genera una compañía que montó cuando iba a la universidad. Pero ahora que lo pienso bien, aparte de tiempo libre para viajar también le quedaría y bastante, pero para joder. Ya no me pareció tan perfecto.

(29)

Defecto. No tiene móvil, todavía usa *beeper*. O si lo tiene, nunca tiene minutos por lo que «solo timbra» para que el gasto lo hagas tú.

Perfecto. Sabe lo que es un iPhone y lo usa como si fuera un fijo. Especialmente para hacer negocios fuera de la oficina. Pero, eso sí, lo apaga cuando está contigo. También podría ser porque además de ti tiene otra.

(30)

Defecto. Tiene varios hijos ilegítimos, con varias mujeres distintas. Una de ellas se llama Yasuri, Yamilé o Leidys Yojana e insiste en llamarlo «papi», así no le pase ni un centavo para la manutención del niño. Encima de todo, te pone a ti a que se los cuides los fines de semana que le tocan a él.

Perfecto. Quiere tenerlos contigo, aunque te sigas negando.

(31)

Defecto. Amenazaría con suicidarse si lo dejas.

Perfecto. Te dejaría si le sales con un chantaje como que te vas a suicidar.

(32)

Defecto. Llora tanto y es tan patéticamente sensible que su apodo es «el grifo», porque siempre que lo tiene abierto le brotan lágrimas. Cuando ve una película en el cine, mientras se viene, tú te vas, con tragos o sin ellos. Es un verdadero y lacrimógeno encarte.

Perfecto. Llora, pero de la risa.

(33)
Defecto. Es un exconvicto.
Perfecto. Es su abogado.

(34)
Defecto. Va en lycra ajustada al gimnasio y hace repeticiones para endurecer los glúteos.
Perfecto. Si va al gimnasio es para pasarte a buscar y, de regalo, te paga el año completo.

(35)
Defecto. Te lleva de vacaciones a la India... a la india con la que te ha estado poniendo los cuernos todos estos años.
Perfecto. Te lleva a una *boutique* hotel o a un *spa* en Mumbai.

(36)
Defecto. Su idea de una noche romántica es él, tú y todos sus amigos, pero borrachos. Es de los que caza en jauría y de los que anda con «Coco», «Lulo», «Banano», «el Piña», y con todo el frutero de huevones de amigos que tiene.
Perfecto. Preferiblemente, solos. ¿Para qué más?

(37)
Defecto. Te regala ollas.
Perfecto. Te regala joyas.

(38)
Defecto. Piensa que sin tetas no hay paraíso.
Perfecto. Sabe que sin Botox no hay paraíso.

(39)
Defecto. Casi nunca le dan ganas.
Perfecto. Accede siempre que a ti te den ganas.

(40)
Defecto. Es un ordinario.
Perfecto. Es extraordinario.

24

Solamente solas

¿Y qué si te quedas sola: es realmente tan fatal la posibilidad? Quedarte sola, por decisión propia o porque te tocó, más que otro motivo de frustración (como si ya no tuviéramos suficientes), bien podría ser uno de celebración. Estar solas no es sinónimo de enfermedad sino de absoluta libertad. Tal vez por esta razón, a diferencia de las actrices en Hollywood que se casan muchas veces por moda, muchas otras mujeres en el mundo deciden a diario vivir sus vidas solas. Este capítulo está dedicado a la mujer independiente que por la razón que sea ha llegado a sentir alguna vez que «la dejó el tren». Insistiendo en que el ideal es caminar por la vida acompañadas, lo cierto es que no muchas quieren y no muchas logran terminar sus vidas en pareja. Es una realidad que no tiene por qué ser triste. Entonces, ¿cómo sentirnos mejor tras descubrir que nuestro reloj biológico está pasado de tiempo y que, de soñar con ser la novia, tendremos que conformarnos con ser la madrina eterna de la boda? ¡De todas las bodas! ¿O cómo adquirir las fuerzas para decidir salirnos de una relación cuando esta ya no nos llena sin el temor de quedarnos para siempre y, según algunas, patéticamente solas? Es decir, ¿cómo aceptar que tal vez el matrimonio no es para todas?

Lo que es un hecho es que los estudios relacionados sobre el tema arrojan como resultado una realidad latente: «Las mujeres inteligentes se casan menos.» O, peor aún, según uno más reciente realizado en el Reino Unido: «Los hombres le huyen a las mujeres con aparentemente más sesos que las demás.» Pero la pregunta que aún ronda en nuestras cabezas, más que nada en las de las FM, que encima de todo se han acostumbrado hasta a criarles a sus hijos solas a pesar de tenerlos al lado, es ¿por qué estas mujeres AM se casan menos? Porque tienen menos tiempo y, por ende, menos oportunidades de encontrar pareja. Cito como ejemplo lo que sucede actualmente en México, en donde según otra encuesta, muchas mujeres admitieron que, para ellas, la mejor forma de encontrar pareja es en el lugar de trabajo, debido a sus tan solo e injustos seis días de vacaciones pagadas al año. Entonces, si de repente nuestros lugares de trabajo se convierten además en nuestro círculo social inmediato y la única oportunidad que tenemos para interrelacionarnos con el sexo opuesto, ¿no te ha empezado a parecer lógico y cada vez más necesario entender que si trabajamos con ellos, debemos bajarle un poco el tono a la evidente competitividad que existe actualmente entre géneros. Es decir, si es que queremos casarnos y hasta procrear algún día con alguno de ellos?

¿O será posible que tampoco nos estemos casando porque algunas de nosotras tendemos a dilatar el tema del compromiso por no perder nuestra preciada libertad? Pero cuál libertad si todas vivimos endeudadas a fin de mes. No estamos disfrutando de sanas relaciones de pareja por falta de interés, por cobardía o, tal vez, porque al asumir erróneamente el feminismo con cierto aire revanchista, las mujeres modernas nos hemos vuelto literalmente insoportables para el sexo opuesto. Todo indica que sí. O si no cómo explicar que las mujeres más inteligentes estén quedándose solas. O que las que sí que consiguen estabilizarse dentro de hogares con marido y perro incluido terminan dándose cuenta de que el que escogieron no era el que de verdad querían sino tal vez con el que les tocó conformarse. Como también por qué esa guerra despiadada de críticas entre solteras y casadas, entre AM y FM, así ni las unas tengan realmente salarios de mierda ni vidas miserables porque están solas. Así las que no lo estén no sean tan felices solo porque tienen un álbum lleno de fotos de una boda que las obliga a vivir aferradas al pasado porque en el presente a duras penas si ven a quienes aparecen fotografiados.

¿Por qué entonces esforzarse tanto por demostrar que somos brillantes cuando aparentemente lo que en realidad nos convendría es convertirnos en brillantes sí, pero en «brutas»? Es que nadie se ha dado cuenta allá afuera que el verdadero fracaso del feminismo en el mundo es no haber logrado precisamente feminizar el mundo, que habría sido lo ideal, sino, por el contrario, masculinizarse algunas. Muchas, demasiadas, diría yo. Lo cierto es que sea como fuere, las mujeres modernas ya no nos casamos tan fácilmente como antes. Y no es que nos hayamos conformado con nuestras vidas llenas de logros laborales pero vacías en el aspecto sentimental. El problema es que hemos perdido la humildad. Hemos perdido la habilidad de bajar la guardia y admitir que al final del día, queramos o no, algunas aún los seguimos necesitando. Algunas, no todas, y eso es respetable, anhelamos ese balance no sé si químico, psicológico, emocional, físico, incluso mental, que una sana relación de pareja con el sexo opuesto podría procurarnos.

Sumémosle a esta afirmación que, queramos o no, aunque los hombres machistas siguen pululando a su antojo por el mundo entero desgraciándole la vida a cuanta mujer incauta, cándida o ignorante se les atraviese por el camino, lo cierto es que la mujer medianamente moderna, culta, informada y de mundo que es en lo que muchas nos preciamos de habernos convertido o mutado, tiene cada vez menos probabilidades de enfrentarse a uno de estos engendros que pretendemos combatir con nuestros discursos feministas ya pasados de moda y que suponen y proponen una despiadada guerra de sexos. Una en la que ellos hablan mal de nosotras, en la que nosotras despotricamos de ellos, los retamos, los rechazamos y ni siquiera teniendo muy en claro quién o cuál de todos es el enemigo. Tan solo porque de alguna forma todos se han convertido en el enemigo.

¿Nos hemos vuelto paranoicas? Tal vez pero más, mucho más que eso, al parecer son actitudes poco auténticas y adoptadas de un gran grupo de mujeres, con motivos para hacerlo o no, inconformes que no solo nos han alejado de la tan anhelada estabilidad emocional sino que encima de todo nos han enredado en una batalla sin cuartel y sin límites contra nosotras mismas y contra todo lo que nos rodea. Así como en *Los caballeros...* me centré en la guerra contra ellos, aquí he expuesto otras dos que seguimos librando sin buenos resultados: una contra nosotras mismas, contra las reglas preestablecidas y contra nuestras propias expectativas. La otra es una contra todas las mujeres que nos rodean. Esas que tienen lo que creemos que mereceríamos. Las que, a su vez, quisieran tener lo que creen que tenemos nosotras. Y a granel.

¿Acaso, entonces, estamos autosaboteando nuestras carreras hacia el éxito a todo nivel? O, mejor dicho, por qué ese afán que nos entra a algunas mujeres de complicarnos la vida y ser absolutamente infelices. Espero que esta y muchas otras inquietudes te hayan sido resueltas a través de estas páginas que hoy he puesto a tu consideración. Si no, encenderé una vela para que a todas se nos haga el milagrito.

Si bien es cierto que muchas mujeres, por complicadas, nos quedamos solas, también lo es que la competencia allá afuera es dura y no me refiero solamente a la batalla por el estatus social, económico o laboral. En Colombia, por ejemplo, después de un reciente censo, los resultados arrojaron que, efectivamente, en algunas regiones, hay más mujeres que hombres en el país. Pero tampoco somos siete mujeres para cada hombre como nos han querido hacer creer. Si el promedio es el correcto, dos de cada diez mujeres no tendríamos posibilidad alguna de terminar nuestras vidas con alguien distinto a nuestro gato *Ulises*. Pero yo sigo siendo optimista. Más aún si tomamos en cuenta que el mercado nacional ha estado tan agitado últimamente que, a pesar de mis sugerencias, muchas mujeres insisten en: (a) quedarse solas, (b) divorciarse o separarse y dejarles el camino libre a otras para que compartan con ellas al mismo hombre que una vez tuvieron, o (c) están saliendo entre ellas mismas.

Cualquiera de las tres opciones sigue pareciéndome perfecta, pues admito que preferiría intentar alguna vez mi vida acompañada con alguien por más de los dos años que duran mis relaciones y que es mi récord mundial. Entonces no pensemos únicamente que no hay con quién salir allá afuera. Lo que es cierto, sin embargo, es que no todos valdrán nuestro esfuerzo. Pero en el caso de tantas otras, ¿cuál sería ese temor a quedarse solas? Yo que lo he vivido en carne propia hace ya más de nueve años cuando sabiamente me separé de quien hoy es el padre de mi hija, con quien actualmente tengo una relación al menos madura y cordial, les puedo asegurar que estar sola (bueno, ocasionalmente acompañada, lo admito), es decir, vivir sin un marido al lado, también ofrece sus beneficios.

He notado, eso sí, ese afán que les entra a muchas por casarse con lo que sea, por no quedarse solteronas. En el caso de algunas AM, por ejemplo, cuando se dan cuenta de que, de sus amigas, son las únicas que no se han casado; la mujer que a la última boda a la que la invitaron fue la de su hermanita menor y se convenció de que «Houston, tenemos un problema». Esa que tiene al novio durmiendo de frac y que le ha empezado a tender una celada al pobre a través de sus amigos, de su mamá y hasta de la empleada del servicio, para que lo convenzan de que se case con ella. No hay que llegar a semejantes extremos, mucho menos para, por cuenta propia, desgraciarse la vida. Y eso sigue pareciéndome más triste que quedarnos solas porque aparentemente nadie quiso cargar con nosotras. Porque aunque suene complicado (y lo es), también existe el caso de muchas que no por estar acompañadas dejan de sentirse solas. Me refiero a las que escogen mal para quedar bien. Las que no son propiamente felices, pero se conforman con que al menos tienen marido.

O tal es el caso de muchas FM. ¿Y el marido para qué sirve exactamente cuando cada vez que nos habla le subimos el volumen a la televisión? ¿O cuando cada vez que se nos acerca romántico y con ganas de hacer el amor, le pasamos el último número de *Playboy* para que se entretenga porque curiosamente otra vez tenemos un fuerte ataque de migraña? ¿Cuando ya no nos aguantamos los gritos, sus manías cada vez las soportamos menos y cuando lo que estamos esperando es que nos dé la mínima oportunidad para salir huyendo de allí? Preferiblemente en su coche convertible y con su billetera. Esas mujeres que en alguna oportunidad se han planteado la posibilidad de salirse de una relación también están solas o muy mal acompañadas. Que para el efecto es lo mismo.

Pero ¿por qué tantas mujeres en el mundo, a pesar de las señales, insistimos en permanecer presas en relaciones poco edificantes, perjudiciales para la salud mental y, para rematar, que nos matan del aburrimiento? Lo importante es definir si realmente estamos atravesando una crisis normal de pareja o si en realidad preferiríamos volver a dormir a nuestras anchas, en nuestra cama y, por supuesto, sin él. En otras palabras, si eres una FM que ni siquiera estás segura de querer serlo porque tu personalidad, ni tus expectativas, se ajustan a las de otras que sí que se precian de serlo, no dejes de hacer el siguiente ejercicio. Será muy útil para ayudarte a tomar la decisión contestar con absoluta franqueza el cuestionario condensado que encontrarás a continuación:

1. En caso de que terminara tu relación y lo vieras del brazo de otra.

a. Te daría rabia y le reclamarías airadamente en público aunque tú también estés con otro.

b. Harías como que no lo viste y cambiarías automáticamente de acera. O, por el contrario, lo saludarías como si nada, le presentarías a tu acompañante y te esmerarías en saludar a la que está con él.

c. Le mandarías flores al apartamento felicitándolo por su buena elección.

d. Te pondrías a llorar.

2. Él te llama después de tres meses sin saber nada de él.

a. Le reclamarías por no haberlo hecho antes. Acto seguido, maliciosamente le preguntarías si es que ya te ha reemplazado por otra.

b. No responderías y solo le devolverías la llamada si en el mensaje que él te deja te explica que es para firmar los papeles de divorcio. O le contestarías como si se tratara del veterinario de tu perro para confirmar una cita y hasta le aceptarías una invitación a tomar un café «algún día».

c. Le contestas superalegre, lo saludas efusivamente y de paso lo invitas a tu fiesta de compromiso matrimonial. De hecho, le ofreces ser el padrino.

d. Tratas de ser fuerte pero se te atragantan las palabras y te pones a llorar. Le dices que lo echas de menos y que no quieres estar más sin él. Lamentablemente es él quien tiene buenas noticias: ¡se casa!

3. Es tu primera Navidad sola y él no aparece.

a. De maldad te le apareces a la casa de sus papás, les llevas regalos a todos, incluyéndolo a él, y aprovechas para reclamarle su tacañería por no haberte comprado nada a ti. Notas, eso sí, el anillo de diamantes que le regaló a tu «reemplazo» (una rubia despampanante que se llama Inés). Sales de allí borracha, furiosa, dando alaridos y cargada por dos agentes de seguridad.

b. No te importa, pues tú ya estás en lo tuyo. Sin embargo, lo llamas para desearle felices Pascuas a él y a toda su familia.

c. No solo lo llamas, le mandas un regalo con una tarjeta firmada por ti y por tu nuevo novio.

d. Borracha y a pesar de que todos te advirtieron de que no lo hicieras, lo llamas y le lloras por teléfono. No contenta con haber caminado por el *Hall de la Infamia*, te presentas de madrugada a su apartamento con un moño en la cabeza y una tarjeta en el cuello que dice: «Para ti.»

4. Sus amigos te hablan de él.

a. Con actitud triunfalista te inventas que él aún se muere por ti, aunque ya no te conteste ni tus llamadas. Descalificas a su nueva novia tildándola de «fácil» y otros apelativos desobligantes que hasta a mí me da pena escribir. Y eso ya es mucho decir. La rabia te carcome por dentro y lo único que te interesa es que quede muy claro que eres tú la que ya no quiere estar con él, aunque te mueras por dentro.

b. Aprovechas para averiguar cómo lo vieron y si está bien. Les dices que a pesar de que todo se acabó, él seguirá siendo, siempre, una persona muy especial en tu vida.

c. Inocentemente preguntarás: «¿Quién?»

d. No aguantas y se te salen las lágrimas. Les pedirás consejos para recuperarlo y te echarás la culpa de todo lo que pasó para justificar las veces que te has humillado, lo has llamado y que te has presentado en la oficina para suplicarle que vuelva.

5. Te van a presentar por fin a un tipo nuevo.

a. Te esmeras en tu arreglo personal, no sin antes llamar a tu ex para advertirle que ya le has encontrado reemplazo. Le tiras el teléfono, averiguas adónde va a estar con la otra y te presentas con tu cita al mismo lugar. En el baño, después de empujar a la novia, aprovechas para amenazarla. A él, de salida, le echarás encima un trago de algo azul en la camisa blanca.

b. Estás tan contenta sola y has disfrutado tanto de tu nueva soltería que agradecerás el gesto de tus amigas pero les dirás que por ahora no te interesa embarcarte en otra relación.

c. Estás feliz y dichosa. Te sale por los poros y a todos ya les empieza a parecer hasta fastidiosa tu nueva actitud exageradamente optimista y libertina. No solo aclaras que ya tienes a uno en remojo sino que cada vez te seduce más la idea de «coleccionarlos». Te has hecho a la idea de no decir «no» a nada, pues sientes que habías estado perdiendo tu tiempo invernando en compañía de tu ex.

d. Te pones a llorar y recuerdas que ninguno será como él. Como el que se supone que ya perdiste. Más aún teniendo en cuenta que acaba de ponerte una caución para que no vuelvas a acercarte a él, ni a la nueva con la que está, con tus locuras.

RESULTADOS:

Si contestaste «SÍ», en la mayoría de la opción (b), te felicito y te informo que ya estás lista para disfrutar de tu soltería o para embarcarte en una nueva relación. Si contestaste (c) la mayoría, aparte de haber tomado una buena decisión al dejarlo y al comprobar ampliamente que estás bastante recuperada de esa ruptura, tu descaro estaría ocasionándole a él mucho dolor y un poco de rabia que eventualmente se te podría devolver. Está bien terminar una relación en paz pero de nada sirve que lo tortures. Déjalo vivir su duelo tranquilo.

Si, por el contrario, la mayoría de tus respuestas son (a) o (d), lamento decirte que estás grave y muy lejos de recuperarte. Con (a), lo único que demuestras es que la soberbia te carcome y aunque de ti haya salido la decisión de abandonarlo, por puro orgullo herido estarías dispuesta a seguir el juego de la víctima solo hasta que él caiga de nuevo. Una vez que el muy torpe lo haga, y seguramente lo hará, pues todos confunden tus pataletas con el gesto genuino de una mujer enamorada. Seguramente volverá contigo, pues a ellos les fascina que nos peleemos por ellos y que hagamos el ridículo en privado, pero si es en público, mucho mejor. Eso les infla su ego machista. Lo malo es que una vez que estés nuevamente en sus redes, allí recordarás por qué era que lo querías dejar.

Y si eres tan cursi que respondiste (d) la mayoría, ve directamente a un psiquiatra de confianza o a un cura para que te exorcice. No solo no estás lista para seguir tu vida adelante sin él, sino que tampoco podrás disfrutar de estar sola. De hecho, estás a un punto de convertirte en una psicópata obsesiva compulsiva de esas que salen fotografiadas en la web de la Interpol.

Entonces, si tu conclusión es que todavía no quieres terminar tu relación y que decididamente no estás preparada para estar sola, deja de leer este capítulo y ve inmediatamente a reconciliarte con él. Pero si, por el contrario, a medida que lees, cada vez te llama más la atención la posibilidad de estar sola una temporada o para siempre, si encima de todo te queda gustando, es importante que sepas de una buena vez a qué estarías exponiéndote al convertirte en una AM y cuáles podrían también ser las ventajas de una vida sin un edecán al lado. Antes que nada, partamos por definir qué tipo de soledad te gustaría disfrutar:

a. Preferiblemente sola. Es decir, no quieres ningún tipo de compañía más que la del nuevo helecho que acabas de comprar. Solo te interesa trabajar y no quieres compartir tu espacio ni ninguna de tus cosas con nadie. A tus treinta y cinco años ya no te reciben en el convento al que aplicaste pero no por ello vas a dejar de practicar tu voto de castidad.

b. Parcialmente sola. Ya probaste lo que es vivir en pareja y te sigue seduciendo más la idea de ser la novia que la esposa. En otras palabras, si te animaras a meterte en otra relación, lo ideal sería que cada uno viva en su casa y que disfrutéis solo de algunos momentos, cuando ambos lo sintáis y estéis de acuerdo.

c. Temporalmente sola. Esta opción también es válida y muy atractiva porque es la que indica que eres una mujer centrada y que así como sabes disfrutar de una buena compañía, también sabes estar sola y aprovecharlo. Y, aunque en ocasiones te atraiga la idea de no compartir tus nuevas sábanas egipcias de setecientos hilos con nadie, si se te llegara a presentar un buen partido en el camino, no dudarías en darte una nueva oportunidad.

d. Lamentablemente sola. Quieres seguir con tu pareja pero cada vez más te inclinas a prepararte psicológicamente para quedarte sola algún día. Es la opción más cobarde, pero, ¿quién soy yo para criticarla? Es la que escogen las indecisas, las que ni lavan ni sueltan la batea. Las que poco a poco se han empezado a abstraer de la situación en la que están por no sentirse satisfechas con lo que están viviendo. Las que tristemente, aunque acompañadas, se sienten cada vez más solas.

¿Ya escogiste? Personalmente me aterran tanto la opción (a) como la (d), pero en el tema de la felicidad, insisto, cada una está en su derecho de interpretarla como más le guste y como más se ajuste a su medida. Pero en todas las opciones hay una constante: quedarse solas, más que un problema, a veces hasta adquiere visos de solución. Especialmente para las que ya admiten que no se soportan ni a sí mismas, mucho menos al resto de la humanidad.

Para las que ya han probado asfixiantes relaciones de pareja y quieran intentar una nueva fórmula para poder convivir y compartir con ellos algunas cosas, y en ocasiones por separado. Para las que saben aprovechar los momentos de soledad para hacer lo que más les gusta, sin que una relación absorba todo su tiempo y consuma todas sus energías. Las que si están acompañadas lo disfrutan igual que si estuvieran solas como champiñones silvestres. Pero que igualmente no se restan la posibilidad de volver a estar acompañadas algún día. Como también para las que están pensando seriamente en la posibilidad de intentar vivir sus vidas solas eventualmente.

Pero en defensa de la soledad que, repito, no debe interpretarse desde ningún punto de vista como una enfermedad contagiosa, ni como señal evidente de que tenemos un problema, muchísimo menos debería ser la causante de nuestras frustraciones y de una creciente amargura que se nos ha empezado a notar hasta a través del gris de la ropa que usamos. Ser solteras, en estos tiempos modernos no es tan grave. Más aún si tomamos en cuenta que la mayoría de las cosas de las que la misma tecnología nos ha puesto a nuestra disposición para que la disfrutemos (y no hablo solo de vibradores, no seas malpensada) implican que podemos hacerlo perfectamente solas.

¿O es que se necesita asistencia o un traductor simultáneo para ver una película en tu casa o en una sala de cine? Si ya vienen hasta con subtítulos. ¿O es que si te quieres ir de vacaciones tienes que coordinar agenda con todo tu grupo de amigos para no aburrirte cuando en todas las agencias de viajes tienen planes clasificados, según todas nuestras necesidades vacacionales? Si quieres solo descansar, vete a un *spa*. Si quieres conocer gente, a un crucero de solteros. Si lo que quieres es un ambiente más familiar, a un *resort* en el Caribe o si lo que prefieres es una experiencia espiritual, ¿por qué no reservas ese viaje que tanto te llama la atención a la India?

Si a pesar de todo esto sigues sintiéndote sola, cómprate un perro y sácalo a pasear con frecuencia a algún parque infestado de otros propietarios caninos y verás lo fácil que te resultará entablar conversaciones, amistades y hasta posibles romances. Nada mejor que un perro para coquetear con ellos. Pero estar sola no es una situación que hay que combatir o un vacío que a toda costa deberemos llenar si no queremos ser infelices. La felicidad está precisamente en aceptarlo y en aprender a disfrutarlo. Es saber que más que tristes, debemos estar orgullosas por aprender realmente a valernos por nosotras mismas si lo hemos decidido. Y si no es nuestro caso y alguien lo decidió por nosotras, también.

Si, por el contrario, quisiéramos estar con alguien y nada nos sale como quisiéramos. Es decir, si la única llamada que nos entra un fin de semana es un número equivocado o la de nuestra prima menor que nos pide que le prestemos algo para salir con su novio, ya que tenemos cosas tan bonitas guardadas en el clóset porque rara vez salimos o nos invitan a salir. Pero pasando por las ganas de ahorcarla y superando la humillación a la que acabamos de ser expuestas, lo importante es saber cómo disfrutar nuestra soledad. Cómo llenarnos de nosotras mismas para no tener que llegar el lunes a la oficina a inventarnos pretendientes ficticios que no existen más que en nuestra memoria para no darle gusto a las demás y admitir que estamos «ponchadas».

Lee un buen libro, no este por supuesto. Si estás tranquila y feliz contigo misma, no lo necesitarás. Adquiere un *hobby* como pintar o cualquier cosa que implique trabajos manuales.

Algo que sí que te recomiendo, ya seas una AM que quiera dejar de serlo o una FM que quiera probar a serlo, es que hagas lo que hagas, no inventes excusas para terminar haciéndolo en casa. A menos que ya le tengas el ojo echado al portero de tu edificio, las posibilidades de que un buen partido llegue a llamar a la puerta de tu casa son inmensamente remotas, por no decir imposibles. Practica algún deporte. Si quieres permanecer sola juega a la Nintendo, pero si prefieres conocer gente, inscríbete en un equipo de voleibol. Recuerda además que si por casualidad no son equipos mixtos, a través de otras mujeres podrías procurarte la oportunidad de conocer a sus amigos, sus primos, a su hermano o a ese novio que ella ya desechó pero que para ti podría ser muy útil. Como sea, piensa que la ilusión de encontrar a tu media naranja no se acaba hasta que alguien allá arriba diga «se acabó». Conozco decenas de casos de amigas y conocidas que han encontrado el amor en los sitios más inverosímiles y en los momentos más inesperados. La edad es lo de menos. Pues no existe una edad ideal ni para casarse, ni para enamorarse, ni para ser feliz en la vida. Todo dependerá, eso sí, de tu buena disposición para serlo y de las oportunidades que te procures y aproveches para cambiar tu estatus en el momento que lo desees. Y si es que lo deseas, claro está.

Estar solas, señoras, no es vivir en el fracaso, no es la angustia de quedarse atrás en la carrera de obstáculos en la que hemos querido convertir nuestras vidas. No es vivir desilusionadas, ni tristes, ni gordas a base de comer pastel de chocolate para combatir la depresión. No es sentirse rechazadas, ni acomplejadas, ni inservibles. Es ese maravilloso momento, la oportunidad que nos regala la vida de conocernos a nosotras mismas y de explorar nuestras propias existencias a nuestras anchas. Es mejorar, cambiar, a nuestro propio ritmo y no porque sentimos que así lo esperan de nosotras los demás. Es poder elegir algo más que qué ponernos, qué comer o qué programa de televisión ver esa noche. Es poder elegir qué queremos y planificar cuidadosamente y sin afanes cómo conseguirlo. Es cuando adquirimos la lucidez plena para cambiar lo que no nos gusta o para recuperar lo que creemos haber perdido.

Todas las mujeres en el mundo, por gusto propio, deberíamos aprender alguna vez a estar solas. Porque una vez lo hayamos aprendido y nos sintamos preparadas para estarlo será cuando realmente lograremos sentir lo que es tener el control y no solo el del mundo del televisor, sino el control absoluto de nuestras propias vidas. Porque así, después de estarlo, decidamos que queremos seguir solas o tal vez acompañadas, siempre tendremos la certeza de que si la vida nos cambia o si alguien pretende cambiárnosla a la fuerza, siempre nos tendremos a nosotras mismas.

Y creedme que no hay una sensación de mayor libertad que la de sentirnos siempre bien en cualquier circunstancia, ya sea la que la vida nos depare, o la que escojamos nosotras mismas. Ser una AM, una FM o, mejor, una FR: una mujer Felizmente Realizada en ambas circunstancias por igual.

Índice